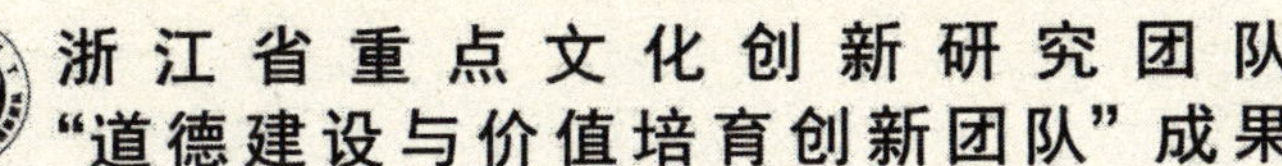

社会转型与人们的幸福感

张云武◎著

图书在版编目(CIP)数据

社会转型与人们的幸福感 / 张云武著. —杭州：浙江工商大学出版社，2016.6

ISBN 978-7-5178-1539-6

Ⅰ. ①社… Ⅱ. ①张… Ⅲ. ①社会转型期－居民－幸福－研究－中国 Ⅳ. ①D668

中国版本图书馆 CIP 数据核字(2016)第 025117 号

社会转型与人们的幸福感

张云武 著

责任编辑 尹 洁 沈 娴

封面设计 林朦朦

责任印制 包建辉

出版发行 浙江工商大学出版社

(杭州市教工路 198 号 邮政编码 310012)

(E-mail：zjgsupress@163.com)

(网址：http://www.zjgsupress.com)

电话：0571－88904970，88831806(传真)

排 版 杭州朝曦图文设计有限公司

印 刷 杭州五象印务有限公司

开 本 710mm×1000mm 1/16

印 张 17

字 数 321 千

版 印 次 2016 年 6 月第 1 版 2016 年 6 月第 1 次印刷

书 号 ISBN 978-7-5178-1539-6

定 价 43.00 元

总　　序

符合道德的生活是幸福的生活。但很长一段时间以来，人们都对道德存有一种误解与误读，即把道德理解为一种关于行为的规范或规范的体系。在这种解读中，人们的行为是否道德，取决于其行为与规范的一致性，就是说，如果人们的行为符合某种规范，则其行为就是道德的，反之，其行为就是不道德的。虽然，行为是否道德的判断确实与行为的道德规范、伦理原则等相关，然而，简单地把道德理解为一种规范，却有着两个致命的缺陷：其一，当人们试图从规范的维度来考察行为的道德性之时，规范是外在的，且是先于行为的外在。这无疑是说，人们的道德追求更多地取决于外在的标准而不是内心的自由意志（或善良意志）。这种理解完全偏离了道德的原本意义域，因为，所有与道德相关的行为，其行为的道德性必定与对某种生活意义的理解、追寻相关，人们是出于对某种生活意义的认同才进而认同规范的必要性与合理性，而没有了这种意义，任何规范都是苍白的、无价值的。因此，规范并不是判断行为道德与否的唯一标准，更不是最重要标准。更为重要的是，在很多情况下，符合规范的行为并不能成为行为道德性或行为者道德品质的标准，因为，人们完全可能是仅仅出于对违背规范的惩罚的恐惧而“被迫”遵守规范，也就是说，在很多情况下，人们并不是认同规范本身的价值或意义，他们之所以仍然遵从那些规范，仅仅是出于一种行为策略上的“明智”。在这个意义上，亚里士多德与康德等先哲们阐发了道德的真谛：他们都强调，人们追求的善（道德）应当是哪种因其自身而善的东西，而绝不是出于某种狭隘的功利目的或逃避惩罚的“明智”。在中国，以王阳明为代表的心学理论则强调“良知”。其二，从文化考察的维度看，人们一致认同的观点是，道德乃是中国传统文化的核心所系。在这个意义上，道德的规范解读进路显然无法满足文化要旨意义的要求。因为，作为中国传统文化核心的道德的要旨乃在于以“德”

为纲的人性化成方式与以“德”为原理的社会治理模式。我们很难想象把一个民族或国家的文化核心所系定格于规范的层次上。对道德理解的以上两种缺陷的反思，都指向与道德相关的同一个主题，即道德原本是与人们的生活直接相关的，不论是人们对生活意义的理解与追寻，还是人性教化或国家治理，都不可能在现实生活之外找到正解。中华民族五千年的文化史对此做出了最好的解说：中华文明向来重德，于人的教化、于国家治理都是如此。正因为这样，以儒家文化为核心支柱的中华传统文化中才存留了丰富的人格化育与道德建设的理念和方式方法，极富智慧，值得后人认真研习。在这些道德教化与家国治理的智慧中，一个极重要的原理，恰在于道德的生活化或者说让道德回归生活，具体的表现就是在“成仁(圣)”与“复礼(理)”的道德教化中，“化礼成俗”，在生活中确立道德的基本原理框架与行为要求，换言之，就是将道德的基本要求转化为人们日常生活习惯和基本生活方式，从而实现道德的生活化图景。

浙江历来是人文荟萃之地。特别是自宋以降，理学重振儒学道统以来，以当时宋都临安(今杭州)为中心，形成了江浙、湖广一带的南方学术胜地。理学于中国传统文化意义重大，一方面，宋代理学成就了中国历史上规模最为宏大、气势最为恢宏的一次思想文化运动，成功地突破了隋唐以来佛道文化垄断的思想防线，重新追回了作为中华传统文化之核心支柱的儒学道统，立新儒家之根基。另一方面，宋元理学之后，中国传统文化的重心开始了由北向南的大转移。在后来的数百年间，江浙、湖广逐渐成为中国传统文化的绝对中心。阳明心学的发展更是强化了浙地的文化中心地位：阳明先生龙场悟道之后，回到故乡，并广收门徒，光大“心学”。其影响之盛，无出其右。阳明之后，“天下士人对其良心学说的信奉，真若决而沛然莫之能御。他生前所过化之地，无论贵州、江西、安徽、两广还是浙江，各地多建祠堂书院，以缅怀其功烈，以讲论其学说，以承继其思想。良知之教遍满宇内，播流域外，终成显学”[①]。王学弟子同宗“心学”，却发展出了七大流派，其门生遍布江南的浙、赣、湘、闽、粤各地，乃至北方的洛阳一带(洛学)。浙江自此行进于中华民族文化的最前沿行列，引领了数百年来中国社会的政治革新、经济发展与文化承继的先锋任务。

---

① 董平：《王阳明的生活世界》，中国人民大学出版社 2009 年版，第 233 页。

需要强调的是，阳明心学在道德生活化方面是颇有建树的。许多人或许以为，阳明心学所强调的乃是“良知”理论，重视的是“心本体论”与“良知”学说，这些都是游离于生活之外的理论抽象。然而，这种理解其实是对阳明心学的误解与误读。因为，阳明心学的“心即是理”，其心所谓，乃是一切道德的根源或一切善恶的源头；其理所谓，乃是基本的道德法则本身，这种道德法则，发之事父便是孝，发之事君便是忠，发之交友治民便是信与仁。其心、其理都指向现实生活的道德实践，而绝非空议。而且，阳明心学的“心即理说”所重视的是从本身的心理与道德本性来阐发人们的思想、行为乃至社会关系，强调了良心在伦理生活中的作用。这区别于从“神”或“天理”的进路，在理与欲的问题上，阳明心学也摆脱了朱氏理学天理、人欲的二极对立逻辑，积极对待人们生活中的情欲问题。阳明之后，其学说经其弟子以讲会而传布四方，成就了中国传统文化的承继与开创，也成为当时社会生活的精神。如若真如一些人所谓的心学只事空谈，我们就根本无法想象这样一种专事空谈的学说会在人们的生活中流布甚广。

阳明先生乃浙江余姚人氏，其弟子门生虽广布江南各地乃至河洛一带，但阳明心学最有影响的后学流派则主要活动在江浙一带，如泰州学派、浙中王门学派等。从阳明学说对当时的文化与社会生活的影响看，江浙之地的文化风尚与生活哲学无疑是深受其学说与后学影响的。然而，在近现代以来的浙江现代经济发展进程中，这种影响与地位却在很大程度上被忽略了，人们看到的似乎只是江浙一带的商品经济气息，而对其背后的文化机理却关注不够。马克斯·韦伯曾在《新教伦理与资本主义精神》中揭示了一个极具普适意义的经济原理：任何一种经济形态的发展都需要一种内在的文化力量支撑，缺少这种内存的文化力量的支撑，任何经济形式都不可能持续发展。马克斯·韦伯的这一论断也告诉我们，忽略了经济背后的文化因素，我们是很难理解当代浙江经济发展的动力机制的。

本丛书的主要思路是：结集出版一批优秀的学术作品，集中呈现当代中国社会转型时期道德生活样态，以及人们在经济与社会新的发展态势下的相关伦理探究。既着力揭示市场经济发展与道德、文化的内在支撑机制，又从道德与文化的层面反思经济发展的相关问题与可能的解决。这无疑是一个极其恢宏且随时代不断进新的主题：关于中国优秀传统道德的继承与创造性转换，关于财富快速增长以后真正幸福的获得，关于城乡变迁与人口流动后人的发展与人文精神的坚守，关于信息化态势下文化的传播逻辑与正道选择，关于在艺术、商业和伦理等多重维度中文化产业的演进，等等。它关乎现代人如何道德地生活，如何让道德回归生活！本丛书与其说是在致力于所关注问题的根本解决，倒不如说我们更期望通过自己的工作，引起各界同仁对经济、社会发展中的道德、文化议题的持续关注，特别是对拥有丰富的道德资源又处于率先发展地位之浙江的道德、文化议题的持续关注。

陳壽灿

二〇一五年十月 于杭州

前　言

1949 年新中国成立时，我国城镇人口占全国总人口的比重仅为 10.64%[①]，1978 年改革开放政策实施时，我国城镇人口占全国总人口的比重提升为 17.92%，29 年间仅仅增加了 7 个多百分点。另外，1949 年第一产业的就业人数在就业结构中的比重高达 83.5%，而 1978 年第一产业的就业人数在就业结构中的比重仍然高达 70.5%[②]。也就是说，在 1949 年至 1978 年的 29 年间，我国是一个乡村人口占 80%以上，以第一产业为主的农业社会。

1978 年改革开放政策实施以后，我国的工业化、城镇化水平获得了快速发展。1990 年工业化率（工业增加值占一个国家或者一个地区的全部生产总值的比重）为 39.7%，1995 年迅速上升至 58.5%，2000 年以后虽然有所下降，但 2005 年、2010 年、2011 年、2012 年、2013 年的工业化率分别为 43.4%、48.5%、44.7%、40.6%和 39.9%[③]，除 2013 年工业化率略低于 40%以外，其他四个年度的工业化率均维持在 40%以上。另外，在 1990 年至 2012 年的 22 年间，城镇化率（城镇人口占全国总人口的比重）呈现出逐年上升之势，以至于在 2005 年以前，我国的工业化率还大大高于城镇化率，但在 2005 年以后，城镇化率开始逐渐高于工业化率。2010 年工业化率和城镇化率分别为 48.5%和 49.95%，前者低于后者仅仅 1.45 个百分点，但三年之后的 2013 年工业化率和城镇化率已分别变为 39.9%和 53.73%[④]，前者低于后者已高达 13.83 个百分点。这意味着在我

---

① 国家统计局：《中国统计年鉴》(2014)，中国统计出版社 2014 年版，第 25 页。

② 国家统计局：《中国统计年鉴》(1999)，中国统计出版社 1999 年版，第 91 页。

③ 同①，第 61 页。

④ 同①，第 25、61 页。

国，2005 年以后，城镇化的发展速度开始快于工业化的发展速度，我国已经进入城镇化的快速发展期。

工业化与城镇化的快速发展，使得当前我国已经进入工业化、城镇化进程的中期阶段，社会基本实现了两个转型。其一，2013 年城镇化率为 53.73%，已经高于工业化率 13.83 个百分点，基本实现了从传统农业社会向现代工业社会的转型。其二，2013 年城镇化率已达 53.73%，说明当前我国已经基本进入初级城镇型社会，即正处于以乡村人口为主体的“乡村型社会”向以城镇人口为主体的“城镇型社会”的过渡阶段，城乡二元社会的特征正在逐步消失。

另外，工业化、城镇化的发展使得我国居民的物质生活水平有了显著提高。1978 年我国农村居民与城镇居民的恩格尔系数（Engel's Coefficient）分别为 67.7%和 57.5%，1990 年分别下降至 58.8%和 54.2%，十年之后的 2000 年又分别下降至 49.1%和 39.4%，2013 年更是分别下降至 37.7%和 35.0%[①]。

那么，工业化、城镇化的发展导致我国社会从传统农业社会向着现代工业社会，以乡村人口为主体的“乡村型社会”再向着以城镇人口为主体的“城镇型社会”的转型过程中，以及在这一转型过程中人们物质生活水平显著提高的社会现实下，作为生活质量重要指标的幸福感是否获得了同步提升呢？

本书冠名“社会转型与人们的幸福感”，研究目的就是要明确上述社会现实下人们的幸福感现状、影响因素及提升对策。本书共分为十二个部分，每一部分的主要内容，简要概括如下。

第一部分为序章，着重介绍了作为社会学核心概念的工业化、城市化、社会结构、人们的生活方式，以及它们之间的关系。另外还介绍了当代社会学的研究问题，以及我国社会学研究的缺陷。序章的主要观点是：工业化、城市化两者相伴相随，其引起的社会结构宏观层面的变迁，无论在欧美发达国家，还是在作为发展中国家的我国社会，都具有一致性，但是由于传统文化、社会制度、社会管理等方面的差异，社会结构微观层面却存在很大的不同。因此，研究中国的社会问题不应该完全照搬欧美学者的研究模式，而应该结合我国的社会现实，进行适合

① 国家统计局：《中国统计年鉴》（2014），中国统计出版社 2014 年版，第 158 页。

我国本土化特征的社会学研究。

第二部分(第一章),着重阐述了本书的研究背景,并指出了本书的研究问题。与欧美国家相比,我国的工业化、城镇化的显著特征是:(1)发展时间短且发展速度快;(2)引起的社会结构变迁快,并且涉及到阶层、组织、群体,以及人们的生活方式等社会结构的宏观层面与微观层面;(3)引起的人们的物质生活水平提升快;(4)在经济领域、社会领域及人们的精神领域引起的社会问题多。因此,物质生活与精神生活并未同步发展,人们的幸福感水平比较低下。本书的研究问题就是在明确现阶段人们的幸福感状况的基础上,着重从社会结构的宏观层面与微观层面分析幸福感的影响因素,并根据研究发现提出相应的对策建议。

第三部分(第二章)为文献综述,着重介绍了幸福感的概念,以及国内外学者有关幸福感的实证研究,并指出了已有研究的特征、存在的问题等。幸福感作为一种心理现象,不同学者对其有不同的定义。迄今为止,国内外学者从国家层面的经济发展、个人层面的收入增长等维度分析了幸福感的影响因素,但总的说来,国内学者的幸福感研究沿袭了国外学者的研究范式,缺乏基于我国社会现实的本土化研究。另外,经济学、心理学、社会学等不同学科根据各自学科的研究取向来分析幸福感,缺乏跨学科的综合研究。

第四部分(第三章)为工业化、城镇化发展与社会结构变迁,着重介绍了我国自1952年以来工业化、城镇化的发展进程及其引起的社会结构变迁。如前所述,我国工业化、城镇化的发展进程短且发展速度快,引起的社会结构的宏观层面与微观层面变迁也快。在第四部分,本书对我国工业化、城镇化的发展进程及其引起的社会结构宏观层面与微观层面的变迁做了较为详尽、细致的阐述。

第五部分(第四章)为研究假设和研究设计,着重介绍了本书的分析视角、理论假设,以及有关调查地区、分析变量的研究设计、分析方法等。本书的分析视角与已有研究不同,将在我国工业化、城镇化发展引起的社会结构宏观层面与微观层面的社会分化的大背景下,综合经济学、心理学、社会学的分析视角,同时从个人与社会两个维度把握幸福感的影响因素。而对于调查地区,本书选择了浙江省五个城乡特征不同的地区,即周宅村、中余乡、浦江县、金华市、杭州市。这样的研究设计能够较为全面、准确地把握当前人们的幸福感状况。在分析变量方面，本书选择了个人的阶层位置、社会结构的宏观层面与社会结构的微观层面三个大的变量。其中，个人的阶层位置包括性别、年龄、学历、收入、职业阶层、婚姻状况六个变量，社会结构的宏观层面包括社会公平、食品安全、社会冲突、环境污染、贫富差距、官僚腐败六个变量，社会结构的微观层面包括关系网络、社团参与、社会信任、规范遵守、居民互助、价值取向六个变量。另外，在分析方法方面，本书主要运用了百分比与平均值的比较明确了幸福感的状况，运用了多元线性回归分析的统计方法考察了个人的阶层位置、社会结构的宏观层面与社会结构的微观层面对幸福感的影响。

第六部分(第五章)为相关变量的描述性统计，运用百分比或者平均值比较的统计方法，着重介绍了调查样本(有效样本量 11246 个)中不同性别、年龄、学历、收入、职业阶层、婚姻状况的情况，以及社会宏观层面变量与微观层面变量在我国社会的存在状况。

第七部分(第六章)为幸福感现状的实证分析，运用百分比或者平均值比较的统计方法，首先介绍了现阶段人们的总体幸福感、不同维度的幸福感现状，其次分别介绍了五个调查地区居民的总体幸福感，以及不同维度的幸福感现状，最后分别介绍了不同社会特征居民的幸福感状况。

第八部分(第七章)为幸福感影响因素的实证分析，运用多元线性回归分析的统计方法，着重分析了个人的阶层位置、社会结构宏观层面变量与社会结构微观层面变量对幸福感的影响。分析发现，在个人的阶层位置中，主要是年龄、收入和职业阶层影响着人们的幸福感，而与个人的阶层位置相比，社会结构宏观层面变量与社会结构微观层面变量则较为普遍地影响着人们的幸福感，但是因幸福感的维度而存在较大差异。

第九部分(第八章)为城市的社会资本与居民的幸福感。迄今，尽管国内外学者对人们的幸福感进行了丰富的研究，但有关社会资本与幸福感关系的研究却实不多见。基于已有研究的这一缺陷，本书以关系网络、社团参与、人际信任三个指标测量社会资本，分析了它们对于幸福感的影响。分析发现:关系网络、社团参与、人际信任对总体幸福感均会产生不同程度的影响，但是因幸福感的维度而存在较大差异。

第十部分(第九章)为不同职业阶层的幸福感、获得路径及演变趋势。在现实生活中,不同职业阶层的幸福感获得路径显然是不同的,即使是相同的职业阶层也不可能通过相同的路径获得幸福感,而国内外学者有关这方面的研究还相当缺乏。基于这一现实,第九部分分析了不同职业阶层的幸福感、获得路径及演变趋势。分析发现:(1)不同职业阶层的幸福感获得路径并不一致,职业地位低的阶层的幸福感主要产生于收入增加,而职业地位高的阶层的幸福感主要产生于身心健康与社会关系;(2)随着职业地位的提升,幸福感的获得路径趋于多元化,并且幸福感获得的路径从收入增加逐渐向着身心健康及社会关系的方向演变。

第十一部分(第十章)为研究结论,着重对本书有关人们的幸福感状况及幸福感的影响因素进行了归纳整理。现阶段,我国居民的幸福感水平在“很不幸福、不幸福、有点不幸福、有点幸福、幸福、非常幸福”六个层次中,仅仅处于“有点幸福”的层次,但因幸福感的维度而存在很大的不同。另外,如前所述,在个人的阶层位置中,仅仅年龄、收入、职业阶层就对幸福感产生了显著影响,而社会结构的宏观层面与微观层面的各个变量则对幸福感的影响更为普遍。

第十二部分(第十一章)为对策建议,主要根据研究发现提出了提升人们幸福感的对策建议。本书认为,在个人的社会特征层面,以下两个方面是当前提升人们幸福感的有效对策:(1)提高居民的实际收入,适当降低物价;(2)确保职业流动畅通,实现优胜劣汰的流动秩序。在社会结构的宏观层面,以下六个方面是当前提升人们幸福感的有效对策:(1)提高社会各领域的公平性;(2)确保食品安全;(3)及时地化解各种社会冲突;(4)尽最大努力减少环境污染;(5)采取有效对策,缩小贫富差距;(6)强化制度的约束力,减少官僚腐败。而在社会结构的微观层面,以下六个方面是当前提升人们幸福感的有效对策:(1)避免工具性交往,强化情感性交往;(2)建立广泛社团,引导人们积极参与;(3)采取切实措施,提升社会信任水平;(4)教育与处罚兼备,强化国民的规范意识;(5)通过多种渠道,促使居民互帮互助;(6)大力培育集体主义价值观。

本书在整个研究过程中,始终秉持了三个原则:其一,努力寻求研究的本土化,即认为研究中国的幸福感问题,应该将分析视野放在中国特有的制度文化、特定的社会现实框架内。基于此原则，研究变量均结合当前我国的社会现实进行了操作化设计（具体详见第四章第二节）。其二，努力把理论分析与经验研究相结合，即研究过程中，虽然注重吸纳国内外学者的理论观点，但又不简单地照搬他们的理论观点；虽然注重经验事实，但又不仅仅是简单的经验描述。其三，尊重客观事实，保持价值中立，即一切研究观点均建立在翔实可靠的调查数据基础之上，忠实地接受调查数据的指引，而不添加任何个人的价值判断。

与本书内容相关的研究成果，曾经在不同年份以论文的形式发表于国内的学术刊物，以及在 2013 年、2014 年与 2015 年的中国社会学年会上做过交流，并获得过优秀论文二等奖。

其中，在国内学术刊物发表过的论文，分别如下：

*《不同规模地区居民的人际信任与社会交往》，《社会学研究》2009 年第 4 期。

*《城市居民的政治参与及其影响因素的实证研究》，《内蒙古大学学报》（哲学社会科学版）2009 年第 4 期，已被中国人民大学书报资料中心复印报刊资料 D4《中国政治》2009 年第 11 期全文转载。

*《个人属性与幸福感的关系研究——基于温州市的问卷调查》，《温州大学学报》（社会科学版）2014 年第 5 期。

*《城市居民主观幸福感的实证研究》，《中共宁波市委党校学报》2015 年第 1 期。

*《不同职业阶层的幸福感、获得路径及演变趋势》，《浙江社会科学》2015 年第 8 期。

在 2013 年、2014 年和 2015 年提交于中国社会学年会进行交流的论文，分别如下：

*《社会资本与组织信任的实证研究》，提交于 2013 年中国社会学年会的分论坛——社会心理学专题二：社会心态。

*《制度化信任何以才能建立——人际信任与组织信任的实证研究》，提交于 2014 年中国社会学年会的分论坛——文化社会学论坛，并获得优秀论文二等奖。

*《城市的社会资本与居民的幸福感》，提交于 2015 年中国社会学年会的分

论坛——社会资本与基层社会的治理论坛。

本书的内容，当然包含了上述发表或者会议交流的论文内容，但是在形成本书时，已经做了全面的内容修改或者内容的重新组合。

最后，需要说明的是，论文在发表以及做会议交流时，曾经得到过诸多专家学者的批评帮助，在此表示深深的谢意！另外，本研究获得了2013年浙江省社会科学规划项目（项目名称：城市化与人们幸福感的社会学研究，立项编号：13NDJC121YB）的资助，可谓是该基金项目的研究成果。本书是“道德建设与价值培育创新团队”的一部分成果，因本书的出版获得了浙江工商大学“道德建设与价值培育文库”编辑委员会的鼎力资助，对此表示深深的谢意！

张云武

2015年10月1日

目 录

序 章 社会结构变迁与社会学研究

第一章 研究背景与研究问题

第二章 文献综述

第三章 工业化、城镇化发展与社会结构变迁

第四章　研究假设与研究设计

第五章　相关变量的描述性分析

第六章　幸福感现状的实证分析

第七章　幸福感影响因素的实证分析

第八章　城市的社会资本与居民的幸福感

第九章　不同职业阶层的幸福感获得路径及演变趋势

第十章　研究结论

第十一章　对策建议

序　章　社会结构变迁与社会学研究

社会学研究的目的在于：准确地把握和预测在工业化、城市化的发展背景下社会结构的宏观层面与微观层面变迁的规律，以及在社会结构的宏观层面与微观层面的变迁过程中产生的社会问题与社会问题的解决对策。因此，社会学的核心概念，可以概括为四个，即工业化、城市化、社会结构以及人们的生活方式，其中，社会结构可以分为社会结构的宏观层面与微观层面。社会结构的宏观层面是指以社会为主体，能够反映社会整体特征的社会群体、社会组织、社会制度、社会文化等，而社会结构的微观层面是指以个人为主体产生的人格特质、社会行为、关系网络、社会信任等。而人们的幸福感归属于社会结构的微观层面，它能否产生，与工业化、城市化的发展水平、社会结构的特征以及人们的生活方式紧密相关。因此，本章作为本书的序章，将首先介绍上述四个概念以及它们之间的关系，其次简要地说明当代社会学的研究问题，最后再指出国内社会学研究的缺陷。

一、工业化与城市化

（一）工业化

人类社会的最初形态是农业社会，在此阶段，人们主要从事作为第一产业的农业、林业、牧业、渔业。因此，第一产业的产值以及第一产业的就业人数分别在产业结构和就业结构中占据主导位置。

但是，随着自然科学的技术发明被广泛地应用于工业生产领域，工业（特别是其中的制造业）在国民生产总值中的比重不断上升。工业化（industrialization）就是指工业（特别是其中的制造业）在一个国家（或者地区）的生产总值中的比重不断上升的过程。在这一上升过程中，第一产业、第二产业、第三产业的产值在国家（或者地区）的生产总值中的比重产生更替，更替的基本倾向是：第一产业产值的比重逐渐降低，第二产业产值的比重逐渐提高，而第三产业产值的比重基本维持不变。这一变化最终导致的结果是:第二产业的产值在产业结构中占据主导位置。另外,这一变化发生的同时,第一产业、第二产业、第三产业的就业人数也在不断发生变化。变化的基本倾向是:第一产业的就业人数逐渐减少,第二产业的就业人数逐渐增加,而第三产业的就业人数基本维持不变。其变化的最终结果是:第二产业的就业人数在就业结构中占据主导位置。

因此,工业化的发展意味着制造业的发达,也意味着工业企业组织的大量产生以及由此带来的就业机会的扩大,同时也意味着第一产业产值的下降以及第一产业就业人员的减少。工业化的发展水平一般通过工业化率进行测量,工业化率是指工业增加值占一个国家或者一个地区的全部生产总值的比重。一个国家或者地区的工业化率处于 20%—40%的区间时,为工业化初期阶段;处于40%—60%的区间时,为工业化中期阶段;处于 60%以上时,为工业化后期阶段。

但是,欧美国家的工业化进程说明,以第二产业发展为标志的工业化并不是独立发展的,它在发展的同时,必然会带动第三产业的发展,并最终使得第三产业的产值在国内生产总值中的比重超过第二产业产值。因此,产业化一般是指由于工业化的进一步发展,交通运输业、饮食服务业、商业、金融业与保险业、不动产业等第三产业的产值在国民生产总值中的比重不断上升的过程。这一上升过程,最终将导致第三产业的产值在产业结构中的比例高于第一产业与第二产业的产值,第三产业领域的就业人数多于第一产业领域与第二产业领域的就业人数,从而使得一个国家或者地区的经济获得全面发展。也就是说,产业化社会是一个在工业化社会的基础上产生的第三产业发达的社会,是工业化社会的高级阶段。产业化的发展水平一般通过产业化率进行测量,产业化率就是指第三产业的产值占一个国家或者地区的全部生产总值的比重。根据国际经验,一个国家或者地区的第三产业产值在产业结构中的比重高于第二产业产值,而第三产业领域的就业人数在就业结构中的比重高于第二产业领域的就业人数时,即进入产业化社会。第三产业产值在产业结构中的比重以及第三产业领域的就业人数在就业结构中的比重越高,则意味着产业化水平越高。

(二)城市化

城市化(urbanization)一般是指伴随着工业化及产业化进程的推进,人类社会活动中农业活动的比重不断下降、非农业活动的比重不断上升的过程。在这一过程进行时,社会将具体产生“人口的城市化”与“生活的城市化”两种现象。

其中,“人口的城市化”是指由于城市工业企业组织的建立、就业机会的增加而产生的农村人口的城市流动，以及由此产生的城市人口数量的增加。在这一过程中，农村人口大量地流入城市，将会引起农村社会的衰落。人口的城市化根据农村人口流入城市的起因可以分为“推出型城市化”和“吸引型城市化”两种类型。前者是指由于农村的生产力低下，而农村人口的出生率高，从而产生大量的剩余劳动力，这些剩余劳动力为了寻求就业机会被迫离开农村，流入城市；后者是指由于城市的工业化以及产业化的发展引起劳动力的不足，能够提供高于农村水平的就业机会和生活机会，从而吸引农村人口源源不断地流入城市。20 世纪 50 年代以来，欧美国家的产业化发达，因此，欧美国家的人口城市化为“吸引型城市化”；而一些发展中国家（比如墨西哥、泰国等）由于产业化欠发达，并且城市与农村的生活水平存在较大差异，以及农村的就业机会极度缺乏，因此，大多数发展中国家的城市化为“推出型城市化”。

而“生活的城市化”则是指农村人口流入城市之后，由于收入、职业或者居住地的改变而引起的生活方式的变迁。也就是说，城市化不仅仅是人口学意义上的农村人口的城市流动，以及由此引起的城市人口数量的增加，更重要的是社会学意义上的农村人口流入城市之后的城市融入，以及城市型生活方式的形成。城市化的发展水平一般通过城市化率进行测量，城市化率就是一个国家或者地区的城市人口在全部总人口中所占的比重。根据国际经验，当一个国家或者地区的城市化率处于 51%—60% 的区间时，为初级城市型社会；城市化率处于 61%—75%的区间时，为中级城市型社会；城市化率处于 76%—90%的区间时，为高级城市型社会；而城市化率大于 90%时，为完全城市型社会。

（三）工业化、城市化与生活方式变迁

在工业化、城市化的发展进程中，如果没有社会制度的干预，工业化与城市化是相伴相随、不即不离的关系。在工业化进程中，随着农村人口源源不断地流入城市，作为城市化主要内容的人们的生活方式如何从农村型生活方式向着城市型生活方式变迁，滕尼斯（Ferdinand Tönnies）的共同体与社会[①]、涂尔干（Émile Durkheim）的机械团结与有机团结[②]、韦伯（Max Weber）的社会行动的情感性与工具性[③]、西美尔（Georg Simmel）的城市型人格（理性至上、金钱崇拜、

① 斐迪南·滕尼斯著，林荣远译：《共同体与社会》，商务印书馆 1999 年版，第 52—53 页。

② 埃米尔·涂尔干著，渠东译：《社会分工论》，生活·读书·新知三联书店 2000 年版，第 33—92 页。

③ 马克斯·韦伯著，林荣远译：《经济与社会》，商务印书馆 1997 年版，第 54—63 页。

实用主义、厌世、张扬个性等)[1]等经典社会学理论中,均做了较为详尽、细致的阐述,但是表述最为系统、最具代表性的理论,当属美国学者沃斯(Louis Wirth)于1938年在《作为生活方式的城市性》(Urbanism as a Way of Life)一文中,基于20世纪30年代美国芝加哥市的工业化、城市化引起的社会结构变迁提出的城市性理论(Theory of Urbanism)[2]。其主要内容是:伴随着工业化的发展,来自北欧、东欧与亚洲的移民以及美国南部地区的农民不断地流入芝加哥市,在致使芝加哥市的人口规模与人口密度增大、社会异质性增强的同时,也致使芝加哥市的社会阶层、社会组织、社会群体等社会结构的宏观层面产生显著的社会分化,并且在社会结构的宏观层面产生分化的同时,作为社会结构微观层面的个人的人格特质、社会行为、关系网络、价值取向、人际信任等也产生了相应的变化。变化的基本倾向主要包括以下四个方面。

第一,竞争、戒备、紧张、焦躁、功利、孤独等人格特质的形成。

第二,个性及社会行为的多样化以及对多样化的个性及社会行为的宽容接纳。

第三,以个人主义与实用主义为主要内容的价值取向的形成。

第四,依照社会结构中的阶层位置而产生的居住空间的分离。

二、社会结构变迁

(一)社会结构

工业化、城市化的发展必然会导致一个国家或者地区的社会结构发生变化。社会结构(social structure)就是能够体现某一社会的特征,能够使得人们对某一社会产生某种认识的不同社会成员之间相对稳定的组合样式。这里的社会成员主要包括生活中的个体(人)、社会群体、社会组织,以及它们的价值取向、行为方式、关系网络、社会信任等。也就是说,社会结构以现实生活中的人为母体而产生。比如,现实生活的人是构成社会的主要成员,就人的性别而言,可以分为男性与女性;而就人的学历而言,可以分为小学学历者、初中学历者、高中学历者以及大学或者研究生学历者。再比如,社会中广泛存在的企业组织也是由复数的人构成的,就组织的所有制而言,可以分为国有企业、股份制企业、外资企业、私营企业,而就组织的行业领域而言,可以分为生产领域的企业组织,饮食服务业

---

① G. 齐美尔著,涯鸿、宇声等译:《大城市与精神生活》,《桥与门——齐美尔随笔集》,生活·读书·新知三联书店上海分店1991年版,第258—279页。

② L. Wirth: Urbanism as a Way of Life, *American Journal of Sociology*, 1938, 44(1), pp. 1—24.

领域的企业组织,金融业及商业领域的企业组织等。又比如,人们的价值取向可以分为利己主义与利他主义。

社会结构虽然看不见,摸不着,但是在现实生活中是确实存在的,并且我们能够感受到它的存在。另外,在社会某一发展阶段,社会结构是相对稳定不变的,但从长期来看,必然会随着工业化、城市化的发展而变化,从而导致整个社会从一个社会演变为另一个社会。一个国家或者地区的工业化、城市化的水平越高,则社会结构的分化程度越高,社会的异质性越强,各种社会问题越容易产生。

(二)社会结构宏观层面

社会结构的宏观层面,一般是指现实生活中社会上存在的社会阶层、社会群体、社会组织、社区、社会规范(社会制度或者社会文化)五种社会成员。这五种社会成员均是因人而生,并随着工业化、城市化的发展不断产生社会分化。分化的基本倾向分为以下三个方面。

其一,成员的社会构成趋于多样化。

其二,成员的社会功能趋于单一化。

其三,成员彼此之间的依赖性逐渐增强。

比如,1978 年改革开放政策实施以前,我国是典型的农业社会,工业企业的主要组织形式是国有企业,它拥有生产功能、教育功能、娱乐功能、社会保障功能、文化功能、保卫功能等。正是因为国有企业拥有人们生活所需的各种功能,因此这样的企业组织,即使建立在偏僻的山区,也能够独立地生存发展。但是 1992 年市场经济体制实施以后,除国有企业之外,保安公司、保洁公司、房屋中介、搬家公司、快递公司等不同形式的企业组织大量产生,但这些企业组织的社会功能非常单一,因而不能够独立生存,必须依靠其他社会成员的协作才能够生存发展下去。现实生活中,越是人口规模大、人口密集的地区,这些社会组织就越多,就充分说明了这一点。

(三)社会结构微观层面

社会结构的微观层面,一般是指组成社会结构宏观层面的社会阶层、社会群体、社会组织的人格特质、行为方式、关系网络、社会信任等。在现实生活中,随着工业化、城市化的发展导致的社会结构宏观层面的分化,它们必将产生相应的社会分化。社会结构宏观层面的分化,将导致社会结构微观层面不同组成部分的分化呈现此消彼长的倾向。比如,随着工业化、城市化的发展,人们的社会交往、关系网络、社会信任、人格特质的分化，将会呈现以下倾向：

第一，社会交往的持续性减弱，选择性增强，并且以个人间关系为主，很难通过个人之间的交往而上升到家庭成员之间的交往，即个人间关系很难进一步发展成为家庭间关系。

第二，社会关系网络中，感情性关系减少，功利性关系增多；持续性关系减少，而即时性关系增多。

第三，在社会信任方面，基于对他人可信程度的理性考察而产生的认知性信任（cognitive trust）趋于强化，而基于强烈的情感联系而产生的情感性信任（emotional trust）趋于弱化。随着工业化、城市化的发展以及由此带来的社会结构宏观层面的不断分化、社会流动性的不断增强，人们之间的社会行为将会建立在认知性信任而非情感性信任的基础之上。

第四，在人格特质方面，集体主义的价值取向趋于弱化，而个人主义的价值取向趋于强化。焦躁、不安、冷漠、孤独、戒备、自私、神经紧张等心理现象，是个人主义价值取向极度膨胀导致的社会结果。

（四）社会结构宏观层面与微观层面的相互作用

工业化、城市化的发展引起的社会结构的宏观层面与微观层面的分化，不是相互独立的，而是相互作用的。在社会学领域，在社会结构的宏观层面与微观层面的相互作用方面，有两个一般性的理论观点。

其一，社会结构的宏观层面决定着微观层面，两者亦步亦趋、相伴相随地发生变化。比如，职业地位与关系网络。一个人的职业地位直接影响其拥有的关系网络，职业地位发生变化，关系网络的规模和类型也随之变化。再比如，社会的制度规范与人们的行为方式。不同制度规范下人们的行为方式是不同的，在什么样的制度规范下生活，人们就会有什么样的行为方式。

其二，虽然社会结构的宏观层面制约着人们的社会行动，但是人们的社会行动在展开和持续过程中又不断创造着社会结构的宏观层面，二者是不断的双向循环过程。另外，正是这种不断的双向循环过程，才促使一个社会不断地演变为另一个社会。也就是说，现实生活中，社会结构的宏观层面与微观层面是相互作用的。比如，社会规范与人们的社会行为。一般来讲，社会规范制约着人们的社会行为，从而使得人们的社会行为趋于一致，社会秩序趋于稳定。但是，在理性化发达的当今社会，人们的一切社会行为均具有目的性与选择性，为了获取最大化利益，背离社会规范的社会行为大量存在，从而导致社会处于失范状态。此时，为了实现社会整合，又必须制定新的社会规范对人们的社会行为加以约束。

社会就是在社会规范与人们的社会行为相互作用下变化发展，从而导致一个社会演变为另一个社会。

三、当代社会学的研究问题

大量的理论及经验研究已经说明，无论欧美社会，还是我国社会，工业化、城市化的发展所导致的社会结构宏观层面的变迁，存在一致性变迁倾向，即工业化、城市化的发展将导致社会组织、社会群体、社会文化、社区等社会结构的宏观层面产生社会分化，越是工业化、城市化水平高的社会，社会结构宏观层面的分化程度越显著，各个组成部分之间的异质性越强，各个组成部分的社会功能越变得专门化，彼此之间的依赖性也越强，从而产生涂尔干所说的有机团结。但是，由于不同社会的传统文化、经济发展水平、社会制度、政治制度、社会建设、社会管理等方面的差异，人们的心理特征、规范意识以及行为方式存在着相当大的不同，从而体现出社会结构的宏观层面与微观层面的变迁并不是亦步亦趋、相伴相随的，而是存在分离脱节的现象。

另外，一个社会结构的宏观层面（比如社会制度、社会文化）呈现怎样的特征，毕竟是现实生活中的人、社会组织、社会群体的社会行为创造的，是它们的社会行为创造了社会，因此可以说，在当今网络化、信息化社会，在社会结构的宏观层面与微观层面的相互作用过程中，很大程度上已经不再是社会结构的宏观层面制约着微观层面的变迁，而是社会结构的微观层面推动了宏观层面的变革。此外，在当今社会，人们的社会行为愈发理性，愈发多样化，对整体社会成员具有支配性的共同价值观的建立愈发艰难，不同社会成员的心理特质以及行为方式的差异愈发显著，社会由此丛生各种社会问题，其运行规律愈发难以预测。

因此，当代社会学对有关工业化、城市化的发展背景下社会结构的宏观层面的变迁趋势的研究，可以说已经基本终结，而社会结构的微观层面则成为主要的研究对象，研究问题主要集中于社会结构微观层面各个组成部分的现状、功能、相互作用形式、变迁趋势以及对社会结构宏观层面的建构作用。

比如，作为社会学领域的研究主题，1970 年以后开始并迅速发展的职业流动过程中弱关系与强关系作用的研究[①]，日常生活中社会支持的来源及作用的研究[②]，人际信任的分类、形成机制、作用及功能的研究[③]，以及 1980 年以后兴起并迅速发展的社会资本及其对社会经济发展作用的研究[④]，人们的主观幸福感的产生及影响因素的研究[⑤]，人们的精神健康状况及影响因素的研究[⑥]，无一不是将社会结构微观层面的不同组成部分作为研究对象，并在分析社会结构微观层面不同组成部分的现状、影响因素的基础上，考察社会结构的微观层面对宏观层面的构建作用，以及如何进行社会结构宏观层面的变革，才能解决社会结构微

---

① Mark S. Granovetter: The Strength of Weak Ties, *American Journal of Sociology*, 1973, 78 (6), pp. 1360—1380. Mark S. Granovetter: *Getting a Job: A study of Contacts and Careers*, Harvard University Press, 1974, pp. 14—36. 渡辺深：転職結果に及ぼすネットワークの効果，社会学評論，1991 (42)，第 2—16 頁. Bian, Yanjie: Bringing Strong Ties Back In: Indirect Ties, Network Bridges and Job Searches in China, *American Sociological Review*, 1997(62), pp. 366—385. 边燕杰、张文宏：《经济体制、社会网络与职业流动》，《中国社会科学》2001 年第 2 期，第 77—89 页。

② B. Wellman: The Community Question, *American Journal of Sociology*, 1979(84), pp. 1201—1231. 张文宏、阮丹青：《城乡居民的社会支持网》，《社会学研究》1999 年第 3 期，第 12—24 页。

③ Luhmann: *Trust and Power*, New York: John Wiley, 1979, pp. 6—10. Seligman: *The Problem of Trust*, Princeton University Press, 1997, pp. 7—8. 胡荣、李静雅：《城市居民的信任构成及影响因素》，《社会》2006 年第 6 期，第 45—61 页。 李伟民、梁玉成：《特殊信任与普遍信任：中国人信任的结构与特征》，《社会学研究》2002 年第 3 期，第 11—22 页。 林聚任等：《社会信任和社会资本重建——当前乡村社会关系研究》，山东人民出版社 2007 年版，第 136—153 页。 王绍光、刘欣：《信任的基础：一种理性的解释》，《社会学研究》2002 年第 3 期，第 23—38 页。

④ P. Bourdieu: *The forms of capital*, In Handbook of Theory and Research for the Sociology of Education, Greenwood 1986, pp. 241—258. James S. Coleman: *The Foundations of Social Theory*, Belknap Press of Harvard University Press, 1990, pp. 302—305. 边燕杰、丘海雄：《企业的社会资本及其功效》，《中国社会科学》2000 年第 2 期，第 87—99 页。 卜长莉：《社会资本与社会和谐》，社会科学文献出版社 2005 年版，第 25—75 页。

⑤ R. A. Easterlin: Will raising the incomes of all increase the happiness of all?, *Journal of Economic Behavion and Organization*, 1995(27), pp. 35—47. David G. Blanchflower, Andrew J. Oswald: Well-Being Over Time in Britain and the USA, *Journal of Public Economics*, 2004(88), pp. 1309—1386. 官皓：《收入对幸福感的影响研究：绝对水平和相对地位》，《南开经济研究》2010 年第 5 期，第 56—70 页。 赖晓飞：《影响城乡居民主观幸福感的路径分析——对农村人口流动的文化解释》，《贵州大学学报》（社会科学版）2012 年第 5 期，第 31—35 页。 刘军强、熊谋林、苏阳：《经济增长期的国民幸福感——基于 CGSS 数据的追踪研究》，《中国社会科学》2012 年第 12 期，第 82—102 页。

⑥ L. Derogatis, N. Melisaratos: The Brief Symptom Inventory: An Introductory Report, *Psychological Medicine*, 1983(13), pp. 695—605. J. Milyo, J. M. Mellor: On the importance of age-adjustment methods in ecological studies of social determinants of mortality, *Health Serv Res*, 2003, 38(6), pp. 1781—1790. 贺寨平：《社会经济地位、社会支持网与农村老年人身心状况》，《中国社会科学》2002 年第 3 期，第 135—148 页。 何雪松、黄富强、曾守锤：《城乡迁移与精神健康：基于上海的实证研究》，《社会学研究》2010 年第 1 期，第 111—129 页。 刘林平、郑广怀、孙中伟：《劳动权益与精神健康——基于对长三角和珠三角外来工的问卷调查》，《社会学研究》2011 年第 4 期，第 164—184 页。

观层面变迁过程中产生的各种问题。

四、国内社会学研究的缺陷

任何社会学理论，无一不是研究者在对自己所处的社会现实进行细致观察的过程中，产生问题意识，并对意识到的社会问题进行细致观察与规范分析之后构筑的、与社会现实一致的理论。众所周知，涂尔干的社会分工论[①]及自杀论[②]，就是基于19世纪中后期法国工业革命引发的经济危机、社会危机、精神危机等各种社会问题频发的社会现实而构筑的社会学理论。西美尔的社会信任理论[③]，就是基于19世纪90年代末至20世纪初的近十年间，德国的工业化、城市化发展导致城市居民之间社会交往的功利性、即时性、竞争性增强，进而导致人际信任弱化、个人主义发达、社会整合程度严重下降的社会现实，而构筑的社会学理论。另外，科尔曼(James Coleman)的理性行动理论[④]，则是基于20世纪80年代已经处于后工业化阶段的美国社会现实而构筑的社会学理论。此时的美国社会，人们的价值取向中，个人主义意识愈发浓厚，人们之间社会交往的目的无一不是追求经济、政治或者情感等方面的利益最大化，因而社会交往呈现很强的工具性、即时性与选择性。也就是说，欧美学者的社会学理论均是某种特定社会现实的具体体现，是对特定社会现实的高度概括。因此，对于国内社会学者来说，要准确理解欧美学者的社会学理论，不首先准确地理解欧美学者所处的社会现实，是无法真正理解其理论关怀与理论内涵的。

当今美国的社会学研究，在研究取向、分析视角及研究方法等方面，仍然引导着世界各国社会学的研究。我国的社会学研究自然也不例外。但是，我国与美国在历史文化、社会制度、个人心理特质以及现实社会状况等方面，存在显著的差异。

第一，美国的农业社会历史短暂，工业化、城市化历史漫长，整个社会已经演变为以城市主导的后工业化社会(post-industrial society)。

第二，由移民构成的多种族国家，存在着严重的人种、宗教问题。

第三，集体主义观念淡薄，而个人主义意识浓厚。

---

① 埃米尔・涂尔干著，渠东译：《社会分工论》，生活・读书・新知三联书店2000年版，第11—347页。

② 埃米尔・迪尔凯姆著，钟旭辉等译：《自杀论》，浙江人民出版社1989年版，第158—325页。

③ 西美尔著，陈戎女、耿开君、文聘元译：《货币哲学》，华夏出版社2002年版，第111—179页。

④ James S. Coleman: *The Foundations of Social Theory*, Belknap Press of Harvard University Press, 1990, pp. 34—37.

第四，人们的家庭观念淡薄，核心家庭比例高。

第五，不同社会阶层（社会经济地位）的居住地分化现象严重。

第六，阶层结构中以专业技术人员、经理人员为主的中间阶层占主导地位。

但是，我国在上述几个方面，正好与美国相反，即农业社会历史漫长，以汉民族为主的社会，人们的集体主义观念及家庭观念浓厚，扩大家庭的比例高，不同社会阶层的居住地分化现象不显著，阶层结构中以农业劳动者、产业工人为主的基础阶层占主导地位。

综观迄今国内社会学者的研究概况，其中却存在着在没有完全理解欧美学者所处的社会现实的情况下，一味盲目地引进欧美社会学者的理论，并检验其在中国社会的适用性的倾向。这种重视理论引进，而轻视社会现实比较的研究现状，就好比"在不首先考察土壤成分的情况下，随意将花木从一个地方移植到另一个地方，从而使得该花木仅仅呈现一时生机，却缺乏较为持久的旺盛生命力，难以开花结果"一样。这种研究现状的延续，导致国内社会学界难以产生具有影响力的研究成果，因而进行适合我国社会现实的本土化研究，摆脱这种现象可谓是国内社会学的当务之急。

对于国内社会学界的这种研究倾向，国内的几位学者已经意识到这一点。郑杭生就呼吁"中国社会学不应在西方的笼子里跳舞"①。同样，刘少杰也明确指出：中国社会学存在着重视经验研究，而忽略理论研究的倾向，具体表现为两方面。一方面，国内社会学者的经验研究大多缺乏深入的理论思考或明确的理论前提，以致许多研究重复开展，缺乏学术的积累性与递进性②；另一方面，中国社会学者只是简单运用西方学者的实证社会学理论，很多经验研究往往只是对某些西方实证社会学理论的粗浅证明，对处于深刻变迁中的中国社会生活的解释常常流于表层③。

社会学研究的根本目的在于，通过对特定社会现实下产生的社会问题进行规范严谨的调查研究，获得与社会现实一致的概括性理论，准确地解释社会，进而有效地改造社会。因此，对于国内社会学界来说，研究目的不应该只是一味地引进欧美学者的社会学理论，并检验欧美学者的社会学理论在我国社会的适用性，而更应该是在欧美学者的理论启发下进行适合我国社会现实的本土化研究，

---

① 郑杭生：《中国社会学不应在西方的笼子里跳舞》，http://www.cssn.cn/news/403770.htm，2011年8月29日。

② 刘少杰：《中国社会调查的理论前提》，《社会学研究》2000年第2期，第86—87页。

③ 刘少杰：《建构中国社会学理论的新形态》，《甘肃社会科学》2006年第3期，第7页。

揭示我国独特的社会现实下社会结构的宏观层面与微观层面的相互作用机制，以及在两者的相互作用过程中各种社会问题产生的原因，并对此提出相应的解决对策。

第一章　研究背景与研究问题

任何社会问题，都是在特定的社会现实下产生的。由于传统文化及社会制度的不同，我国的工业化与城镇化①的发展进程及其引起的社会结构变迁，并不完全与欧美社会相同。这种不同尤其体现在社会结构的微观层面。因此本章的第一节，作为研究背景，将首先介绍我国工业化、城镇化发展进程的独特性以及由其导致的社会问题，其次指出在我国独特的社会现实下，人们的幸福感状况以及研究幸福感的必要性；第二节，具体指出本书的研究问题。

第一节　研究背景

一、社会形态转型

（一）农业社会转型为工业化社会

如图 1-1 所示，1949 年新中国成立时，我国城镇人口占全国总人口的比重仅为 10.64%②，而 11 年后的 1960 年我国城镇人口占全国总人口的比重提升为 19.75%，与 1949 年相比，提升了将近 10 个百分点。但是 1960 年至 1978 年的 18 年间，我国的城镇人口占全国总人口的比重基本上没有发生太大的变化。1978 年城镇人口占全国总人口的比重为 17.92%③，与 1960 年相比，反而降低了 1.83 个百分点。另外，如图 1-2 所示，1949 年第一产业的就业人数在就业结构

---

① 国外学术界对工业化导致的农村人口流入城市的现象，一般称为城市化，但是在我国，工业化进程中乡村人口的城市流动，镇是一个重要的节点，因此迄今政府部门、人口统计部门以及学术界，一般称为城镇化。本文采用国内学术界的习惯用语，将工业化进程中乡村人口的城镇流动称为城镇化。

② 国家统计局：《中国统计年鉴》(2014)，中国统计出版社 2014 年版，第 25 页。

③ 同上。

中的比重高达83.5%，其后该比重虽然有所下降，但1978年仍然高达70.5%[①]。也就是说，在1949年至1978年的29年间，我国是一个乡村人口占80%以上、以第一产业为主的农业社会。

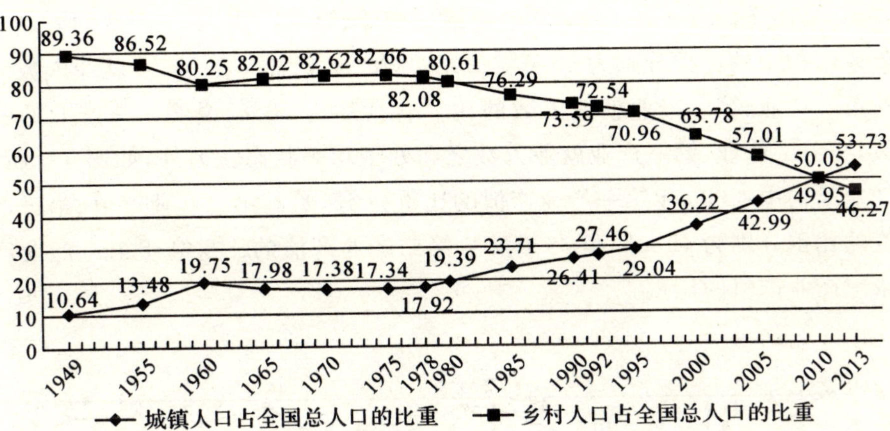

图1-1　1949—2013年城镇人口与乡村人口占全国总人口的比重(%)

数据来源：

国家统计局：《中国统计年鉴》(2014)，中国统计出版社2014年版，第25页。

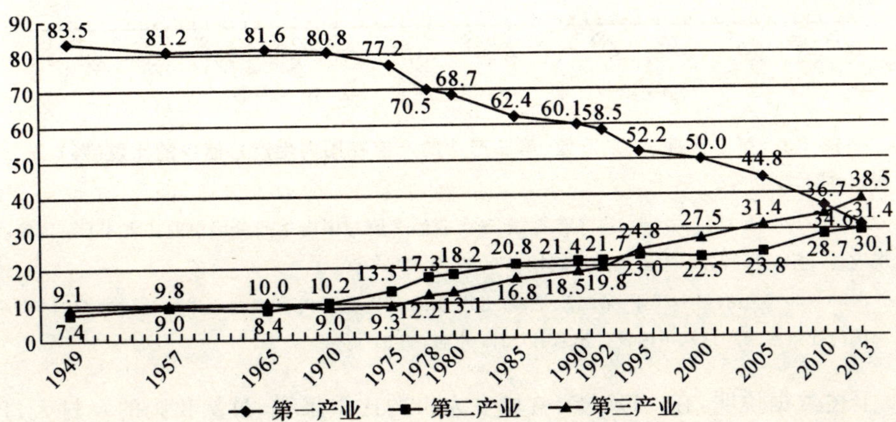

图1-2　第一产业、第二产业、第三产业的就业人数在经济活动人口中的比重(%)

数据来源：

国家统计局：《中国统计年鉴》(2014)，中国统计出版社2014年版，第91页。

---

① 国家统计局：《中国统计年鉴》(1999)，中国统计出版社2014年版，第91页。

1978 年改革开放政策实施以来，我国的工业化、城镇化获得快速发展。如图 1-1 所示，2000 年我国的城镇人口和乡村人口占全国总人口的比重分别为 36.22%和 63.78%[①]，虽然乡村人口的比重高于城镇人口的比重 27.56 个百分点，但是从图 1-2 中可以发现，2000 年第一产业、第二产业、第三产业的就业人数在就业结构中的比重分别为 50.0%、22.5%和 27.5%[②]，第一产业就业人数的比重与第二产业、第三产业就业人数的比重合计均为 50%，说明第一产业的就业人数，与第二产业、第三产业就业人数之和处于均等状态。另外，如图 1-3 所示，在产业结构中，2000 年第一产业产值的比重为 15.1%，第二产业产值、第三产业产值的比重分别为 45.9%和 39.0%[③]，第二产业产值的比重高于第一产业产值和第三产业产值的比重。

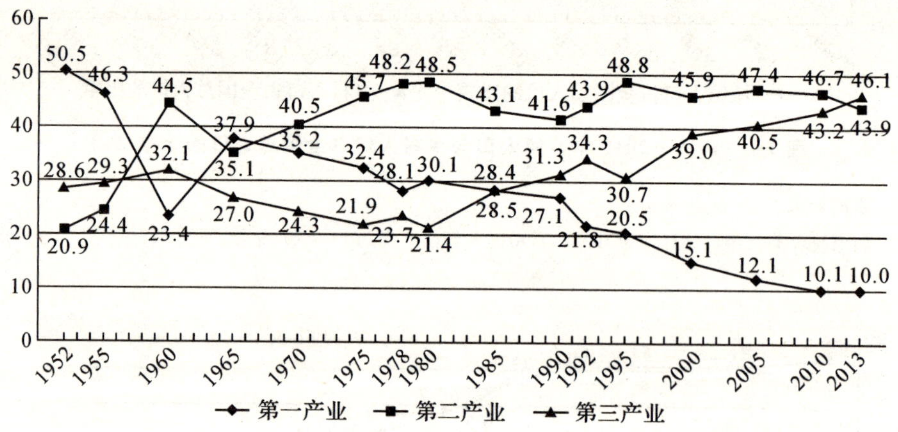

图 1-3 第一产业、第二产业、第三产业的产值在国内生产总值中的比重(%)

数据来源：

1. 1952—1995 年的第一产业、第二产业、第三产业的产值在国内生产总值中的比重来自：国家统计局：《中国统计年鉴》(2000)，中国统计出版社 2000 年版，第 54 页。

2. 2000—2013 年的第一产业、第二产业、第三产业的产值在国内生产总值中的比重来自：国家统计局：《中国统计年鉴》(2014)，中国统计出版社 2014 年版，第 51 页。

上述数据说明，在 2000 年，就城乡人口的比重来说，虽然我国的乡村人口仍然多于城镇人口，但就第一产业、第二产业、第三产业的就业人数在就业结构中的比重，以及第一产业、第二产业、第三产业的产值在产业结构中的比重来说，我

---

① 国家统计局：《中国统计年鉴》(2014)，中国统计出版社 2014 年版，第 25 页。

② 同上，第 91 页。

③ 同上，第 51 页。

国已经由以第一产业为主的农业社会演变为以第二产业为主的工业化社会。

(二)工业化社会转型为产业化社会

从图1-1中可以发现,2010年我国的城镇人口与乡村人口在全国总人口中的比重分别为49.95%和50.05%,两者相差无几,已基本处于均等状态。但是自2010年以后,我国的城镇人口在全国总人口中的比重开始高于乡村人口的比重,并且随着年份的推移,这种差异呈现扩大倾向。2013年城镇人口与乡村人口在全国总人口中的比重分别为53.73%和46.27%,前者已经高于后者7.46个百分点,这意味着我国自2010年以后,逐渐从以乡村人口为主的社会转型为以城镇人口为主的社会。

另外,从图1-2中可以发现,2010年在就业结构中,第一产业、第二产业、第三产业的就业人数的比重分别为36.7%、28.7%和34.6%,虽然第一产业的就业人数多于第二产业和第三产业的就业人数,但是2010年以后,第三产业的就业人数开始逐渐多于第一产业和第二产业的就业人数。2013年,第一产业、第二产业、第三产业的就业人数在就业结构中的比重分别为31.4%、30.1%和38.5%,第三产业的就业人数已经分别多于第一产业和第二产业的就业人数7.1个百分点和8.4个百分点。另外,图1-3显示,2010年在产业结构中,第一产业、第二产业、第三产业的产值比重分别为10.1%、46.7%和43.2%①,第二产业产值的比重高于第一产业产值的比重36.6个百分点,而高于第三产业产值的比重仅仅3.5个百分点。这说明,2010年我国已经处于工业化社会与产业化社会两种社会形态转型的交汇点上。

2013年我国城镇人口占全国总人口的比重、第三产业的就业人数在就业结构中的比重、第三产业产值在产业结构中的比重进一步提高。从图1-1、图1-2、图1-3中分别可以发现,2013年在全国总人口中,我国城镇人口的比重为53.73%,而乡村人口的比重为46.27%②,城镇人口的比重已经高于乡村人口的比重7.46个百分点,而第一产业、第二产业、第三产业的就业人数在就业结构中的比重分别为31.4%、30.1%和38.5%③,第三产业就业人数的比重分别高于第一产业、第二产业就业人数的比重7.1和8.4个百分点。另外,在产业结构方面,第一产业、第二产业、第三产业的产值在国内生产总值中的比重分别为

① 国家统计局:《中国统计年鉴》(2014),中国统计出版社2014年版,第51页。

② 同上,第25页。

③ 同上,第91页。

10.0%、43.9%和46.1%[①]，第三产业产值的比重分别超过第一产业和第二产业产值的比重36.1和2.2个百分点。

上述数据说明，2013年我国已经从以乡村人口为主的社会转型为以城镇人口为主的社会，从以第二产业为主导的工业化社会进一步演变为以第三产业为主导的产业化社会。当前，我国正处于从工业化社会向着产业化社会转型的过程中。

二、问题丛生的社会现实

如前所述，自1978年至2013年短短的35年时间内，我国从传统农业社会演变为现代工业化社会，又进一步演变为现代产业化社会。这样的社会变迁导致我国的社会阶层、社会组织、社会群体、社会文化等社会结构的宏观层面以及人们的人格特质、行为方式、关系网络、社会信任等社会结构的微观层面产生了显著的社会分化。正是由于社会结构的宏观层面与微观层面的显著的社会分化，降低了我国社会结构与社会秩序的稳定性。可以说，当前我国正处于社会结构的快速转型期。但是，在这一转型过程中，我国的经济领域、社会领域以及人们的精神领域却遭遇了各种难解的社会问题。

（一）经济领域存在的问题

在经济领域，大量的企业组织濒临倒闭破产。目前全国获准工商注册的中小企业总量已经超过4200万家，占全国企业总数的99%以上。这些中小企业贡献了58.5%的GDP、68.3%的外贸出口额、52.2%的税收和80%的就业机会，在促进国民经济平稳增长、缓解就业压力、优化经济结构等方面，均发挥着重要的作用。[②] 但是，中国社会科学院的一项调查显示，在4200万家中小企业中，有40%的企业已经倒闭破产，有40%的企业正在生死线上挣扎，濒临倒闭破产。[③] 另外，根据人力与社会保障部发布的《2013年度人力资源和社会保障事业发展统计公报》，至2013年底，我国城镇登记失业人数为926万人，登记失业率为4.05%。[④] 另外，楼市泡沫、通货膨胀、生产安全、三角债务、违背劳动合同、环境污染、征地拆迁等，也是我国经济领域面临的突出问题。这些问题的存在，已经严重地破坏了我

① 国家统计局：《中国统计年鉴》(2014)，中国统计出版社2014年版，第51页。

② 中国社会科学院中小企业研究中心：《四成中小企业倒闭，四成生死线上挣扎》，http://www.jxcn.cn/525/2009-6-29/30093%40535505.htm，2009年6月29日。

③ 同上。

④ 李丹丹：《2013年我国城镇登记失业人数近千万》，《新京报》2014年5月28日。

国的经济秩序，而且从社会学角度讲，这些中小企业作为社会的经济组织，其对社会经济发展所发挥的作用是消极的、负面的。也就是说，它们的社会功能已经基本丧失，并且严重地损害了社会有机体的健康发展。

（二）社会领域存在的问题

在社会领域，贫富分化、官僚腐败、劳资纠纷、医患矛盾、物价高涨、造假贩假、食品安全、黄赌毒、网络诈骗、债务纠纷、合同纠纷、社会公德缺乏等各种社会问题凸显，已经接近或者突破了社会的底线，并导致各种社会冲突事件频繁产生。其中，自 2003 年以来，全国居民收入基尼系数（Gini Coefficient）接近 0.5，已经明显高出 0.4 的国际警戒线，说明当前我国的贫富分化问题已经到了相当严重的程度。另外，2013 年中国社会科学院发布的《2013 年中国社会形势分析与预测》（社会蓝皮书）显示，近些年来，因为各种社会矛盾（征地拆迁、环境污染、劳资争议、合同纠纷等）引发的群体性冲突事件多达数万起，甚至 10 余万起。[①]

另外，自 2000 年以来，反映居民购买生活用品与价格水平的消费物价指数（consumer price index，简称 CPI）居高不下。比如，2007 年、2008 年的消费物价指数分别比上一年度增加 4.8%和 5.9%，而 2011 年比上一年度增加 5.4%。[②] 消费物价指数的提升，即意味着生活品价格的提高，而居民的实际收入下降。但是，这种影响对于职业地位低的阶层较大，而对于职业地位高的阶层较小。因为前者主要是固定的工资性收入，而后者不仅拥有工资性收入，而且往往持有各种资产，消费物价指数的提升甚至会使得这些资产获得升值。因此，消费物价指数的提升，将会进一步导致穷者更穷、富者更富的两极分化。

（三）精神领域存在的问题

在人们的精神领域，相当多的人对社会现实以及个人与社会的发展前景感到悲观失望，悲观思潮已经达到了很不正常的强度。从某种程度上说，当前人们较为普遍存在的自私、焦虑、不安、戒备、抑郁、狂躁、浮躁、颓废、冷漠、戾气、炫富、仇富、仇官以及自杀意念、目标丧失等心理疾患，就是这种悲观思潮变态发展的产物。

有调查显示，目前在我国的总人口中，患有精神疾病的人数已超过患有心脑血管、呼吸系统及恶性肿瘤等身体器官疾病的人数，排名中国疾病总负担之首，约占

---

① 陆学艺、李培林、陈光金主编：《2013 年中国社会形势分析与预测》，社会科学文献出版社 2012 年版，第 38 页。

② 国家统计局：《中国统计年鉴》（2013），中国统计出版社 2013 年版，第 347 页。

20%，每年约有160万人因心理问题引发社会问题，甚至构成犯罪。[1] 在患有精神疾病的人群中，从正处于身心发育期的儿童、立志发展创业的青年，再到孤独寂寞的空巢老人，从象牙塔内的大学生、工棚里的农民工，再到社会经济地位较高的白领阶层、政府官员、企业精英，可以说每一个社会阶层中都有相当多的人面临着各式各样的精神问题的困扰。比如，有调查显示，2009年，在职业群体中，61%的人感到压力较大，近67%的人产生职业怠倦，尤其是在警务、医护人员、高层管理者等职业群体中，70%—80%的人感到压力大，具体表现为失眠、记忆力衰退、焦虑和抑郁等。[2] 再比如，根据卫生部疾控中心2009年初的统计，由于社会矛盾增多，竞争压力增大，工作节奏加快，加上经济危机、物价上涨等原因，当前我国总人口中，7%的人口患有心理问题和精神疾病，总人数超过1亿人，其中儿童精神问题的患病率，已经超过了国际15%—20%的平均水平。[3]

自杀是精神疾患达到一定强度之后，寻求解脱的方式之一。根据北京医学会心理学委员会的调查，我国每年有28.7万人死于自杀，至少有200万人自杀未遂，我国的自杀率是国际平均数的2.3倍，另外，全国抑郁症患者已经超过2600万人，其中10%—15%的人选择自杀。[4] 在现阶段，无论是社会经济地位高的群体（比如政府官员），还是社会经济地位低的群体（比如农民工、空巢老人），自杀已经存在于各个社会群体中。大学生本来是一个衣食无忧、深受父母宠爱的社会群体，但近些年来，大学生自杀已经成为一个严重的社会问题，2005年全国23个省份近100所高校内，共发生大学生自杀事件116起，其中83人死亡。[5] 再者，在我国，公务员本来是一个职业稳定性强、社会保障高、工作环境优越，让普通人羡慕不已的社会群体，但是近些年来，公务员（包括白领阶层）也成为自杀的高发人群。[6] 根据《中国青年报》记者的不完全统计，2013年1月至2014年4月仅仅一年多的时间内，共有54名官员非正常死亡，其中23人为自

① 北京医学会心理委员会:《中国抑郁症患者超2600万，心病祸起“六大缺失”》，《北京日报》2009年12月10日。

② 同上。

③ 李捷:《中国1亿人患心理精神疾病，最小者8岁》，http://blog.sina.com.cn/s/blog_48698cc90100ccjz.html，2009年3月9日。

④ 同①。

⑤ 梁小春:《大学生自杀之特点、原因与对策探讨》，《湛江师范学院学报》2009年第4期，第141页。

⑥ 张颖:《中国每年20万人抑郁自杀，公务员白领为高发人群》，http://news.sohu.com/20140507/n399258014.shtml，2014年5月8日。

杀身亡，占死亡总人数的 42.6%。[①]

上述经济领域、社会领域及精神领域的社会问题的存在，使得不同的社会群体相互仇视，并不断引起群体性冲突，甚至已经把生活于同一社会的成员分裂成两个充满敌意的国度，严重地恶化了人与人、人与群体、人与组织，以及群体与群体、组织与组织等不同社会成员之间的关系。不同社会成员的社会关系的恶化，已经严重地阻碍着我国和谐社会的建设进程，以及以国家富强、民族复兴、人民幸福为主要内涵的"中国梦"的顺利实现。

三、幸福感的弱化

经济领域与社会领域问题的产生，以及人们的精神健康状况的恶化，一方面会降低人们的劳动热情，弱化国民之间的凝聚力，另一方面也必然会降低人们的生活质量，导致人们的幸福感下降。近些年来，我国居民随着物质生活水平的不断提升，幸福感作为人们精神生活的一个重要组成部分，已经成为人们非常感兴趣的一个话题。对于当前我国居民的幸福感状况，多数学者或者研究机构均认为，当前虽然我国居民的物质生活需求已经基本得到满足，但由于个人层面的精神健康状况恶化以及社会层面的各种社会问题的干扰，人们比较缺乏幸福感。

其中，孙立平指出：由于民生、公平正义、通货膨胀等原因，目前中国人的生活并不幸福。[②] 郎咸平更是认为：由于物价高涨、收入过低等原因，目前中国人自感幸福的比例不超过 4%。[③] 另外，最近中国社会科学院与首都经贸大学的调查结果甚至显示：由于通胀率高、高房价、社保水平低、生活节奏快、社会竞争性强等原因，受调查的全国 30 个省会城市（拉萨除外）没有一个城市的居民感到幸福。[④]

有些学者的实证研究也说明，现阶段我国居民的幸福感水平较为低下。比如：官皓运用 2008 年北京大学中国社会科学调查中心的数据，分析了我国居民

---

① 萌姝：《中国有多少官员自杀，最近自杀官员》，http://www.pifamm.com/news/201408/16/news_info_13545.html，2014 年 8 月 16 日。

② 赵杨等：《对话社会学专家孙立平："中国需要一场社会进步运动"》，《南方日报》2011 年 4 月 18 日，第 A04 版。

③ 郎咸平：《序言：我们的幸福与无奈》，《郎咸平说：我们的生活为什么这么无奈》，东方出版社 2011 年版，第 1 页。

④ 笑笑生：《社科院生活质量调查：30 个省会城市居民不幸福》，http://news.dayoo.com/china/201106/14/53868_17332637.htm，2011 年 6 月 14 日。

的幸福感状况，研究发现，我国居民的幸福感均值为 3.416；[①]而赖晓飞分析了 2006 年中国综合社会调查数据，发现农村居民的幸福感均值为 3.39，而城镇居民的幸福感均值为 3.47；[②]另外，刘军强、熊谋林、苏阳三位学者运用中国综合社会调查的数据，分析了当前我国居民的幸福感状况，分析发现，2010 年我国居民的幸福感均值为 3.77。[③] 上述几位学者的研究发现基本一致，均说明当前城乡居民的幸福感在“非常幸福、比较幸福、一般、不太幸福、不幸福”五个层次中，低于“比较幸福”，幸福感的水平仅仅处于“一般和比较幸福”之间。

四、中央政府对国民生活质量的高度重视

（一）国民物质生活大幅度改善

如前所述，1978 年改革开放政策实施以前，我国是一个贫穷落后的农业社会。1978 年以后我国才开始注重经济发展，并且至 2003 年的 25 年时间内，我国只是片面注重经济的快速运行，即片面强调国内生产总值（Gross Domestic Product，简称 GDP）的增长，认为国内生产总值的快速增长，自然会满足国民的各种生活需求，进而使得国民幸福快乐。这种“以物为本”，单纯追求国内生产总值增长的发展观，的确使得我国的经济获得了快速发展，以及人们的物质生活水平有了大幅度的提高。

其中，在经济发展方面，1979 年至 2013 年的 34 年间，我国国内生产总值的平均增长速度为 9.8%，而 1991 年至 2013 年的 22 年间，我国国内生产总值的平均增长速度更是达到了 10.1%[④]，并于 2010 年成为继美国之后的世界第二大经济体。

经济的快速发展带来国民收入的快速增加。如图 1-4 所示，1978 年城镇居民的人均可支配收入仅为 343.4 元，农村居民的人均纯收入仅为 133.6 元，而 1992 年市场经济体制实施时，城镇居民的人均可支配收入增长为 2026.6 元，农村居民的人均纯收入增长为 784.0 元，而到了 2013 年，城镇居民的人均可支配收入增长

① 官皓：《收入对幸福感的影响研究：绝对水平和相对地位》，《南开经济研究》2010 年第 5 期，第 59 页。

② 赖晓飞：《影响城乡居民主观幸福感的路径分析——对农村人口流动的文化解释》，《贵州大学学报》（社会科学版）2012 年第 5 期，第 33 页。

③ 刘军强、熊谋林、苏阳：《经济增长时期的国民幸福感——基于 CGSS 数据的追踪调查》，《中国社会科学》2012 年第 12 期，第 91 页。

④ 国家统计局：《中国统计年鉴》（2014），中国统计出版社 2014 年版，第 5 页。

为 26955.1 元，农村居民的人均纯收入增长为 8895.9 元。① 2013 年城镇居民的人均可支配收入以及农村居民的人均纯收入，与 1978 年相比分别增加到约 78.5 倍和 66.6 倍，而与 1992 年相比，也分别增加到约 13.3 倍和 11.3 倍。

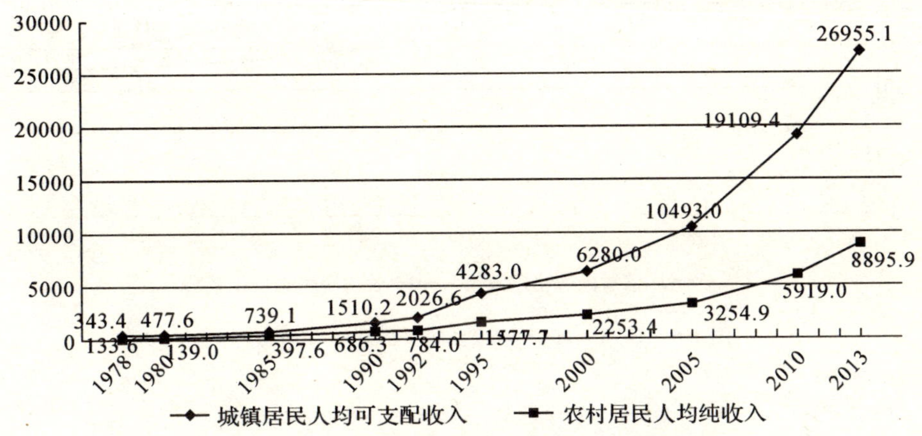

图 1-4　1978—2013 年城乡居民人均收入的状况(元)

数据来源：

国家统计局:《中国统计年鉴》(2014)，中国统计出版社 2014 年版，第 158 页。

收入水平的提升，极大地改善了人们的物质生活。恩格尔系数是指居民家庭中食物支出占消费总支出的比重，是国际上公认的表示生活水平高低的一个重要指标。恩格尔系数越高，则说明家庭生活越贫困，反之，系数越低，则说明家庭生活越富裕。如图 1-5 所示，1978 年我国城镇居民的恩格尔系数高达 57.5%，农村居民的恩格尔系数高达 67.7%，到了 1992 年市场经济体制实施时，城镇居民的恩格尔系数变化为 53.0%，农村居民的恩格尔系数变化为 57.6%，分别比 1978 年降低了 4.5 和 10.1 个百分点，而到了 2013 年，城镇居民的恩格尔系数降低为 35.0%，农村居民的恩格尔系数降低为 37.7%②，分别比 1978 年降低了 22.5 和 30 个百分点。也就是说，在 1978—2013 年的 35 年间，随着经济的快速发展，我国城乡居民的物质生活水平切切实实地有了大幅度的提高。

① 国家统计局:《中国统计年鉴》(2014)，中国统计出版社 2014 年版，第 158 页。

② 国家统计局:《中国统计年鉴》(2014)，中国统计出版社 2014 年版，第 158 页。

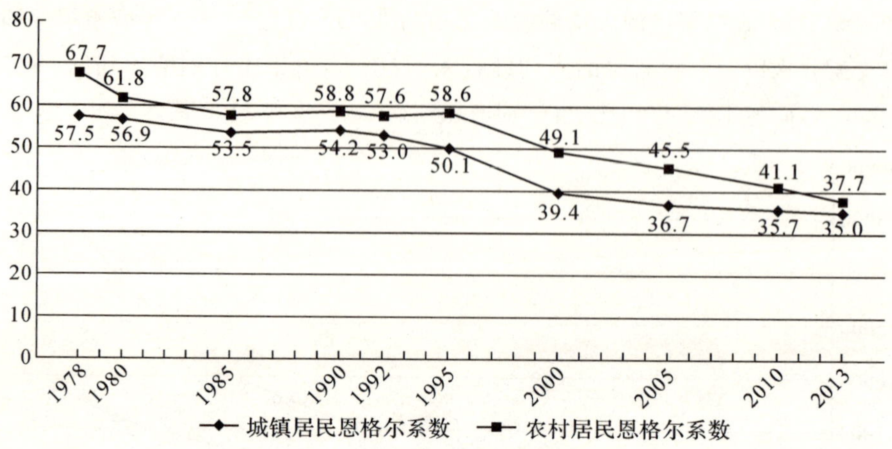

图 1-5 1978—2013 年城乡居民的恩格尔系数(%)

数据来源：

国家统计局:《中国统计年鉴》(2014),中国统计出版社 2014 年版,第 158 页。

(二)物质生活与精神生活的脱节

生活质量应该包括物质生活与精神生活两个方面。但是,经济的快速发展虽然提升了人们的物质生活水平,却没有相应地提升人们的精神生活水平。如前所述的我国居民的自杀数量、不同社会群体的精神健康状况恶化以及幸福感水平的下降,就充分地说明了这一点。

在经济快速发展,人们的物质生活与精神生活脱节的社会现实下,2003 年党的十六届三中全会提出了“坚持以人为本,树立全面、协调、可持续的发展观,坚持经济社会和人的全面发展”的发展理念,开始重视国民的生活质量的问题。其后,我国政府对国民生活质量的重视程度逐年增大,从“以人为本”到“可持续发展”的科学发展观的提出,再到“和谐社会”理念的确立,无一不清晰地表现出中央政府对国民生活质量的重视。比如,2010 年温家宝总理在全国“两会”的《政府工作报告》中,就明确指出:“我们所做的一切都是要让人民生活得更加幸福、更有尊严,让社会更加公正、更加和谐。”随着十八大的召开,国民的生活质量再度成为人们热议的主题之一,综观整个十八大报告,不论是从“确保 2020 年实现全面建成小康社会”的目标,还是从“教育公平”“建成覆盖城乡居民的社会保障体系”“为群众提供安全有效方便价廉的公共卫生和基本医疗服务”等民生话题,都不难感受到其中所折射出的政府对提高国民生活质量的追求。因此,在社会形态由农业社会转型为工业化社会,又进一步由工业化社会转型为产业化社会，而其间社会问题丛生，并且物质生活与精神生活的脱节、中央政府高度重视国民生活质量的社会现实下，如何增强人们的幸福感，是一个迫切需要解决的社会问题。

五、幸福感弱化的社会学解释

幸福感水平的下降，必然会弱化人们的劳动热情，降低人们的生活质量，甚至容易导致不同群体的社会冲突，阻碍和谐社会的建设进程。简而言之，幸福感水平的下降，将会影响社会有机体的健康发展，对我们赖以生存的社会环境具有不可预测的破坏作用，因而是一种社会的负能量。作为社会学界的一员，我们不能对这一社会问题的存在熟视无睹，必须运用科学的研究程序和方法，研究这一社会问题产生的原因，探讨能够有效地解决这一社会问题的办法。

社会学是专门研究社会的一门经验科学，如序章中所述，其社会成员包括作为社会结构宏观层面的社会阶层、社会群体、社会组织、社区、社会规范（社会制度或者社会文化）五种社会成员，以及以社会阶层、社会群体、社会组织为主体产生的、作为社会结构微观层面的人格特质、行为方式、关系网络、社会信任、社区参与等。因此，社会学的根本目的在于：准确揭示并预测产业化、城市化的发展背景下，社会结构的宏观层面与微观层面的相互作用形式、特征、存在问题及其演变规律。现实生活中，任何社会问题或者社会现象的产生与消解，都不是由一种因素决定的。因此，社会学分析社会问题产生的视角是多元化的，它将会运用社会学的研究方法分析导致社会问题产生的各种因素，并运用准确的统计方法明确其中的主要因素与次要因素。

当前人们幸福感水平的下降，自然不是由一种因素导致的。依照社会学的分析视角，这一社会问题的产生，主要源于作为不同社会成员的社会阶层、社会群体、社会组织、社会规范之间在相互作用过程中，所导致的社会结构的宏观层面与微观层面产生显著的社会分化，进而致使两者的相互作用不协调、不顺畅，或者说由于某一个作用环节产生“断裂”或者“病症”。具体来讲，当前人们幸福感水平的下降，就是由于社会结构的宏观层面与微观层面的相互作用不协调、不顺畅所导致的社会宏观层面与社会微观层面产生的各种社会问题。

（一）社会宏观层面的社会问题

如前所述，我国在工业化、城镇化进程中产生了诸如经济层面的中小企业倒闭、劳动者失业、不正当竞争，以及社会层面的贫富分化、官僚腐败、劳资纠纷、医患矛盾、物价高涨、造假贩假、食品安全、黄赌毒、网络诈骗等大量的社会问题。

依照社会学的理论，这些问题就是人、社会群体、社会组织、社会规范之间在相互作用过程中产生的社会结构宏观层面上的社会问题。这些社会问题的产生与存在，极大破坏了社会秩序的稳定性，对人们的生活质量产生显著的负面影响，进而降低人们的幸福感水平。

（二）社会微观层面的社会问题

根据涂尔干、西美尔、沃斯等经典社会学家的理论，在没有任何社会制度的有效约束，或者相应的社会管理机制尚未建立的情况下，工业化、城市化的快速发展所导致的社会结构宏观层面与微观层面的显著分化，将不可避免地导致整个社会处于失范状态。在这样的社会，以社会角色、社会阶层、社会群体、社会组织为主体，在社会微观层面上将会产生以下几个方面的问题。

第一，价值取向呈现多元化，难以形成对全体社会成员具有支配性的价值观。

第二，社会行为具有很强的功利性、选择性、即时性。

第三，戒备心增强，进而导致社会信任水平显著下降。

第四，个人主义发达，导致人们对社会公共事务漠不关心，政治参与热情弱化。

第五，居民之间社会支持缺乏，难以形成感情性关系网络，进而导致社区凝聚力显著下降。

上述五个问题的存在，导致整个社区将会成为一个充满冷漠、匿名化的陌生世界。比如，工业化、城市化的发展，首先在社会结构的宏观层面，将会导致企业组织数量的增加，进而导致第一产业领域的从业者逐渐减少，第二产业与第三产业领域的从业者逐渐增多，进而使得整个社会在农业劳动者、工业劳动者之外，相继产生了大量的服务业人员、专业技术人员、企业经理人员、私营企业主等职业阶层；其次在社会结构的微观层面，不同职业者由于职业地位、经济收入及生活方式的差异，必然会导致人格特质、行为方式、兴趣爱好、价值取向存在很大的不同。职业阶层越变得多样化，不同职业者之间的人格特质、行为方式、兴趣爱好、价值取向的差异也就越大。此时，如果整个社会缺乏被人们深深内化的能够对社会发展产生正能量的主导性价值观，人们的社会行为必然会以最大限度地获取个人的利益为导向，从而培育个人主义的价值取向，使得不同职业者的社会行为处于杂乱无序的状态。为了最大限度地获取个人或者群体的利益，群体冲突、造假贩假、官僚腐败、信任缺失、博爱意识弱化以及企业组织的生产安全、环境污染等各种社会问题，也就由此而生。受此影响，自私、戒备、不安、抑郁、焦躁等精神疾患逐渐产生，人们的幸福感也就无从谈起。

因此，如何使得工业化、城市化进程中，社会结构的宏观层面与微观层面的相互作用和谐有序地进行，保持社会秩序的稳定性与公正性，便成为提升人们幸福感的关键所在。涂尔干的社会分工与社会失范的分析①、西美尔的社会分化与社会冲突的理论②以及沃斯的生活方式的城市性理论③，均充分地说明了这一点。

(三)我国社会问题的独特性

大量的理论和经验事实均可说明，在工业化、城市化的发展导致的社会结构宏观层面的变迁方面，无论欧美社会，还是我国社会，均具有相同的倾向，具体可以指出以下四个方面。

第一，产业结构与就业结构从以第一产业为中心逐渐演变为以第二产业、第三产业为中心。

第二，城市的数量越来越多，人口的规模以及人口密度越来越大，人口的异质性越来越强。

第三，社会阶层、社会组织以及社会群体的类型越来越多样化，社会功能越来越单一化，彼此之间的依赖性越来越强。

第四，家庭的人口规模越来越小，家庭结构趋于核心化。

但是，由于传统的社会文化、社会制度、政治制度或者社会建设等因素的不同，我国在社会的宏观层面及微观层面上产生的社会问题，与欧美国家却存在很大的不同。

比如，以中国和美国为例，说明两国之间社会宏观层面与微观层面的问题的差异。首先在社会宏观层面的问题方面，我国国民的收入远远低于美国，但是某些商品的物价水平却在很大程度上高于美国；我国的食品安全程度远不及美国，而环境污染却比美国严重不少，另外官僚腐败、医患纠纷也比美国更为普遍。其次在社会微观层面的问题方面，我国居民与美国居民在行为方式、价值取向或者对家庭及社会的认识等方面，存在很大的差异。美国居民的主体意识、自主意识，以及创新、冒险、竞争的意识强烈，而我国居民正好相反，由于农业社会历史

---

① 埃米尔·涂尔干著，渠东译：《社会分工论》，生活·读书·新知三联书店2000年版，第328页。

② 盖奥尔格·西美尔著，林荣远译：《社会学——关于社会化形式的研究》，华夏出版社2002年版，第8—9页。

③ L. Wirth: Urbanism as a Way of Life, *American Journal of Sociology*, 1938, 44(1), pp. 1—24.

漫长以及长期生活于计划经济体制下，我国居民的依附意识强，冒险意识弱，自我保护意识强，参与意识弱。

因此，要在工业化、城镇化快速发展的背景下，分析我国居民的幸福感问题，必须从我国独特的社会现实出发，除分析前述社会宏观层面上存在的社会问题对人们幸福感的影响之外，还必须从社会结构微观层面的变迁中寻找原因。我们应在社会结构微观层面的各个组成部分中，找到最能够提升人们幸福感水平的那个因素。

第二节 研究问题

一、研究主题及问题意识的由来

从前面的分析中可以看出，本研究将现阶段我国居民的幸福感作为研究主题，并将解决现阶段我国居民的幸福感水平下降的关键，集中到社会结构的宏观层面与微观层面的相互作用方面，试图通过考察现阶段我国社会结构的宏观层面与微观层面的相互作用过程中，由于两者的作用不协调、不顺畅而产生的各种社会问题，揭示现阶段我国居民的幸福感水平下降的根源，从而进一步发现提升幸福感水平的有效对策。

根据我国的社会现实，作为社会宏观层面的问题，本研究拟选取以下六个问题，作为当前影响我国居民的幸福感水平的关键因素。这六个问题分别是：社会公平、食品安全、社会冲突、环境污染、贫富差距、官僚腐败。在现阶段，这六个社会问题均比较严重，能够反映社会整体的特征，并且会对人们的心理产生影响。而作为社会微观层面的问题，本研究拟选取以下六个问题，作为当前影响我国居民的幸福感水平的关键因素。这六个问题分别是：关系网络、社团参与、社会信任、规范遵守、居民互助、价值取向。这六个社会微观层面的社会问题与人们的心理及行为紧密相关，并且在一定程度上受上述六个社会宏观层面社会问题的影响。

在社会宏观层面与微观层面的多个问题中，本研究之所以选取上述十二个问题作为切入点，揭示导致现阶段人们的幸福感水平下降的根源，其问题意识的由来，除受20世纪90年代以来，国内外学者的幸福感研究的影响之外，更重要的原因，来自我本人对社会现实的细致观察，以及这十二个问题对人们的幸福感的切实影响。

首先，在现阶段，上述十二个社会问题的存在较为普遍，并且有的问题已经相当严重，比如：宏观层面的食品安全、环境污染、官僚腐败等，微观层面的关系网络的功利性、社会信任弱化、背离社会规范的行为增多，以及人们之间的社会支持减少等。

其次，上述十二个社会问题与人们的幸福感紧密相关，并且这十二个社会问题对人们的幸福感产生了切实的消极影响。比如，环境污染（空气质量下降、水污染等）以及食品安全等问题的存在致使人们的身心健康状况恶化，官僚腐败的存在致使人们对官僚群体或者政府组织缺乏信任，另外，背离社会规范的行为增多，将容易导致不同社会群体之间产生社会冲突，关系网络的功利性以及人们之间的社会支持减少，将会导致人们之间的凝聚力下降，进而产生孤独感。

二、研究的具体问题

人、社会组织、社会群体是构成社会的三大社会成员，它们三者是社会经济建设的主要承担者。因此，人们的幸福感下降，无外乎由它们三者之间的相互作用过程中产生的不协调、不顺畅所致。在现实生活中，它们之间的相互作用具体体现为六个方面，即人与人之间的相互作用、人与组织之间的相互作用、人与群体之间的相互作用、组织与组织之间的相互作用、组织与群体之间的相互作用、群体与群体之间的相互作用。也就是说，上述六个方面的相互作用，才是人、社会组织、社会群体之间相互作用的全部所指，其中的任何一个方面仅仅是相互作用的一个组成部分。但是，对于每一个方面的相互作用过程中所产生的问题均进行分析，无疑是一个庞大的工程，是本研究不可能完成的事情。因此，本研究仅仅选取由社会转型导致的前述十二个问题——社会宏观层面的社会公平、食品安全、社会冲突、环境污染、贫富差距、官僚腐败，以及社会微观层面的关系网络、社团参与、社会信任、规范遵守、居民互助、价值取向——作为切入点，分析这十二个问题对人们的幸福感的影响。分析的具体问题包括以下三个方面。

第一，当前我国居民的幸福感状况。这里所说的幸福感，是指主观幸福感（Subjective Well-being，SWB），具体是指人们根据自身标准对一定时期内自身生活质量进行整体性评估而产生的快乐情感。[①] 分析的问题具体包括：（1）幸福

---

① D. C. Shin, D. M. Johnson: Avowed Happiness as an Overall Assessment of the Quality of Life, *Social Indicator Research*, 1978(5), pp. 475—492. E. Diener, E. M. Suh, R. E. Lucas, etc.: Subjective Well-being: Three Decades of Progress, *Psychology Bulletin*, 1999, 125(2), pp. 276—302.

感水平如何？(2)性别、年龄、学历、收入、职业等不同阶层位置的人们，幸福感水平是否存在差异？(3)乡村、乡镇、县城等不同地区的人们，幸福感水平是否存在差异？

第二，当前，在社会宏观层面的社会公平、食品安全、社会冲突、环境污染、贫富差距、官僚腐败，以及社会微观层面的关系网络、社团参与、社会信任、规范遵守、居民互助、价值取向的十二个问题中，影响人们幸福感状况的主要因素，具体有哪些？哪些因素对人们的幸福感具有正向影响？又有哪些因素对人们的幸福感产生负向影响？

第三，根据研究发现，提出提升人们的幸福感水平的对策建议，即在现阶段，采取怎样的对策，才能切实有效地提升人们的幸福感，实现物质生活与精神生活的同步发展。

因此，有关人们的幸福感状况的分析，为描述性研究，是本书研究的基础；有关人们的幸福感的影响因素的分析，为解释性研究，是本书研究的重点；而如何提升人们的幸福感水平，则为对策性研究，是本书研究的根本目的所在。三个部分的研究环环相扣、层层递进。

在整个研究过程中，本书始终秉持涂尔干倡导的“把社会事实作为物来考察”的基本观点，把研究的根基建立在翔实而坚固的“社会事实”的基础之上。“社会事实”来自规范的社会调查，通过对调查数据进行规范的统计分析，考察现阶段我国居民的幸福感的现状、影响因素，并提出对策建议。

需要说明的是，本研究并不试图在明确上述几个问题之后，建立一个宏大的有关我国工业化、城镇化背景下，社会结构的宏观层面与微观层面如何才能产生有序的相互作用的理论架构，而只是想基于我国居民的幸福感水平下降，并且已经严重地影响到和谐社会建设进程的社会现实，在明确人们的幸福感状况的基础上，建立一个有关宏观层面的因素与微观层面的因素如何影响人们的幸福感的逻辑框架，从而为如何提升我国居民的幸福感水平提供一个实证性与学理性的解释。

第二章　文献综述

在社会科学领域，有关幸福感的概念，虽然早在 18 世纪就有学者提出，但是有关幸福感的专门研究却起始于 20 世纪 60 年代，迄今仅有半个世纪的研究历史。在工业化、城市化导致社会结构发生显著变迁的社会背景下，随着人们对幸福感在人们的日常生活以及社会经济发展中的重要性认识的逐步加深，幸福感问题已经成为社会科学领域研究的重要课题。经济学、心理学、社会学、管理学等不同学科的学者从各自学科的角度，全面深入地分析了幸福感的内涵、产生机制、提升对策等，但由于分析角度不同，研究层次以及研究方法各异，因而在研究观点上产生了一定程度的不同。

在本章，我们将对国内外学者的幸福感研究进行较为全面、细致的梳理，看看国内外学者为什么研究幸福感，提出了怎样的理论观点，存在怎样的研究特征和问题，以及已有研究的分析视角对我们的幸福感研究有着什么样的参考与启示。

第一节　幸福感的概念

最早对幸福感下过定义的学者，是 18 世纪的德国著名哲学家、思想家伊曼努尔·康德(Immanuel Kant)。他在《实践理性批判》(Critique of Practical Reason)著作中是这样给幸福下定义的：一个有理性的存在者对不断伴随着他的整个存在的那种生命快意的意识，就是幸福。[①] 显然，康德的这一幸福定义包含着两个含义：其一，幸福感不是短暂的，只有在某一时期内具有一定持续性的"生命快意"，才可称为幸福，"生命快意"越浓厚，幸福感也越强烈；其二，幸福感的有

① 康德著，邓晓芒译：《实践理性批判》，人民出版社 2003 年版，第 26 页。

与无、强与弱是基于人们的主观意识而产生的，即人们基于自己特有的幸福基准，对自己某一时期内的生活状况进行总体评估后产生的快乐体验，快乐体验越浓厚，幸福感也越强。19世纪英国伦理学家、功利主义的代表人物杰里米·边沁(Jeremy Bentham)在《道德与立法原理导论》(An Introduction to the Principles of Morals and Legislation)一书中，通过日常生活中人们感受到的“善”与“恶”定义幸福，指出：所谓“善”便是快乐和幸福，所谓“恶”便是痛苦和不幸。[①] 另外，希腊著名的哲学家亚里士多德(Aristotle)在《尼各马可伦理学》(ʹΗθικά Νικομάχεια)中通过人们合乎德性的活动定义幸福，指出：幸福是灵魂的一种合于完满德性的实现活动。[②] 也就是说，在人们的实践活动中，人们的德性虽然非常重要，但是合于德性、实现自身潜能的实现活动才是最为根本的东西，才是至善或者说幸福的。

从康德、边沁、亚里士多德三位学者的定义中可以发现，幸福感就是人们依据自己的价值标准，对现实生活中某一阶段的生活状况或者实践活动的效果进行主观评价后产生的快乐情感。因而，幸福感这一概念，被学术界更多地称为主观幸福感。另外，从三位学者的定义中还可以发现，康德和边沁两位学者主张幸福本质上是一种从生活中获得的快乐体验，因此被学术界称为“快乐论”(hedonic)，而亚里士多德主张幸福本质上是实践活动中人们的价值或者潜能的实现，因此被学术界称为“实现论”(eudemonia)。其后，学术界基本上沿着这一思路，从人们对于一阶段的生活状况或者实践活动的主观体验上理解幸福，但理解的维度存在相当的差异。总的说来，学术界从以下三个维度理解幸福。

一、情感层面上的幸福感

从在情感层面理解幸福感，即将其等同于日常生活中人们的某种生活需要获得满足时产生的快乐感。例如，柔斯(Michael Ross)、科安(Richard W. Coan)等学者就持这一观点。[③] 其中，柔斯等学者就认为，现实生活中一个人从自己的生活状况中感受到的幸福感，是可以通过情感表达出来的，这种情感就是快乐。科安也明确指出：幸福感就是拥有自己希望得到东西时的快乐感。

---

① 边沁著，时殷弘译：《道德与立法原理导论》，商务印书馆2000年版，第90—91页。

② 亚里士多德著，廖申白译注：《尼各马可伦理学》，商务印书馆2003年版，第33页。

③ M. Ross, A. Eyman, N. Kishchuck: Determinants of Subjective Well-being, In J. M. Ol-son, C. P. Herman, M. P. Zanna (eds.), *Relative Deprivation and Social Comparison*, Erbaum, 1986. R. W. Coan: *Hero, artist, sage, or saint? A survey of what is variously called mental health, normality, maturity, self-actualization, and human fulfillment*, Columbia University Press, 1977.

二、认知层面上的幸福感

从认知层面理解幸福感，即将其等同于人们对生活各个方面进行整体评定之后产生的生活满意度。例如，辛和约翰（D. C. Shin&D. M. Johnson）、迪纳（Ed Diener）等学者就持这一观点。[①] 其中辛和约翰指出，幸福感就是依据自己所持的准则对自身生活质量进行总体评价后产生的满意度，而迪纳等学者指出，幸福感就是人们对自身生活满意程度的总体评价。生活满意度分为一般生活满意度和特殊生活满意度，其中前者是对个人生活质量的总体评价，而后者则是对不同生活领域的具体评价，包括家庭生活满意度、工作生活满意度、业余生活满意度、社区满意度等。

总的来看，上述情感层面上的幸福感和认知层面上的幸福感，均从西方思想史的快乐论（hedonic）发展而来，坚持的都是西方思想史上的快乐主义幸福观传统，认为人的幸福是由生活状况中产生的快乐情感所表达的。情感分为正性情感和负性情感，其中正性情感产生于生活需求的满足，它将增强一个人的幸福感，而负性情感产生于现实生活中人们经受的挫折与遭遇的痛苦，它将会降低一个人的幸福感。依照柏德班（Norman M. Bradburn）的观点，一个人的幸福感就是正性情感与负性情感之间平衡的结果，在现实生活中，只有当正性情感多于负性情感时，人们才会感到幸福，并且正性情感越多，人们越感到幸福。[②]

三、价值实现层面上的幸福感

从价值实现的层面理解幸福感，即将其等同于实践活动中自身潜能或者自身价值实现时获得的成就感。这一观点是由西方学术界的实现论（eudemonia）演化而来的，是20世纪90年代产生的新兴理论。该理论基于经济快速发展、人们的物质需求基本获得满足的社会现实，认为幸福并不只是对生活状况的情感体验，而更应该关注个人潜能或者自身价值的完美实现。例如，瑞佛（Carol. D. Ryff）和凯斯（Corey L. M. Keyes）两位学者就认为，幸福感就是“通过充分发挥自身潜能而达到完美的体验”，具体包括六个方面，分别是：自我接受、与他人良

---

① D. C. Shin, D. M. Johnson: Avowed Happiness as an Overall Assessment of the Quality of Life, *Social Indicator Research*, 1978, 5, pp. 474—492. E. Diener, E. M. Suh, R. E. Lucas, ets.: Subjective Well-being: Three Decades of Progress, *Psychological Bulletin*, 1999, 125(2). pp. 276—302.

② N. M. Bradburn: *The Structure of Psychological Well-Being*, Chicago: Aldine, 1969, pp. 53-70.

好的关系、自主性、环境控制力、生活目的实现以及个人成长。[①]

但是,在当今学术界,幸福感是由认知、情感、价值实现三者中的一种因素组成的单一结构,还是一个由它们三者所组成的三因素结构,对此一直存在很大的争议。但是,一个不争的事实是,在人们的物质需求基本获得满足,生活需求及价值取向已经多元化的当今社会,大多数学者认为后者更符合社会现实,即幸福感是多维度的,其具体体现在不同的生活侧面,而不同生活侧面的幸福感是不完全相同的。因而幸福感可以划分为两个方面,即在不同生活层面体验到的幸福感和在生活总体层面体验到的总体幸福感,而总体幸福感是指一定时期内人们对自身生活质量进行整体性评估而产生的一种积极的心理体验。

国内学者邢占军就主张幸福感是一个由认知、情感、价值实现三因素构成的结构体。[②] 他在总结已有观点的基础上,指出:幸福感就是人们所拥有的客观条件以及人们的需求价值等因素共同作用而产生的个体对自身生存与发展状况的一种积极的心理体验,它是满意感、快乐感和价值感的有机统一,并基于这一定义,编制了适合测量中国城市居民的幸福感量表简本(SWBS-CC20)。该量表由20个项目组成,每一个项目从不同侧面描述了城市居民的生活状况,让样本在"很不同意、不同意、有点不同意、有点同意、同意、非常同意"六个选项中做出选择,并依次赋予1,2,3,4,5,6的分值。六个选项分别对应于很不幸福、不幸福、有点不幸福、有点幸福、幸福、非常幸福,因此分值越高,则幸福感越强。另外,20个项目共分为10个维度,分别是:知足充裕体验、心理健康体验、成长进步体验、社会信心体验、目标价值体验、自我接受体验、人际适应体验、身体健康体验、心态平衡体验、家庭氛围体验。其中,知足充裕体验和心理健康体验分别反映人们在客观物质条件与社会适应方面的幸福感;成长进步体验和社会信心体验分别反映人们在个人的自身发展和社会的发展态势方面的幸福感;目标价值体验和自我接受体验分别反映人们在人生目标实现和个性养成方面的幸福感;人际适应体验和身体健康体验分别反映人们在人际关系建立和身体健康状况方面的幸福感;而心态平衡体验和家庭氛围体验分别反映人们在心态调适和家庭生活方面的幸福感。

① C. D. Ryff, C. L. M. Keyes: The Structure of Psychological Well-Being Revisited, *Journal of Personality and Social Psychology*, 1995, 69, pp. 719—727.

② 邢占军:《测量幸福——主观幸福感测量研究》,人民出版社2005年版。

第二节 幸福感的实证研究

一、幸福感研究的起源

在1945年第二次世界大战结束至20世纪60年代的20多年间，世界各国一直将经济发展(GDP增长)作为首要目标，认为经济发展之后，国民的生活质量自然会提升，进而增强人们的幸福感。但是后来人们却发现，虽然经济发展切切实实地改善了人们的物质生活，但诸如焦虑、抑郁、不安、功利、恶性竞争等精神问题，以及环境污染、通货膨胀、社会保障、社会冲突、住房教育等社会问题却趋于严重，经济发展并不能够同时提升人们的生活质量，单纯的GDP增长也不能够准确、全面地体现社会的变化。在此背景下，作为测量国民生活质量指标之一的幸福感陆续引起了各国政府及学术界的关注。学术界一般认为，最早从国家发展层面提出幸福感概念的国家是位于南亚的不丹。1972年，不丹国王吉格美·辛格·旺楚克(Jigme Singye Wangchuck)提出了国民幸福总值(Gross National Happiness，简称GNH)的概念，改变了一味追求经济发展的传统模式，将提升国民的幸福感确定为国家的发展目标。

2008年发端于美国的金融危机席卷整个世界，进而使得世界各国的金融、经济、社会等各个领域处于1945年第二次世界大战之后一个最严重的危机时期。在此现实背景下，一些国家开始反思迄今单纯发展经济，以GDP增长测量社会发展的指标体系的完美性，开始探讨如何在经济发展的同时，提升国民的生活质量问题。

其中，2008年法国总统尼古拉·萨科齐(Nicolas Sarkozy)倡议成立了经济发展与社会进步委员会(Commission on the Measurement of Economic Performance and Social Progress，简称CMEPSP)①，将人们的幸福感及相关问题作为重要的研究课题。该委员会于2009年发布了《经济绩效与社会进步委员会报告》(*Report by the Commission on the Measurement of Economic Performance and Social Progress*)，倡议政府有关经济发展的测量体系应该从

① 2008年2月，当全球金融危机逐渐逼近之时，法国总统尼古拉·萨科齐请求曾荣获诺贝尔奖的经济学家约瑟夫·E.斯蒂格利茨、阿马蒂亚·森与法国著名经济学家让-保罗·菲图西组建这个委员会，研究全球最广泛采用GDP作为经济活动的衡量标准是否真是衡量经济社会进步的可信指标。

单纯追求“经济效益”的增长转变为“国民幸福感”的提升，即社会的发展进步，并不仅仅是国家 GDP 的增长，而是更多地包括国民的福祉与民生。另外，日本政府基于 2000 年以来国民收入下降及幸福感弱化的社会现实，2010 年在制定经济发展的新战略时，明确指出国家层面的经济发展与国民的幸福感一定要同步提升，并于 2010 年 12 月成立了由各个领域专家组成的幸福感研究会（幸福度に関する研究会），从国民的就业、收入、教育、住房等社会经济状况，以及身心健康状况两个维度，就如何提升日本国民的幸福感进行专门调查。

在政府部门的倡议引导下，人们的幸福感由此成为西方学术界的研究热点问题。到目前为止，幸福感已经成为经济学、心理学、社会学等学科的重要研究课题。但是，由于不同学科的研究取向或者分析视角的差异，在幸福感的内涵及其产生机制等方面，研究发现仍存在很大的不同。

二、西方经济学的幸福感研究

由于学科研究取向的限制，国外经济学者主要从国家或者地区的经济发展以及由此带来的居民经济收入增长两个维度研究幸福感，但研究发现却不尽相同。

（一）经济发展与幸福感

一个国家或者地区的经济发展，能否增强人们的幸福感？这是经济学领域一个很重要的研究课题。美国南加州大学经济学教授理查德·伊斯特林（Richard A. Easterlin）在 1974 年的著作《经济增长可以在多大程度上提高人们的快乐》（Will raising the incomes of all increase the happiness of all?）中提出：通常在一个国家内，富人报告的平均幸福和快乐水平高于穷人，但如果进行跨国比较，穷国的幸福水平与富国几乎一样高，其中美国居第一，古巴接近美国，居第二。[①] 这就是被经济学者争论了 40 多年的“伊斯特林悖论”（Easterlin Paradox）。“伊斯特林悖论”包含两个含义：其一，经济发展水平高的国家的国民幸福感，未必就一定高于经济发展水平低的国家的国民幸福感；其二，影响幸福感的因素是复杂多元的，经济发展仅仅是提升幸福感的一个因素，其他诸如个人层面的身心健康状况、社会参与状况，以及社会层面的民主正义、社会保障、住房教育等因素，也是影响人们幸福感不可忽略的因素。其后，伊斯特林通过调查不

---

① R. A. Easterlin: Does Economic Growth Improve the Human Lot? Some Empirical Evidence, *In Nations and Households in Economic Growth: Essays in Honor of Moses Abramowitz*, Academic Press, 1974, pp. 89—125.

同国家居民的幸福感进一步验证了自己的观点。他于1995年分析了美国、日本以及欧洲发达国家国民的幸福感，发现在过去50年中，尽管美国和日本的经济获得快速发展，但国民的幸福感并没有发生太大的变化，同样欧洲发达国家自1973年以来，虽然经济增长较快，但国民的幸福感却呈现下降的趋势。①

但是，围绕“伊斯特林悖论”的成立与否，经济学界存在两种观点。其中，一些学者研究发现，一个国家或者地区的经济增长确实能够提升人们的幸福感。比如：韦胡文（Ruut Veenhoven）于1991年分析了西欧发达国家和印度、巴西等发展中国家国民的幸福感，发现在过去50年里，国民的幸福感均有所上升。②另外，斯蒂文森（Betsey Stevenson）和沃尔夫（Justin Wolfers）于2008年分析了近100个国家的数据资料，同样发现：经济增长与幸福感呈现显著的正相关。但是，也有些学者研究发现，单纯的经济发展并不能够同时增强人们的幸福感，甚至会弱化人们的幸福感。比如：布拉克夫劳尔（David G. Blanchflower）和奥斯瓦尔德（Andrew J. Oswald）两位学者于2004年分析了美国综合社会调查（GSS）的数据，发现从20世纪70年代到90年代，美国人的幸福感不仅没有随着经济发展而增强，觉得生活幸福的人反而从34%下降到30%。③另外，奥斯瓦尔德本人于1997年分析了欧洲九个国家居民的幸福感状况，发现在比利时、爱尔兰和英国三个国家中，人们的幸福感随着收入的增加，反而呈现下降的倾向。④因此，在国外经济学界，一个国家的经济发展，能否增强国民的幸福感，还是一个颇有争议的课题。

（二）国民收入增长与幸福感

西方经济学者除了分析国家层面的经济增长与个人层面的幸福感的关系之外，还分析了经济发展背景下，国民的收入增长与幸福感的关系。对此，也产生了两种截然不同的研究发现。

其一，经济发展背景下，个人经济收入的增加与其幸福感存在显著的正向关系。该观点基于收入的增加能够满足人们的各种生活需求，进而产生积极情绪

① R. A. Easterlin: Will raising the incomes of all increase the happiness of all?, *Journal of Economic Behavion and Organization*, 1995, 27(1), pp. 35—47.

② R. Veenhoven: Is Happiness Relative?, *Social Indicators Research*, 1991, 24(1), pp. 1—34.

③ D. G. Blanchflower, A. J. Oswald: Well-being Over Time in Britain and the USA, *Journal of Public Economics*, 2004, 88.

④ A. J. Oswald: Happiness and economic performance, *The Economic Journal*, 1997, 107(445), pp. 1815—1831.

的理论假设，主张拥有收入即意味着拥有幸福。首先，这一观点获得了国外学者经验研究的有力支撑。哈林(Marilyn J. Haring)、迪纳等学者分析了欧美发达国家居民的收入增长与幸福感的关系，发现个人收入的增长与幸福感的提升存在显著的正向关系。① 另外，韦胡文、迪纳、哈伊(Bernd Hayo)等学者分析了印度、巴西、东欧等国家居民的收入与幸福感的关系，发现在发展中国家，个人收入对幸福感的正向影响更为显著。②

其二，个人经济收入的增加与其幸福感并不存在显著的关联。该观点基于在当代社会，人们的物质生活需求基本得到满足，并且影响幸福感的因素是复杂多元的理论假设，主张在环境污染、民生保障、住房教育等社会问题丛生的社会现实下，单纯的收入增加未必一定能够提升人们的幸福感。前述"伊斯特林悖论"就充分地说明了这一点。伊斯特林于 1974 年分析了多个国家的数据后发现，在经济发展背景下，虽然经济收入的增加对人们的幸福感具有一定的提升作用，但当收入增加到一定程度之后，这种作用不再显著。③ 另外，坎波(Angus Campbell)、海蒂(Bruce Headey)和韦尔林(Alex Wearing)等一些学者同样分析了欧美发达国家居民的收入与幸福感的关系，发现个人收入的增加对幸福感的正向影响是非常有限的，有时两者甚至存在显著的负向关系。④

由此可见，在欧美发达国家，人们的幸福感是否产生于个人收入的增加，还有待进一步检验。但是，在东欧、印度、巴西等发展中国家，个人收入的增加对幸福感具有显著的增强作用这一观点，已基本获得了学术界的共识。这说明，当经济发展水平较低，社会仍然处于"以物的依赖性为基础的人的独立性"⑤阶段时，

---

① M. J. W. A. Stock Haring, M. A. Okum: A Research Synthesis of Gender and Social Class as Correlates of Subjective Well-being, *Human Relations* , 1984, 37 (8), pp. 645—657. Ed Diener, E. Sandvik, L. Seidlitz, etc.: The Relationship Between Income and Subjective Well-being: Relative or Absolute?, *Social Indictors Research* , 1993(28). pp. 195—223.

② R. Veenhoven: Is Happiness Relative?, *Social Indicators Research* , 1991(24). pp. 1—34. Ed Diener, S. Oishi: Money and Happiness: Income and Subjective Wellbeing Across Nations, *Subjective Well-being Across Cultures*, MIT Press, 2003. B. Hayo: *Happiness in Eastern Europe, Paper Presented at 5th Conference ISQOLS*, Frankfurt, Germany, 2003.

③ R. A. Easterlin: Does Economic Growth Improve the Human Lot? Some Empirical Evidence, *In Nations and Households in Economic Growth: Essays in Honor of Moses Abramowitz*, 1974, pp. 89—125.

④ A. Campbell, P. E. Converse, W. L. Rodgers: *The Quality of American Life: Perceptions, Evaluations, and Satisfactions*, New York: Ussell Sage Foundation, 1976. B. Headey, A. Wearing: *Understanding Happiness: A Theory of Subjective Well-Being*, Longman Cheshire, 1992.

⑤ 马克思、恩格斯:《马克思恩格斯全集》(第 30 卷)，人民出版社 1998 年版，第 107 页。

收入作为能够满足人们基本生活需求(衣食住)的第一要件,是幸福感产生的重要源泉,是不容置疑的基本事实。

三、西方心理学的幸福感研究

由于幸福感本身,就是产生于个人对自身生活状况的主观评价,因此从本质上说,它是一种心理现象。也正是因为这个缘故,幸福感成为心理学领域的重要课题之一。西方心理学界基于身心疾患能够给人们带来痛苦,进而产生消极情绪的理论假设,主张人们的幸福感产生于健康的身体以及健康的心理。比如,伯林(Ann Bowling)、莱文(Jeffrey S Levin)等学者分析了身体健康状况与幸福感的关系,发现自评的身体状况越健康,则幸福感越强一些。[①] 另外,德莱夫(Kristina M. DeNeve)和库珀(Harris Cooper)两位学者分析了心理健康状况与幸福感的关系,发现乐观、自尊和外向性格与幸福感存在稳定的正相关,而神经质与幸福感则存在稳定的负相关。[②] 再者,富尔汉姆(Adrian Furnham)和程(H. Cheng)两位学者于1997年分析了人格因素中的外向性、神经质、宜人性、严谨性和开放性与幸福感的关系,分析发现:人格因素中的外向性、宜人性、严谨性及开放性与幸福感存在正向关系,而神经质与幸福感则存在负向关系。[③] 因此,尽管西方心理学者对人们的幸福感进行了丰富的研究,但是研究发现基本是一致的,即现实生活中,身心健康状况良好的个体拥有较强的幸福感。另外,这一发现也比较符合我们的经验观察。

四、西方社会学的幸福感研究

西方社会学主要从社会结构的维度研究了人们的幸福感。社会结构分为个人的社会特征结构和社会关系结构。其中,在个人的社会特征结构方面,主要的研究发现有以下几个方面。

(一)个人的社会特征与幸福感

1.性别与幸福感

西方学者的研究说明,现实生活中,不同性别的个体拥有的幸福感是存在差

---

① A. Bowling, P. D. Browne: Social Networks, Health, and Emotional Well-Being among the Oldest Old in London, *Journal of Gerontology* ,1991,46(1),pp. 22—32. J. S. Levin,L. M. Chatters: Religion,Health and Psychological Well-Being in Older Adults, *Aging Health* ,1998,10(4),pp. 504—531.

② M. K. DeNeve, H. Cooper: The happy personality: A meta-analysis of 137 personality traits and subjective well-being, *Psycho logy Bulletin*, 1998(2), pp. 197—229.

③ A. Furnham, H. Cheng: Personality and happiness, *Psychological Reports*,1997,80,pp. 761—762.

异的。女性遭遇挫折或者不幸事件时，虽然比男性更容易产生较强的消极情感，但当女性的家庭以及工作生活稳定时，则会比男性更容易产生强烈的幸福感。[①]西方学者的经验研究也充分说明了这一点。布拉克夫劳尔（David G. Blanchflower）和奥斯瓦尔德两位学者研究发现，女性的幸福感高于男性，[②]而伊格利（Alice H. Eagly）、温迪（Wendy Wood）等学者的研究同样发现：女性比男性具有更多的主观幸福感和满足感。[③] 即使在位于东亚文化圈的日本，同样有学者研究发现，女性的幸福感高于男性。[④]

2. 年龄与幸福感

有关年龄与幸福感的关系，西方学者的研究发现并非一致。其中，拉尔森（Reed Larson）研究发现，随着年龄的增长，人们的幸福感有升高的趋势。[⑤] 但是斯茅特金（Dov Shmotkin）的研究却发现，在排除收入等其他变量的影响之后，年龄与幸福感并不具有显著的关联。[⑥] 另外，还有些学者的研究发现，年龄与幸福感并不存在线性关系，而是存在 U 形的变化倾向，即年轻时期拥有较强的幸福感，到了中年时期，幸福感呈现下降趋势，而步入老年之后，幸福感再次呈现上升的倾向。[⑦]

3. 学历与幸福感

许多西方学者从教育学的维度探讨了学历与幸福感的关系，认为实现生活的幸福是人们追求教育的终极目的。一些学者的经验研究也确实发现，学历与

---

① W. A. Arrindell, J. Heesink, J. A. Feij: The satisfaction with life scale(SWLS): appraisal with 1700 healthy young adults in Newtherlands, *Personality, Individual Differences*, 1999, 26(5): pp. 815—826.

② David G. Blanchflower, Andrew J. Oswald: Well-Being Over Time in Britain and the USA, *Journal of Public Economics*, 2004, 88.

③ Alice H. Eagly, Wendy Wood, Lisa Fishbaugh: Sex Differences in Conformity: Surveillance by the Group as a Determinant of Male Nonconformity, *Journal of Personality and Social Psychology*, 1981, 40(2), pp. 384—394. Wendy Wood, Nancy Rhodes: *Sex Differences in Interaction Style in Task Groups. In Cecilia L. Ridgeway (ed), Gender, Interaction and Inequality*, New York: Springer Verlag. 1992, pp. 97—121.

④ 大竹文雄：「失業と幸福度」,『日本労働研究雑誌』, 2004, No. 528。

⑤ R. Larson: Thirty Years of Research on the Subjective Well-Being of Older Americans, *Journal of Gerontology*, 1978, 33, pp. 109—125.

⑥ D. Shmotkin: Subjective well-being as a function of age and gender: A multivariate look for differentiated trends, *Social Indicators Research*, 1990, 23, pp. 201—230.

⑦ D. G. Blanchflower, A. J. Oswald: *Well-being over Time in Britain and the USA, Paper presented at NBER Conference*, London, UK, 2000. 辻隆司：「個人所得と幸福感の地域分析—所得と幸福感の関係に地域差はあるのか—」,『日本経済政策学会第 68 回全国大会』, 2011。

幸福感存在显著的正向关系。其中,奥斯瓦尔德于1997年分析了学历对幸福感的影响,发现高学历者的幸福感高于低学历者。[①] 凯瑟琳(Ross Catherine)和玛丽克(Willigen Marieke)两位学者同样于1997年分析了美国居民的学历与幸福感的关系,发现良好的教育有助于人们获得稳定的高收入工作,提高情绪的控制感,构建稳定的社会关系,因而拥有较强的幸福感。[②] 另外,日本学者的研究也同样发现,高学历有助于提高人们的收入水平与职业地位,因而会比低学历者拥有更高的幸福感。[③]

4. 职业与幸福感

现实生活中,职业地位较低的阶层往往拥有较低的经济收入、较差的工作环境,因此在理论层面上可以假设,职业地位与幸福感两者应该存在显著的正向关系。但是一些学者的经验研究并不完全支持这一理论假设。其中,奥斯瓦尔德于1997年分析了不同职业阶层的幸福感状况,分析发现:职业地位较低的自我雇佣者的幸福感反而高于职业地位较高的专业技术人员、政府公职人员。[④] 但是,佐野、森川等日本学者同样分析了不同职业阶层的幸福感状况,分析发现:职业地位较高的服务业与金融业白领阶层、公务员的幸福感水平高于职业地位较低的企业劳动者和打工者。[⑤] 由此可见,现实生活中,职业地位高的阶层的幸福感未必就一定高于职业地位低的阶层。

5. 婚姻状况与幸福感

在婚姻状况与幸福感的关系方面,在理论层面可以假设,结婚可以给人们提供幸福美满的生活,从而提升人们的幸福感,但是学术界的研究发现也并不完全支持这一理论假设。其中,坎贝尔(Angus Campbell)等学者研究发现,结婚有助于提高人们的幸福感,[⑥]而哈林等学者研究却发现,婚姻状况与幸福感的相关度

---

① Oswald: Happiness and economic performance, *The Economic Journal*, 1997, 107, pp. 1815—1831.

② Catherine Ross: Marieke willigen. Education and SubjectiveQuality of Life, *Journal of Health and Social Behavior*, 1997, (9): 275-297.

③ 佐野晋平、大竹文雄:「労働と幸福度特集・仕事の中の幸福」,『日本労働研究雑誌』,2007,(558)。

④ 同①。

⑤ 佐野晋平、大竹文雄:「労働と幸福度特集・仕事の中の幸福」,『日本労働研究雑誌』,2007,(558)。 森川正之:「雇用保障とワーク・ライフ・バランス—補償賃金格差の視点から—」,『経済産業研究所 Discussion Paper Series』,2010,10—J—042。

⑥ A. Campbell, P. E. Converse, W. L. Rodgers: *The Quality of American Life: Perceptions, Evaluations, and Satisfactions*, New York: Ussell Sage Foundation, 1976.

不高。[①] 另外,日本学者白石的研究发现,近些年来,未婚者、离异者、已婚者三者之间的幸福感水平的差距呈现减小的倾向。[②]

6. 收入与幸福感

收入与幸福感的关系不仅是经济学的研究课题,同样也是社会学关注的问题,但研究发现基本上与如前所述的经济学者的研究发现一致。也就是说,在经济欠发达的国家或者地区,经济收入的增长有助于提升人们的幸福感,而在经济发达的国家或者地区,经济收入的提高虽然也有助于提升人们的幸福感,但收入超过一定水准后,两者的相关性减弱,甚至两者呈现负向关系,即现实生活中,高收入者的幸福感未必高于低收入者。

(二)社会关系结构与幸福感

社会学者基于社会关系的建立有助于人们减轻生活压力,并且获得社会支持的理论假设,主张人们的幸福感产生于丰富的社会关系。这里所说的社会关系,是指不同个体与其他社会成员(个体、群体、组织)的社会结合,具体分为人际关系、社团参与两个层面。在现实生活中,人际关系丰富、社团参与广泛的个体,与社会的结合越紧密。在工业化、城市化快速发展导致阶层结构显著分化的当代社会,由于社会经济地位与兴趣爱好的不同,不同个体的社会关系状况是存在明显差异的。德希(Edward L. Deci)和瑞恩(Richard M. Ryan)分析了人际关系对幸福感的影响,发现稳定和谐的人际关系是提升幸福感的重要因素。[③] 格鲁塔特(Christian Grootaert)、克罗斯利(Adam Crossley)等学者分析了人际关系数量与幸福感的相关性,同样发现两者存在显著的正向关系。[④] 另外,阿盖尔(Michael Argyle)分析了社团参与状况对于幸福感的影响,发现积极主动地参与各种社会团体,能够从中享受到快乐,是幸福感提升的重要来源。[⑤] 因此,西方

---

① M. J. Haring, W. A. Stock, M. A. Okum: Research Synthesis of Gender and Social Class as Correlates of Subjective Well-being, *Human Relations*, 1984, 37.

② 白石賢、白石小百合:「幸福度研究の現状と課題——少子化との関連において」,『内閣府経済社会総合研究所 Discussion Paper Series』,2006,(165)。

③ E. L. Deci, R. M. Ryan: A motivational approach to self: Inte-gration in personality, *Nebraska Sympo-sium on Motivation: Vol. 38. Perspectives on Motivation*, Lin-coln: University of Nebraskapress, 1991, pp. 237-288.

④ C. Grootaert: Social Capital, Household Welfare and Poverty in Indonesia, *World Bank Policy Research Working Paper*, 1999(2148). A. Crossley, D. Langdridge: Perceived Sources of Happiness: A Network Analysis, *Journal of Happiness Studies*, 2005, 6(2), pp. 107-135.

⑤ M. Argyle: *The psychology of Happiness*, New York: Routedge, 1987.

社会学者的研究充分说明，在经济发展背景下，社会关系的大量形成有助于提升人们的幸福感。

第三节 国内学者的幸福感研究

国内学术界有关幸福感的真正研究，大约起始于20世纪90年代初期，已有20余年的研究历史。虽然研究历史较为短暂，但是由于近十年来中央政府对国民生活质量的高度重视，国内学者对人们的幸福感进行了相当丰富的研究，研究的学科如前述西方学术界的研究所示，遍及经济学、心理学、社会学等诸多领域。限于篇幅的关系，下面仅仅梳理一下经济学、心理学、社会学的研究成果。

一、经济学的幸福感研究

1978年改革开放政策实施，特别是1992年市场经济体制实施以来，随着我国经济的快速发展，人们的幸福感发生了怎样的变化呢？艾普乐顿（Simon Appleto）和宋丽娜（Lina Song）两位学者分析了1995年至2002年的七年间我国城镇居民的幸福感状况，研究发现：1995年到2002年的七年间，由于中国的贫富差距扩大，并且通货膨胀较为严重，城镇居民的生活满意度呈现明显的下降趋势。[①] 但是，刘军强、熊谋林、苏阳三位学者运用中国综合社会调查的数据，分析了2003年至2010年七年间我国居民的幸福感变化趋势，发现：从2003年到2010年的七年间中国公民的幸福感呈上升趋势。具体表现为：回答幸福的人数从2003年的32.2%上升到2010年的56.6%，而回答非常幸福的人数从2003年的5.1%上升到2010年的16%。[②] 另外，曹大宁分析了24个省、自治区或者直辖市的人均GDP与居民幸福感的关系，发现人均GDP的增加并没有相应地对应生活满意度的提高，即各地区居民的生活满意度与地区的经济发展水平并没有呈现明显的相关关系。[③]

除分析我国经济快速发展背景下，人们的幸福感变化趋势之外，国内学者也

---

① Simon Appleton, Lina Song: Life Satisfactionin Urban China: Components and Determinants, *World Development*, 2008, 36(11), pp. 2325—2340.

② 刘军强、熊谋林、苏阳：《经济增长时期的国民幸福感——基于CGSS数据的追踪调查》，《中国社会科学》2012年第12期，第90页。

③ 曹大宁：《经济发展水平与居民生活满意度关系的考察及其政策启示》，《改革与战略》2009年第4期，第30页。

分析了国民的经济收入与幸福感的关系。其中,罗楚亮通过分析 2002 年全国城乡住户调查的数据,发现绝对收入与幸福感具有显著的正向关联,即便控制了相对收入效应,这种影响仍然显著。[①] 刘军强、熊谋林、苏阳三位学者运用中国综合社会调查的数据,同样分析了个人收入与幸福感的关系,发现个人收入的增加对幸福感具有显著的促进作用,并且控制通胀水平(CPI)后,个人收入的增长与幸福感之间的正向关系仍然显著。[②] 另外,邢占军采用政府统计数据以及不同城市的调查数据,深入分析了城市居民的收入与幸福感的关系,发现收入与城市居民幸福感之间存在正相关,高收入群体的幸福感水平明显高于低收入群体。[③]

二、心理学的幸福感研究

如同前述国外学者的研究,国内心理学者围绕人们的身体健康、心理健康的状况与幸福感的关系已进行了较为丰富的研究。其中,唐丹、孙庆洲等学者分析了身体健康状况与幸福感的关系,发现自评的身体状况越健康,则幸福感越强一些。[④] 徐维东、李中权等一些学者分析了心理健康状况与幸福感的关系,发现乐观、自尊和外向性格与幸福感存在稳定的正相关,而神经质与幸福感则有稳定的负相关。[⑤] 陈丽娜和张建新的研究表明,一般生活满意度与自尊显著相关,其相关系数达到 0.379,自尊水平高的个体,其一般生活满意度也比较高。[⑥]

三、社会学的幸福感研究

如同前述国外学者的研究,国内学者也从社会结构,即个人的社会特征结构与社会关系结构两个维度分析了它们对幸福感的影响。其中,在个人的社会特征结构方面,潘玉进运用温州市的调查数据分析了性别、年龄、收入等个人属性与幸福感的关系,发现男性与女性的幸福感不具有显著差异,26—50 岁年龄层

---

① 罗楚亮:《绝对收入、相对收入与主观幸福感——来自中国城乡住户调查数据的经验分析》,《财经研究》2009 年第 11 期,第 79 页。

② 刘军强、熊谋林、苏阳:《经济增长时期的国民幸福感——基于 CGSS 数据的追踪研究》,《中国社会科学》2012 年第 12 期,第 97—98 页。

③ 邢占军:《我国居民收入与幸福感关系的研究》;《社会学研究》2011 年第 1 期,第 214—215 页。

④ 唐丹、邹君、申继亮、张凌:《老年人主观幸福感的影响因素》,《中国心理卫生杂志》2006 年第 3 期,第 162 页。 孙庆洲、王军:《身体健康状况、幸福感和生活质量的关系研究》,《文教资料》2012 年第 3 期,第 190 页。

⑤ 徐维东、吴明证、邱扶东:《自尊与主观幸福感关系研究》,《心理科学》2005 年第 3 期,第 563 页。 李中权、王力、张厚粲、柳恒超,《人格特质与主观幸福感:情绪调节的中介作用》,《心理科学》2010 年第 1 期,第 166—167 页。

⑥ 陈丽娜、张建新:《大学生一般生活满意度及其与自尊的关系》,《中国心理卫生杂志》2004 年第 4 期。

的幸福感高于其他年龄层，收入较高的群体，幸福感较强。[①] 邢占军、金瑜两位学者运用中国城市居民主观幸福感量表分析了婚姻状况与幸福感的关系，结果发现：城市居民中已婚者群体的幸福感低于未婚者群体。[②] 另外，曹大宁运用世界价值观调查（World Value Survey，简称 WVS）的数据分析了我国城市居民中不同职业阶层的幸福感状况，发现在无职业者、体力劳动者、下层办公室人员、专业技术人员、国家干部与企业经营管理者五种职业阶层中，职业地位越高的阶层，幸福感越强。[③]

另外，在个人的社会关系结构方面，严标宾等学者以大学生为对象，分析了人际关系数量与幸福感的相关性，发现两者存在显著的正向关系。[④] 但是，甘雄、李承宗同样以大学生为对象分析了人际关系数量与幸福感的关系，却发现人际关系的增多反而增加了人际困扰，因而人际关系的数量与幸福感具有显著的负向关系。[⑤] 另外，刘明前、胡三嫚两位学者分析了社团参与状况对幸福感的影响，发现积极主动地参与各种社会团体，能够从中享受到快乐，是幸福感提升的重要来源。[⑥] 因此，社会关系状况影响着人们的幸福感，但两者不一定存在正向关系。

除分析个人的社会特征结构与社会关系结构对人们的幸福感的影响之外，一些社会学者还结合当前的社会现实，分析了官僚腐败、宏观税负与政府公共支出、不确定性防范、环境污染、社会凝聚对人们的幸福感的影响。其中，陈刚和李树两位学者于 2013 年运用 2006 年中国综合社会调查的数据（CGSS）分析了现阶段官僚腐败行为对人们的幸福感的影响，分析发现：腐败的确显著降低了中国居民的幸福感，而且在处理了腐败变量的内生性之后，腐败对居民幸福感的抑制效应明显增强，远远超过了经济增长对居民幸福感的促增效应。如果按照居民的家庭收入、户籍和所属地区将样本进行分群，分群样本检验还发现，腐败只是显著降低了低收入家庭居民和农村居民的幸福感，并未显著降低高收入家庭居

---

① 潘玉进：《温州城市居民主观幸福感调查研究》，《应用心理学》2008 年第 2 期。

② 邢占军、金瑜：《城市居民婚姻状况与主观幸福感关系的初步研究》，《心理科学》2003 年第 6 期。

③ 曹大宁：《阶层分化、社会地位与主观幸福感的实证考量》，《统计与决策》2009 年第 10 期。

④ C. Grootaert: Social Capital, Household Welfare and Poverty in Indonesia, *World Bank Policy Research Working Paper*, 1999(2148). A. Crossley, D. Langdridge: Perceived Sources of Happiness: A Network Analysis, *Journal of Happiness Studies*, 2005, 6(2), pp. 107—135. 严标宾、郑雪、邱林：《大学生主观幸福感的影响因素研究》，《华南师范大学学报》（自然科学版）2003 年第 2 期，第 141 页。

⑤ 甘雄、李承宗：《大学生人际关系与主观幸福感的关系》，《医学研究与教育》2010 年第 4 期，第 56 页。

⑥ 刘明前、胡三嫚：《大学生社团参与状况对其主观幸福感的影响》，《重庆文理学院学报》（社会科学版）2012 年第 4 期，第 66—67 页。

民和城镇居民的幸福感，同时，腐败对中西部地区和东部地区居民幸福感的抑制效应并未有明显的差异。[①] 谢舜、魏万青、周少君三位学者于 2012 年同样运用 2006 年中国综合社会调查的数据分析了政府转型下的宏观税负、民生财政支出和地区收入差距等与个人主观幸福感的关系，分析发现：(1)宏观税负对居民主观幸福感有显著负影响；(2)总体而言，政府公共支出增进了居民的主观幸福感；(3)从公共支出结构看，地方政府基建投资对城镇居民的主观幸福感有显著负效应，政府用于科教文卫和社会保障的支出对居民的主观幸福感有显著正效应；(4)科教文卫支出与社会保障支出对市民与外来人员幸福感的影响存在显著差异。[②] 李后建基于 2007 年中国家庭收入调查数据，分析了不同类型的不确定性防范措施（参加养老、医疗、失业和工伤）对城市务工人员的幸福感的影响，发现：不同类型的不确定性防范措施对影响居民主观幸福感存在着显著差异，参与养老保险、失业保险和工伤保险能够显著提高城市务工人员主观幸福感，但参与医疗保险对城市务工人员主观幸福感没有显著影响。[③]

另外，黄永明、何凌云两位学者运用中国综合社会调查数据评估了环境污染对我国城市居民主观幸福感的影响，分析发现：空气污染显著地降低了居民的主观幸福感，居住在二氧化硫排放量、烟尘排放量以及建筑和拆迁扬尘产生量较高地区的居民更不幸福。[④] 孟祥斐基于深圳和厦门的调查数据，于 2014 年从社会凝聚（社会信任、利他倾向、社会认同、社会参与）的角度分析了其对居民幸福感的影响，发现：相比个体特征和经济因素，社会凝聚对居民幸福感有重要影响。具体体现为：地区经济富裕程度与居民幸福感存在负相关关系，社会凝聚各个因素均对居民幸福感具有显著的正向影响。[⑤]

---

① 陈刚、李树：《管制、腐败与幸福——来自 CGSS(2006)的经验证据》，《世界经济文汇》2013 年第 4 期，第 56 页。

② 谢舜、魏万青、周少君：《宏观税负、公共支出结构与个人主观幸福感——兼论“政府转型”》，《社会》2012 年第 6 期，第 86 页。

③ 李后建：《不确定性防范与城市务工人员主观幸福感——基于反事实框架的研究》，《社会》2014 年第 2 期，第 140 页。

④ 黄永明、何凌云：《城市化、环境污染与居民主观幸福感——来自中国的经验证据》，《中国软科学》2013 年第 12 期，第 82 页。

⑤ 孟祥斐：《社会凝聚与居民幸福感研究——基于深圳与厦门的数据考察》，《天府新论》2014 年第 1 期，第 122 页。

第四节 研究特征、存在问题与研究启示

以上,我们较为全面、细致地梳理了自20世纪60年代幸福感成为社会科学领域的研究课题以来,经济学、心理学、社会学三大学科领域国内外学者的相关研究。可以发现,不同学科的学者基于各自学科的研究取向、分析视角或者研究方法,从不同角度分析了工业化、城市化背景下人们的幸福感的影响因素,研究发现可谓准确地揭示了不同社会文化与社会现实下幸福感的产生机制。从研究发现中,我们深深感受到,虽然幸福感是产生于人们心灵深处的一种心理现象,但其如何产生、如何演变,却受多种因素的影响,其不仅与一个人的社会特征、人格特质有关,而且与一个社会的社会制度、伦理道德及经济发展水平紧密关联。在这一部分,我们将根据第二节、第三节阐述的国内外学者的研究概况,首先指出它们的研究特征及存在问题,其后进一步指出已有研究对本研究的启示。

一、研究特征

综观经济学、心理学、社会学的幸福感研究,可以发现:在研究取向、分析视角、研究观点等方面,存在以下三个方面的特征。

第一,经济学主要研究了工业化、城市化背景下,经济发展及人们的经济收入对幸福感的影响,认为人们的幸福感产生于社会宏观层面的经济发展及人们的经济收入,但研究发现却与这个想法存在相当大的差异。有些学者的研究发现,一个国家或者地区的经济发展以及由此带来的人们的经济收入的增加,可以提升人们的幸福感,但是也有一些学者的研究发现却与这一观点相反,认为经济发展以及由此带来的人们的经济收入的增加,并不能够提升人们的幸福感,甚至会弱化人们的幸福感。

第二,心理学将幸福感理解为个人的心理事件,认为幸福感由内而生,并主要从人们的身体健康与精神健康两个维度分析了幸福感的产生机制,取得了一致的研究发现,即身体健康状况良好,人格特质的外向性、宜人性、严谨性、开放性、自尊有助于增强人们的幸福感,而神经质则会降低人们的幸福感。

第三,社会学由于学科性质使然,更倾向于将幸福感理解为社会结构及社会环境状况的产物,认为幸福感如何产生,主要受人们的社会特征及社会外在因素

的影响。但是,不同学者的研究发现不尽相同,说明幸福感的影响因素是复杂多元的。

二、存在问题

我们从已有的研究中同时可以发现,虽然国内外学者较为全面、深入地分析了人们的幸福感,却存在以下三个方面的不足。

(一)缺乏跨学科的综合研究

已有研究虽然从不同角度较为详尽地分析了幸福感的产生机制,但由于不同学科研究取向的差异,该问题的研究呈现隔离式、纵向式的特征,即经济学与社会学从社会结构的宏观层面——社会、经济、制度环境及个人社会特征的维度纵向性地分析了人们的幸福感,而心理学则从社会结构的微观层面,即人们的人格特质或者心理特征的维度纵向性地分析了人们的幸福感。也就是说,已有研究仅仅围绕人们的幸福感进行隔离式、纵向式的分析,缺乏跨学科的综合研究。因此,对于不同社会文化下人们的幸福感的状况及影响因素,有必要进行更为充分、全面、细致的研究。

(二)忽略了不同因素之间的交互影响

幸福感作为人们对自身某一阶段生活质量的心理体验,当然受个人的经济收入、身心健康、个人社会特征及社会关系状况的影响。但是,迄今经济学、心理学、社会学基于各自学科的研究取向,分别独立分析了收入、身心健康、社会关系对幸福感的影响,其结果可能是两个变量关系的虚假反映,这不仅降低研究结论的可信度,甚至会产生两种截然相反的结论。因此,为了准确把握当代居民的幸福感获得路径,在设计幸福感获得路径的解释模型时,应该同时考虑到不同影响因素之间可能存在的交互效应。

(三)对幸福感提升对策的分析不够深入

几乎所有的实证研究(尤其是国内学者的实证研究)在分析幸福感的影响因素时,都提出了提升幸福感的对策。但是我们发现,提出的对策要么缺乏可操作性,要么背离社会现实,对于提升人们的幸福感效果甚微。因此,在我国工业化、城镇化的快速发展导致社会结构显著分化,人们的物质生活需求基本得到满足的社会现实下,如何提出适合我国现实的提升人们幸福感的对策建议,是一个急迫的研究课题。

三、研究启示

已有的研究发现对本书的研究,具有以下两点启示。

（一）需要多学科视野下的综合研究

从信任产生的机理上讲，虽然它首先是一种源自人与人交往过程中产生的个人的心理现象，但它产生之后，在内容、形式等方面如何演变，却可能脱离个体的心理层面，而更受社会关系、社会制度、社会文化及经济发展水平的影响。另外，如心理学及社会学所说，信任来自于人与人之间的社会交往，是社会交往的逻辑起点，是人际关系的产物，同时也是人们在社会中和谐互动的行为规范；如经济学及管理学所说，信任还来自于人们的理性计算及制度规则，因此它是一种社会经济文化现象。

因此，在工业化、城市化快速发展致使社会结构显著分化的当代社会，不同学科按照各自学科的研究取向进行的隔离式、纵向式信任研究，已经不再适用于当代社会，信任的研究不应再是某一个学科单独的事情，它的研究应该突破学科的屏障和界限，进行心理学、社会学、经济学、文化学、组织行为学等多学科视野下的综合分析。

（二）需要适合我国现实的本土化研究

国内外学者的研究发现已经说明，信任作为一个隐含了心理、文化、社会、制度等多个层面含义的复杂的社会心理现象，在不同的社会现实下，它的形成与发展的倾向是不同的，因此信任研究需要进行适合我国社会现实的本土化研究。但是，综观国内学者的已有研究，其往往缺乏对我国社会现实的深刻分析，而在分析问题、分析视角、分析方法等方面，一味地接受、照搬西方学者的研究范式。针对国内学者的这种研究现状，郑杭生大力呼吁“中国社会学不应在西方的笼子里跳舞”，研究路径应该“立足现实，提炼现实；借鉴国外，跳出国外”。[①] 同样刘少杰也明确指出：中国社会学者只是简单运用西方学者的实证社会学理论，很多经验研究往往只是对某些西方实证社会学理论的粗浅证明，对处于深刻变迁中的中国社会生活的解释常常流于表层。[②]

在现阶段的中国，工业化、城镇化的快速发展导致传统的乡土观念正在（或者已经）被打破，阶层分化、组织分化已是社会变迁的常态，市场经济体制尚未充分建立，法律制度尚不完善，各种社会问题丛生，人们的个人主义意识愈发浓厚。因此，研究我国的信任问题，不应该忽略我国的社会现实，而一味地照搬西方学

① 郑杭生：《中国社会学不应在西方的笼子里跳舞》，http://www.cssn.cn/news/403770.htm，2011年8月29日。

② 刘少杰：《建构中国社会学理论的新形态》，《甘肃社会科学》2006年第3期，第7页。

者的研究范式，而应该在西方学者的理论启发下进行适合我国社会现实的本土化研究，揭示我国工业化、城镇化的快速发展导致社会结构宏观层面与微观层面显著分化的背景下，“信任的弱化为什么如此之快?”“信任的重建为什么如此艰难?”等实实在在的问题。

第三章　工业化、城镇化发展与社会结构变迁

国内外学者的已有研究以及我们感受到的经验事实均可以说明，现实生活中，一个人的幸福感状况如何，不仅受一个人的人格特质、阶层地位、社会参与等个人层面因素的影响，而且与一个社会的文化特性、制度规范及现实中存在的各种社会问题等社会层面因素密切相关。而个人层面因素与社会层面因素如何体现，如何演变，归根到底又受一个社会某一发展阶段的现实状况，即工业化、城市化发展导致的社会结构变迁的影响。因此，在分析我国居民的幸福感之前，作为研究的一个必要环节，首先应该明确现阶段我国工业化、城镇化的发展状况及其引起的社会结构变迁。

本章将就这一问题进行分析。其中，第一节将阐述1952年以来我国的工业化及城镇化水平的演进，看看我国的工业化、城镇化具有怎样的特征，当前我国处于怎样的工业化、城镇化阶段；第二节将阐述我国工业化、城镇化快速发展的背景下，社会结构的宏观层面与微观层面是如何发生变迁的，以及它们的变迁引起了怎样的社会问题。

第一节　工业化与城镇化的发展

一、1952年至1978年的工业化与城镇化

如图3-1所示，1952年，我国的国内生产总值中工业产值的比重仅为17.6%，而全国总人口中城镇人口的比重仅为12.5%。[①] 毫无疑问，我国是一个工业化、城镇化极不发达，近90%的人口生活于乡村的农业社会。

---

① 国家统计局:《中国统计年鉴》(1999)，中国统计出版社1999年版，第56、111页。

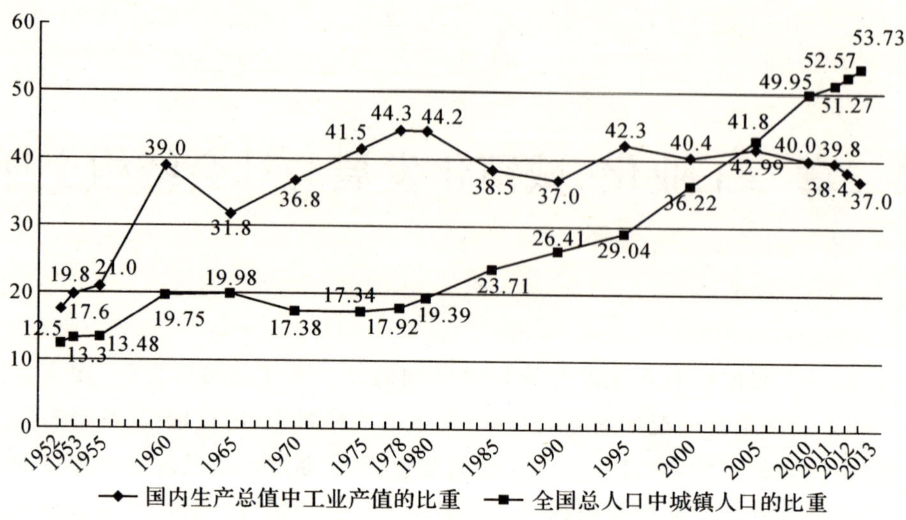

图 3-1 1952—2013 年我国的工业化与城镇化发展(%)

数据来源：

1.1952—1975 年国内生产总值中工业产值的比重出自：国家统计局：《中国统计年鉴》(1999)，中国统计出版社 1999 年版，第 56 页。

1978—2012 年国内生产总值中工业产值的比重出自：国家统计局：《中国统计年鉴》(2013)，中国统计出版社 2013 年版，第 45 页。

2.1952 年、1953 年全国总人口中城镇人口的比重出自：国家统计局：《中国统计年鉴》(1990)，中国统计出版社 1990 年版，第 89 页。

1955—2012 年全国总人口中城镇人口的比重出自：国家统计局：《中国统计年鉴》(2013)，中国统计出版社 2013 年版，第 95 页。

3.2013 年国内生产总值中工业产值的比重和全国总人口中城镇人口的比重分别出自：国家统计局：《中国统计年鉴》(2014)，中国统计出版社 2014 年版，第 25、51 页。

我国的工业化是伴随着 1953 年第一个五年经济计划[①](1953—1957)的实施开始的，但是至 1978 年的 25 年间，由于以 1957 年 12 月实施的《关于制止农

① 主要内容：集中主要力量发展重工业，建立国家工业化和国防现代化的初步基础；有步骤地促进农业手工业的合作化；继续进行对资本主义工商业的社会主义改造；保证社会主义成分在国民经济中的比重稳步增长。

村人口盲目外流的指示》以及 1958 年 1 月实施的《户口登记条例》[①]为代表的诸多社会政策的制约，以乡村人口的城镇流动为标志的城镇化并没有随之发展起来。从图 3-1 中可以发现，国内生产总值中工业产值的比重，1953 年为 19.8%，1960 年上升至 39.0%，1970 年虽然略微下降，变化为 36.8%，但是 1978 年又上升至 44.3%，1953 年至 1978 年的 25 年间国内生产总值中工业产值的比重增加了 24.5 个百分点，平均每年增加 1 个百分点。但是，全国总人口中城镇人口的比重，1953 年为 13.3%，1960 年上升为 19.75%，1970 年下降为 17.38%，1978 年又变化为 17.92%，1953 年至 1978 年的 25 年间，仅仅增加了 4.62 个百分点，基本上没有发生太大的变化。

因此，1952 年至 1978 年的 26 年间，我国的工业化水平有了大幅度的提升，但是由于《关于制止农村人口盲目外流的指示》以及《户口登记条例》等社会政策对乡村人口的城镇流动的限制，城镇化却基本上没有随着工业化的发展而发展，工业化与城镇化处于分离状态。另外，从城乡的人口构成看，1978 年我国仍然是乡村人口占全国总人口 80%以上的农业社会。

二、1978 年至 2000 年的工业化与城镇化

在我国，工业化与城镇化亦步亦趋、相互促进地发展，起始于 1978 年，是由于一系列改革开放政策的实施引发的。首先，1978 年 12 月召开的党的十一届三中全会果断停止了“以阶级斗争为纲”的错误方针，决定把党的工作重点转移到社会主义现代化建设上来。1979 年 7 月国务院发布了《关于扩大国营工业企业经营管理自主权的若干规定》，极大地调动了工业交通企业的积极性，进一步推动了社会主义现代化建设。1979 年 9 月中共十一届四中全会通过《关于加快农业发展的若干问题的决定》，决定实行土地承包责任制。这一决定一方面激发了农民农业生产的积极性，但另一方面却导致大量剩余劳动力的产生。1984 年国务院颁布了《关于农民进入集镇落户问题的通知》，允许有条件的农民落户集镇；1992 年确立社会主义市场经济体制，导致公有制企业以外的组织形式大量产生；1993 年允许农民进入小城市从事工业、商业和发展农村的第三产业，导致

---

① 在《户口登记条例》中，与人口流动有关的主要内容有：(1)公安局主管户口的登记业务；(2)公民必须在常住地进行登记，常住地每人只限一处；(3)公民由农村迁移到城市，必须具有城市劳动部门的录用证明、学校的录取证明、城市户口登记机关的调出许可证明三种手续中的一种；(4)公民离开常住地在城市滞留三天以上，必须由临时住地的户主或者本人在户口登记机关进行登记(如果住旅馆，旅客登记簿即可)，离开城市时，必须申请注销。由于该条例的实施，在 1958 年至 1978 年的 30 年间，我国基本不存在人口城乡间的自由流动，因而大大制约了城镇化的发展。

农村人口大规模的城镇流动。这些政策的实施，在保持工业化平稳发展的同时，也有力地推进了城镇化的发展。

如图 3-1 所示，国内生产总值中工业产值的比重，1978 年为 44.3%，1980 年变化为 44.2%，1990 年下降至 37.0%，2000 年又上升至 40.4%，2012 年又略有下降，变化为 38.4%，2013 年又进一步有所下降，变化为 37.0%。由此可见，1978 年至 2013 年的 35 年间，由于受不同年代经济政策的影响，国内生产总值中工业产值的比重，虽然在不同的年代存在不同程度的增减，但增减的幅度并不十分显著，总的来说，基本保持了比较平稳的发展。但是，城镇人口在全国总人口中所占的比重，从图 3-1 中可以发现，在 1978 年至 2013 年的 35 年间，却呈现稳步上升的趋势，具体体现为：1978 年为 17.92%，1980 年上升至 19.39%，1990 年上升至 26.41%，2000 年进一步上升至 36.22%，2013 年又进一步升至 53.73%，2013 年比 1978 年增加了 35.81 个百分点，平均每年增加 1 个百分点。

工业化率是指工业增加值占一个国家或者一个地区的全部生产总值的比重。自 1990 年起，我国开始有了工业化率的统计数据。如图 3-2 所示，1990 年工业化率为 39.7%，1995 年迅速上升至 58.5%，2000 年以后虽然有所下降，但 2005 年、2010 年、2011 年、2012 年、2013 年的工业化率分别为 43.4%、48.5%、44.7%、40.6%和 39.9%，除 2013 年工业化率略低于 40%以外，其他 4 个年度的工业化率均维持在 40%以上。另外，1990 年与 2013 年的工业化率分别为 39.7%和 39.9%，两者仅相差 0.2 个百分点，这进一步说明了 1990 年以来，我国工业化的发展比较平稳，并没有出现太大的波动。

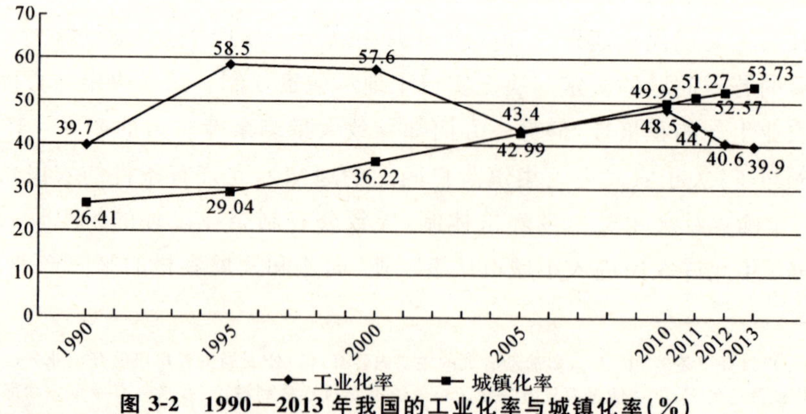

图 3-2 1990—2013 年我国的工业化率与城镇化率(%)

数据来源：

1. 工业化率的数值出自：国家统计局：《中国统计年鉴》(2014)，中国统计出版社 2014 年版，第 61 页。

2. 城镇化率的数值出自：国家统计局：《中国统计年鉴》(2014)，中国统计出版社 2014 年版，第 25 页。

城镇化率就是城镇人口在全国总人口中所占的比重。如图 3-2 所示，在 1990 年至 2013 年的 23 年间，城镇化率可谓呈现逐年上升之势，以至于在 2005 年以前，我国的工业化率还大大高于城镇化率，但在 2005 年以后，城镇化率开始逐渐高于工业化率。2010 年工业化率和城镇化率分别为 48.5%和 49.95%，前者低于后者仅仅 1.45 个百分点，但三年之后的 2013 年工业化率和城镇化率已分别变化为 39.9%和 53.73%，前者低于后者已高达 13.83 个百分点。这意味着，在我国，2005 年以后，城镇化的发展速度开始快于工业化的发展速度，我国已经进入城镇化的快速发展期。

三、2010 年以后由工业化社会转型为产业化社会

表 3-1 表示的是，1952 年至 2013 年的 61 年间第一产业产值、第二产业产值、第三产业产值以及第二产业中的工业产值在国内生产总值中的比重。可以发现，1952 年至 1965 年的 13 年间，第一产业产值在国内生产总值中的比重高于第二产业产值、第三产业产值以及第二产业中工业产值的比重，说明在这 13 年中，就国民经济的发展状况来讲，我国是一个以农业生产为主导的农业社会。但是，1970 年至 2010 年的 40 年间，第一产业产值在国内生产总值中的比重逐年下降，具体由 1970 年的 35.2%下降为 2010 年的 10.1%，40 年间一共下降了约 25 个百分点。与第一产业产值在国内生产总值中的比重逐年下降相比，第二产业产值在国内生产总值中的比重没有产生太大的波动。如表 3-1 所示，在 1970 年至 2010 年的 40 年间，第二产业产值在国内生产总值中的比重维持在 40.5%至 46.7%之间，而其中的工业产值在国内生产总值中的比重维持在 36.8%至 40.0%之间。另外，第三产业产值在国内生产总值中的比重维持在 24.3%至 43.2%之间。因此，第二产业产值的比重均高于第一产业产值与第三产业产值的比重。如前所述，1952 年至 2010 年的 58 年间，我国是一个以第二产业为主的工业化社会，表 3-1 所示的 1952 年至 2010 年第一产业产值、第二产业产值、第三产业产值以及第二产业中的工业产值在国内生产总值中的比重，可以充分地说明这一点。

但是，2010 年第二产业产值中工业产值的比重为 40.0%，而第三产业产值的比重为 43.2%，第二产业产值中工业产值的比重已经低于第三产业产值的比重 3.2 个百分点。也就是说，自 2010 年起，我国开始由以工业发展为主的工业化社会转型为以第三产业发展为主的产业化社会。2011 年、2012 年、2013 年的三个年度中，第二产业产值中工业产值的比重在国内生产总值中的比重分别为 39.8%、38.4%和 37.0%，而第三产业产值的比重在国内生产总值中的比重分

别为 43.4%、44.6%和 46.1%，分别高于工业产值的比重 3.6 个百分点、6.2 个百分点和 9.1 个百分点。这说明，我国自 2010 年由工业化社会转型为产业化社会之后，随着时间的推移，产业化水平越来越高。

表 3-1　1952—2013 年不同产业产值在国内生产总值中的比重(%)

年份	第一产业	第二产业	第二产业中的工业	第三产业
1952	50.5	20.9	17.6	28.6
1955	46.3	24.4	21.0	29.3
1960	23.4	44.4	39.0	32.1
1965	37.9	35.1	31.8	27.0
1970	35.2	40.5	36.8	24.3
1975	32.4	45.7	41.5	21.9
1980	30.1	48.5	48.5	21.4
1985	28.4	43.1	38.5	28.5
1990	27.1	41.6	37.0	31.3
1995	20.5	48.8	42.3	30.7
2000	15.1	45.9	40.4	39.0
2005	12.1	47.4	41.8	40.5
2010	10.1	46.7	40.0	43.2
2011	10.0	46.6	39.8	43.4
2012	10.1	45.3	38.4	44.6
2013	10.0	43.9	37.0	46.1

数据来源：

1.1952—1995 年的比重出自：国家统计局：《中国统计年鉴》(1999)，中国统计出版社 1999 年版，第 56 页。

2.2000—2013 年的比重出自：国家统计局：《中国统计年鉴》(2014)，中国统计出版社 2014 年版，第 51 页。

四、工业化、城镇化的发展特征

从以上阐述的 1952 年至 2013 年我国的工业化与城镇化的发展进程看，我国的工业化与城镇化的发展具有以下四个特征。

第一，不同年份工业化与城镇化的发展倾向存在显著的差异。在我国，1953 年至 1978 年的 25 年间，虽然工业化有了很大的发展，但城镇化却相当滞后，两者并不是相互促进、相伴相随地发展,而是处于分离状态。但是,1978 年改革开放政策实施以后,尤其是 1992 年市场经济体制实施以来,工业化保持平稳发展的同时,城镇化水平也有了大幅度的提升,以至于在 2005 年以后,城镇化的发展水平开始高于工业化水平,并且随着时间的推移,这种差异逐渐扩大。

第二,工业化与城镇化的快速发展,使得当前我国已经进入工业化、城镇化进程的中期阶段,并使得我国社会基本实现了两个转型。其一,2013 年城镇化率为 53.73%,已经高于工业化率 13.83 个百分点,已经基本实现了从传统农业社会向现代工业社会的转型。其二,2013 年城镇化率已达 53.73%,说明当前我国已经基本进入初级城镇型社会,即正处于由以乡村人口为主体的"乡村型社会"演变为以城镇人口为主体的"城镇型社会"的过渡阶段,城乡二元社会的特征正在逐步消失。

第三,2010 年以后,工业化的快速发展带动第三产业迅猛发展,以至于在国内生产总值中,第三产业产值的比重开始超过工业产值的比重。因此可以说,自 2010 年起,我国第二产业的发展已经带动了第三产业的大发展,我国已经开始进入以第三产业为主的产业化社会。

第四,在工业化的推动下,以乡村人口的城镇流动为标志的城镇化,虽然发展历史短暂,但发展速度快,对社会结构各个层面的冲击大,这可谓是我国工业化与城镇化发展的又一大特征。

第二节 社会结构的变迁

那么,随着工业化和城镇化的快速发展,我国的社会结构发生了怎样的社会变迁呢?

1958 年至 1978 年的 30 年间,我国实施计划经济体制,主要体现为四个方面:(1)经济、社会、文化、教育等各个方面建设的高度计划性;(2)企业组织的公有制;(3)人们生产与生活的单位制;(4)集体主义思想意识的强化教育。计划经济体制下,社会结构的分化程度很低,社会结构的宏观层面与微观层面均具有很强的同质性。比如,1978 年之前的 30 年间,职业阶层仅仅存在"两个阶级,一个阶层",即工人阶级、农民阶级和知识分子阶层;企业组织仅仅存在公有制性质的国有企业或者集体企业。再比如,1978 年以前的 30 年间,支配人们行为的价值取向以一元价值观为特征，具体表现为集体主义、理想主义或者“精神至上主义”。[①] 但是1978年改革开放政策实施以后，特别是1992年市场经济体制实施以来，伴随着工业化与城镇化的快速发展，无论是社会结构的宏观层面，还是社会结构的微观层面，均已发生了显著的社会分化。

一、社会结构宏观层面的分化

工业化、城镇化的快速发展对社会结构宏观层面的影响，可谓是全方位的。由于篇幅关系，下面仅从就业结构，职业结构，组织结构，年龄、学历及家庭结构四个方面，阐述社会结构宏观层面的变迁。

（一）就业结构的变化

工业化的迅速发展导致了就业机会的扩大。如表3-2所示，在1978年至2013年的35年间，全国就业人员的总人数逐年增加，1978年为40152万人，1980年增加到42361万人，1990年增加到63909万人，到了2012年和2013年分别增加到76704万人和76977万人。1978年至2013年的35年间，一共增加了36825万人。

表3-2 1978—2013年就业人员的状况

年份	1978	1980	1990	2000	2010	2012	2013
就业人员总数（万人）	40152	42361	63909	71150	76105	76704	76977
三次产业就业人员数（万人）							
第一产业	28318	29122	38914	36043	27931	25773	24171
第二产业	6945	7707	13856	16219	21842	23241	23170
第三产业	4890	5532	11979	19823	26332	27690	29636
三次产业就业人员比例（%）							
第一产业	70.5	68.7	60.1	50.0	36.7	33.6	31.4
第二产业	17.3	18.2	21.4	22.5	28.7	30.3	30.0
第三产业	12.2	13.1	18.5	27.5	34.6	36.1	38.5

数据来源：

国家统计局：《中国统计年鉴》(2014)，中国统计出版社2014年版，第91页。

① 廖小平：《改革开放以来价值观的变迁及其双重后果》，《科学社会主义》2013年第1期，第87页。

但是，第一产业、第二产业、第三产业的就业人员却呈现不同的变化倾向。从表3-2中可以发现，第一产业就业人员的数量1978年为28318万人，1980年增加到29122万人，1990年又进一步增加到38914万人，但是1990年以后逐年减少，2000年减少至36043万人，2010年减少至27931万人，而到了2012年和2013年又进一步分别减少至25773万人和24171万人，2013年比1978年一共减少了4147万人，比例也由1978年的70.5%下降至2013年的31.4%，下降了39.1个百分点。但是，与第一产业的就业人员数量相比，第二产业和第三产业的就业人员数量均呈现逐年增加的态势。其中，第二产业就业人员的数量由1978年的6945万人增加到2013年的23170万人，35年间增加了16225万人，比例由1978年的17.3%提高到2013年的30.0%，提升了12.7个百分点；第三产业就业人员的数量由1978年的4890万人增加到2013年的29636万人，35年间增加了24746万人，比例由1978年的12.2%提高到2013年的38.5%，提升了26.3个百分点。

由此可见，随着工业化、城镇化的发展，我国的就业结构产生了显著的社会分化，分化的基本趋势是：从业人员中，从事第一产业的就业人员逐渐减少，而从事第二产业和第三产业的就业人员逐渐增加，从而导致就业结构逐渐由以第一产业就业人员为中心的就业结构演变为以第二产业就业人员，尤其是第三产业就业人员为中心的就业结构。

（二）职业结构的变化

就业结构的变化，必然引起职业结构发生转变。表3-3表示的是，2003年至2013年的10年间城镇单位中，农林牧渔业、制造业、批发零售业、金融业、房地产业、科研与技术服务六大类别职业领域的就业人员的数量。可以发现，随着时间的推移，六大类别职业领域的就业人员呈现不同的变化倾向。

表3-3 2003—2013年城镇单位不同类别职业领域的就业人员状况（万人）

年份	2003	2005	2007	2009	2011	2012	2013
农林牧渔业	484.5	446.3	426.3	373.7	359.5	338.9	294.8
制造业	2980.5	3210.9	3465.4	3491.9	4088.3	4262.2	5257.9
批发零售业	628.1	544.0	506.9	520.8	647.5	711.8	890.8
金融业	353.3	359.3	389.7	449.0	505.3	527.8	537.9
房地产业	120.2	146.5	166.5	190.9	248.6	273.7	373.7
科研与技术服务业	221.9	227.7	243.4	272.6	298.5	330.7	387.8

数据来源：
国家统计局：《中国统计年鉴》（2014），中国统计出版社2014年版，第93—95页。

其中，以农林牧渔为职业的人员呈现逐年减少的趋势，具体体现是：2003 年为 484.5 万人，2005 年减少至 446.3 万人，2007 年减少至 426.3 万人，而到了 2013 年进一步减少至 294.8 万人，2003 年至 2013 年的 10 年间一共减少了 189.7 万人。

制造业的就业人员呈现逐年增加的趋势，具体体现为：2003 年为 2980.5 万人，2005 年增加至 3210.9 万人，2007 年增加至 3465.4 万人，而到了 2013 年进一步增加至 5257.9 万人，2003 年至 2013 年的 10 年间一共增加了 2277.4 万人。

批发零售业的就业人员并没有呈现一贯性的增加或者减少的趋势，具体体现为：2003 年至 2009 年的 6 年间呈现逐年减少的态势，2003 年为 628.1 万人，2005 年减少至 544.0 万人，2007 年减少至 506.9 万人，而 2009 年至 2013 年的 4 年间又呈现逐年增加的态势，其中 2009 年为 520.8 万人，2011 年增加至 647.5 万人，到了 2012 年和 2013 年分别增加至 711.8 万人和 890.8 万人，2013 年的就业人员比 2009 年增加 370 万人，而比 2003 年的就业人员增加 262.7 万人。

另外，金融业、房地产业、科研与技术服务业三个职业领域的就业人员均呈现逐年增加的态势，具体体现为：从事金融工作的就业人员，2003 年为 353.3 万人，2005 年增加至 359.3 万人，2007 年增加至 389.7 万人，而到了 2013 年进一步增加至 537.9 万人，10 年间一共增加了 184.6 万人，平均每年增加近 20 万人；房地产业的就业人员，2003 年为 120.2 万人，2005 年增加至 146.5 万人，2007 年增加至 166.5 万人，而到了 2013 年进一步增加至 373.7 万人，10 年间一共增加了 253.5 万人，平均每年增加 25 万人之多；科研与技术服务业的就业人员，2003 年为 221.9 万人，2005 年增加至 227.7 万人，2007 年增加至 243.4 万人，而到了 2013 年进一步增加至 387.8 万人，10 年间一共增加了 165.9 万人，平均每年增加将近 17 万人。

职业结构的变化，同时导致我国的阶层结构发生了显著的社会分化。如前所述，1978 年以前，我国的职业阶层仅仅存在“两个阶级，一个阶层”，即工人阶级、农民阶级、知识分子阶层，但是早在 1989 年，由于农村的个体经济及乡镇企业的发展，农村除农业劳动者之外，还出现了诸如农民工、雇工、个体劳动者和个体工商户、私营企业主等不同的社会阶层。① 而到了 2004 年，根据不同社会阶层占有的经济资源、文化资源、组织资源的状况，我国已经分化为十个职业阶层，

① 陆学艺：《重新认识农民问题——十年来中国农民的变化》，《社会学研究》1989 年第 6 期，第 9 页。

分别是：城乡无业失业半失业者、农业劳动者、产业工人、商业服务业员工、个体工商户、办事人员、专业技术人员、私营企业主、经理人员、国家与社会管理者。[①]可以说，在现阶段，随着工业化、城镇化水平的进一步提升，我国的职业结构与阶层结构仍然处于不断的变迁分化中。迄今，以农林牧渔业、制造业为中心的职业结构，以及以农业劳动者、产业工人为中心的阶层结构（金字塔形结构），正在逐渐演变为以批发零售业、金融保险业、房地产业、科研与技术服务业等第三产业领域职业为主的职业结构，以及以办事人员、专业技术人员、经理人员、私营企业主为中心的阶层结构（橄榄型）。

（三）组织结构的变化

1. 不同所有制组织的变化

在 1978 年以前，由于实行高度集中的计划经济体制，企业所有制追求单一的公有制，在类别上仅仅存在全民所有制和集体所有制两种性质的企业组织。1978 年以后，经济体制改革打破了单一公有制的经济格局，在公有制性质的国有企业和集体企业之外，相继出现了股份制企业、私营企业、外资企业、个体工商户等不同所有制的组织形式。

表 3-4 表示的是，2000 年至 2013 年不同所有制工业企业组织数量的变化情况。可以发现，随着时间的推移，不同所有制的企业组织数量呈现不同的变化倾向。其中，国有工业企业组织呈现逐年减少的趋势，具体体现是：2000 年为 42426 个，2002 年减少至 29449 个，仅仅 2 年间就减少了 12977 个，而到了 10 年之后的 2013 年则减少至 6831 个，与 2000 年相比，竟然减少了 35595 个，13 年间平均每年减少将近 2800 个。

集体工业企业组织呈现逐年减少的趋势，具体体现是：2000 年为 37841 个，2002 年减少至 27477 个，仅仅 2 年间就减少了 10364 个，而到了 10 年之后的 2013 年又进一步减少至 4817 个，与 2000 年相比，竟然减少了 33024 个，13 年间平均每年减少将近 2600 个。

另外，股份制工业企业组织也呈现逐年减少的趋势，具体体现是：2000 年为 10852 个，2002 年略微减少，变化为 10193 个，而 2004 年至 2013 年，每年的数量也呈现逐年减少的态势，2013 年减少至 2384 个，与 2000 年相比，减少了 8468 个，13 年间平均每年减少 650 个之多。

---

① 陆学艺：《当代中国社会流动》，社会科学文献出版社 2004 年版，第 7—8 页。

表 3-4 2000—2013 年不同性质工业企业组织的数量(个)

年份	2000	2002	2004	2006	2008	2010	2012	2013
国有工业企业组织	42426	29449	23417	14555	9682	8726	6770	6831
集体工业企业组织	37841	27477	18095	14203	11737	9166	4814	4817
股份制工业企业组织	10852	10193	8215	6313	5612	4481	2397	2384
私营工业企业组织	22128	49176	119357	149736	245850	273259	189289	194945
外资工业企业组织	3730	5717	13758	16552	24028	23027	17986	18109
个体工商户(万户)	—	2377.49	2350.49	2595.61	2917.33	3452.89	4059.27	5984.06

数据来源：

1.国有工业企业组织、集体工业企业组织、股份制工业企业组织、私营工业企业组织、外资工业企业组织的数量出自：国家统计局：《中国统计年鉴》(2001—2014 年)，中国统计出版社 2001—2014 年版，第 401、459、488、501、487、499、473、397 页。

2.2002—2006 年个体工商户数据出自：国家工商行政管理局：《2008 年全国市场主体发展情况报告》，www.saic.gov.cn，2009 年 3 月 20 日。

3.2008—2012 年个体工商户数据出自：国家工商行政管理局：《2012 年全国市场主体发展总体情况》，www.saic.gov.cn，2013 年 1 月 10 日。

4.2013 年个体工商户数据出自：国家工商行政管理局：《2014 年度全国市场主体发展、工商行政管理市场监管和消费维权有关情况》，www.saic.gov.cn，2015 年 1 月 23 日。

但是，私营工业企业组织、外资工业企业组织，尤其是个体工商户，除个别年份略有不同外，基本呈现逐年增加的态势。其中，私营工业企业组织的数量 2000 年和 2002 年分别为 22128 个和 49176 个，而到了 2010 年、2012 年和 2013 年分别增加至 273259 个、189289 个和 194945 个，2013 年比 2000 年增加了 172817 个，13 年间平均每年大约增加 13293 个；外资工业企业组织的数量 2000 年和 2002 年分别为 3730 个和 5717 个，而到了 2010 年、2012 年和 2013 年分别增加至 23027 个、17986 个和 18109 个，2013 年比 2000 年大约增加了 14379 个，13 年间平均每年大约增加 1106 个；个体工商户的数量 2002 年和 2004 年分别为 2377.49 万户和 2350.49 万户，而到了 2010 年、2012 年、2013 年分别增加到 3452.89 万户、4059.27 万户和 5984.06 万户，2013 年比 2002 年增加了 3606.57 万户，11 年间平均每年大约增加 327 万户之多。

由此可见，随着时间的推移，我国不同所有制的企业组织产生了显著的分化，但分化的倾向存在差异。作为传统公有制性质的国有工业企业组织、集体工业企业组织的数量，以及作为新型公有制性质的股份制工业企业组织的数量，在2000年至2013年的13年间均呈现大幅度下降的趋势，而作为新兴组织形式的私营工业企业组织、外资工业企业组织，尤其是个体工商户，却均呈现逐年增加的趋势。

2. 不同功能组织的变化

在社会学领域，有关工业化、城市化发展导致的组织功能分化，有一个基本观点，即工业化、城市化的发展水平越高，组织类型越趋于多样化，组织功能越趋于专业化，不同组织之间的依赖性越强，从而产生涂尔干所说的有机团结。[①] 我国自然也不例外。1978年改革开放，特别是1992年市场经济体制实施以来，伴随着经济体制改革的不断深入，国有企业组织的社会功能中，除保留生产功能之外，其他的诸如住房、娱乐、教育、医疗等社会保障功能趋于弱化，从而导致搬家公司、保洁公司、房屋中介、民办幼儿园、民办学校等传统体制之外的不同功能的企业组织、教育组织大量产生。

表3-5仅仅表示的是，2000年至2012年制造业企业组织，建筑业企业组织，批发零售业组织，房地产业组织，交通运输、仓储和邮政业组织，公共管理和社会

表3-5 2000—2012年不同行业组织的数量(万个)

年份	2000	2002	2004	2006	2008	2010	2012
制造业企业组织	124.36	123.95	132.90	157.94	181.84	209.84	238.08
建筑业企业组织	11.82	12.91	12.82	17.02	22.68	30.22	39.14
批发零售业组织	69.31	82.90	88.37	112.25	140.31	196.51	263.07
房地产业组织	4.84	9.68	12.92	16.59	21.44	28.47	35.67
交通运输、仓储和邮政业组织	5.97	8.35	8.04	10.46	15.76	19.58	24.98
公共管理和社会组织	114.66	125.02	124.46	125.27	136.39	138.21	139.40

资料来源：

1. 2000—2012年的数量出自：国家统计局：《中国统计年鉴》(2013)，中国统计出版社2013年版，第23页。

2. 表中数值为四舍五入后的数值。

① 埃米尔·涂尔干著，渠东译：《社会分工论》，生活·读书·新知三联书店2000年版，第73—92页。

组织数量的变化情况。从中可以发现，在 2000 年至 2012 年的 12 年间，制造业企业组织，建筑业企业组织，批发零售业组织，房地产业组织，交通运输、仓储和邮政业组织，公共管理和社会组织的数量，随着时间的推移均呈现大幅度增加的趋势。

其中，制造业企业组织的数量 2000 年为 124.36 万个，而到了 2012 年增加至 238.08 万个，12 年间增加了 113.72 万个，平均每年大约增加 9.48 万个；建筑业企业组织的数量 2000 年为 11.82 万个，而到了 2012 年增加至 39.14 万个，12 年间增加了 27.32 万个，平均每年大约增加 2.28 万个；批发零售业的组织数量 2000 年为 69.31 万个，而到了 2012 年增加至 263.07 万个，12 年间增加了 193.76 万个，比 2000 年增加了将近 3 倍，平均每年增加 16 万个之多；房地产业组织的数量 2000 年仅为 4.84 万个，而到了 2012 年增加至 35.67 万个，12 年间增加了 30.83 万个，平均每年大约增加 2.57 万个；交通运输、仓储和邮政业组织 2000 年仅为 5.97 万个，而到了 2012 年增加至 24.98 万个，12 年间增加了 19.01 万个，比 2000 年大约增加了 3.18 倍，平均每年大约增加 1.58 万个；公共管理和社会组织的数量 2000 年为 114.66 万个，而到了 2012 年增加至 139.40 万个，12 年间增加了 24.74 万个，平均每年大约增加 2.06 万个。

另外，在当今，保安公司、保洁公司、搬家公司、婚庆服务、幼儿园、养老院等不同功能的专业化组织，应有尽有，遍布于我们的每一个生活领域。这些专业化组织的存在，使得人们只要付出金钱，就能够解决各种生活问题，极大地方便了人们的生活，但是另一方面，同时也对人们的生活产生以下两个负面影响。

第一，人们遇到生活问题（比如搬家、幼儿照顾等）时，不再需要血缘关系、地缘关系的社会支持，人们的生活逐渐脱离血缘群体与地缘群体，从而导致已有的生活共同体逐渐解体。

第二，人们只要付出金钱，就能够购买到各种社会服务，一切社会事物均可以通过货币进行度量，从而强化了人们的金钱意识，导致人际关系功利化。

（四）年龄、学历及家庭结构的变化

表 3-6 表示的是，1982 年至 2013 年的 31 年间人们的年龄结构、学历结构及家庭结构的变化情况。首先，在年龄结构的变化方面，可以发现，在 1982 年至 2013 年的 31 年间，全国总人口中 0—14 岁年龄组的人口比例逐年减少，1982 年为 33.6%，1990 年下降至 27.7%，2000 年下降至 22.9%，而到 2012 年和 2013 年进一步分别下降至 16.5% 和 16.4%，1982 年至 2013 年的 31 年间下降了

17.2个百分点；而15—64岁年龄组和65岁及以上年龄组的人口比例均呈现逐年增加的态势，其中15—64岁年龄组的人口比例，1982年为61.5%，1990年上升至66.7%，2000年上升至70.1%，而到了2012年和2013年进一步分别上升至74.1%和73.9%，31年间提高了12.4个百分点；65岁及以上年龄组的人口比例，1982年仅为4.9%，1990年上升至5.6%，2000年上升至7.0%，而到2012年和2013年进一步分别上升至9.4%和9.7%，31年间竟然提高了4.8个百分点。

表3-6 1982—2013年年龄结构、学历结构、家庭人口数的变化

年份	1982	1990	2000	2010	2012	2013
总人口数(万人)	101654	114333	126743	134091	135404	136072
不同年龄组人口的比重(%)						
0—14岁	33.6	27.7	22.9	16.6	16.5	16.4
15—64岁	61.5	66.7	70.1	74.5	74.1	73.9
65岁及以上	4.9	5.6	7.0	8.9	9.4	9.7
每十万人受教育程度(人)						
大专及以上	615	1422	3611	8930	—	—
高中和中专	6779	8039	11146	14032	—	—
初中	17892	23344	33961	38788	—	—
小学	35237	37057	35701	26779	—	—
家庭户人口数(人)	4.41	3.96	3.44	3.10	3.02	2.98

数据来源：

1.不同年龄组人口的比重出自：国家统计局：《中国统计年鉴》(2014)，中国统计出版社2014年版，第27页。

2.每十万人受教育程度的数据出自：国家统计局：《中国统计年鉴》(2013)，中国统计出版社2013年版，第101页。

3.1982—2012年家庭户人口数的数据出自：国家统计局：《中国统计年鉴》(2013)，中国统计出版社2013年版，第101、105页。

4.2013年家庭人口数的数据出自：国家统计局：《中国统计年鉴》(2014)，中国统计出版社2014年版，第33页。

其次，在学历结构的变化方面，每十万人中，大专及以上学历，高中和中专学历，初中学历的人数均呈现逐年增加的态势，而小学学历的人数却呈现逐年减少的态势。其中，大专及以上学历的人数1982年为615人，2010年增加至8930人，增加了8315人；高中和中专学历的人数1982年为6779人，2010年增加至

14032 人，增加了 7253 人；初中学历的人数 1982 年为 17892 人，2010 年增加至 38788 人，增加了 20896 人；而小学学历的人数 1982 年为 35237 人，2010 年减少至 26779 人，减少了 8458 人。

最后，在家庭的人口规模方面，家庭户的平均人口数逐年减少，具体体现是：1982 年为 4.41 人，1990 年减少至 3.96 人，2000 年减少至 3.44 人，2010 年减少至 3.10 人，2012 年和 2013 年分别减少至 3.02 人和 2.98 人。

年龄结构、学历结构及家庭结构的变化说明，在工业化、城镇化快速发展的社会现实下，我国已经进入少子化、高龄化、学历高端化、家庭核心化的社会。在这样的社会，将产生诸如教育、养老、就业、医疗等一系列社会问题。另外，学历结构趋于高端化，说明我国已进入学历社会。在学历社会，由于产业结构的中心逐渐由第一产业、第二产业转向第三产业，劳动者从事技术服务性职业的比例提高，理论知识在人们生活中的重要性愈发显现，因此人们重视学历的获得，社会组织对人们的评价、选拔等重视学历，而非社会关系。

二、社会结构微观层面的分化

工业化、城镇化的快速发展，在导致社会结构的宏观层面产生显著分化的同时，也导致社会结构的微观层面发生了深刻的变化。变化的基本倾向是：社会交往及关系网络的功利性、选择性、表面性与即时性增强，价值取向的个人主义与实用主义强化。

（一）社会交往的功利化

1958 年至 1978 年的 30 年间，城乡居民的生活局限于国有企业或者人民公社的社区内，彼此熟知，并且住房、教育、休闲等生活各个方面的保障程度高，因而人们之间的社会交往以感情维持为取向，彼此之间形成了情感性强的关系网络。但是，1978 年改革开放政策的实施，特别是 1992 年市场经济体制实施以来，生活的单位体制逐渐消失，加之组织的专业分化发展迅速，致使各种不同功能的专业机构相继产生。如前所述，在当今社会，诸如医院、学校、银行、幼儿园、搬家公司、保洁公司、婚庆公司等，几乎每一个生活领域，都有相应的专业机构存在，从而导致人们在日常生活中遇到生活问题时，只要付出金钱，就可以充分地享受（购买）到各种服务，而不再依靠各种人际网络的社会支持。在这样的社会现实下，城乡居民的市场经济意识开始萌生，并逐渐把物质利益的获得作为社会交往的指南，因而社会交往呈现出很强的功利性与选择性，而形成的关系网络则呈现很强的表面性与即时性。

2013年10月19日中央电视台《新闻调查》播出的湖北省恩施地区的"整酒"习俗，就准确地说明当前农村居民人与人之间交往的功利性。"整酒"就是置办酒席、宴请亲朋的意思，它原本是一种婚丧嫁娶时的礼仪，可借机联络感情，互致敬意，但是近些年来，这种原本正常的社会风俗被一股歪风所笼罩：借整酒之机，收受礼金。首先，"整酒"的人越来越多，家家攀比，送出的礼金基数是水涨船高，导致居民收入的大部分甚至全部用于赴宴时的礼金，负担越来越重。为了收回自己之前送出去的礼金，人们便找各种借口"整酒"，生日酒、祝寿酒、入学酒、参军酒、建房酒，甚至自家挖沼气池要"整酒"，有子女外出打工、老母猪生崽也要"整酒"。一年中一个家庭至少能整出3场酒，一个普通农户四五天就要接受一次宴请。"吃酒"已经成为恩施市各界群众的一大负担。从湖北恩施居民"整酒"的动机，就可以发现，利益原则已经成为当地居民日常生活中人与人交往的一个重要砝码，人情关系日益金钱化、物欲化，经济利益成为联系人情关系的纽带。

不仅农村居民，城市居民的社会交往也已呈现功利化的倾向。张云武运用问卷调查的数据，以黑龙江省大庆市和上海浦东新区为例，实证分析了不同年份人们的交往目的和交往方式，分析发现，无论是在计划经济体制下发展起来的地区，还是在市场经济体制下发展起来的地区，随着时间的推移，人们社会交往的动机由感情维持逐渐演变为利益交换，而交往方式也由深交型（与交际对方心交心地展开社会交往）逐渐演变为表面型（与对方进行交往，但不想交往得过深）。① 另外，李志宏分析了人际关系的功利化对人们生活及社会建设的影响，指出：人际关系功利化弱化了人际关系的情感功能，抹杀了人的责任与义务，增加了人际矛盾，不利于社会稳定。②

（二）价值取向的多元化

价值观的变迁与社会结构的变迁相生相长。滕尼斯、迪尔凯姆、西美尔、沃斯等经典社会学者的理论均已充分说明，工业化、城市化的发展导致社会阶层、社会群体、社会组织产生显著的社会分化，增加了社会结构的复杂性，削弱了集

---

① 张云武：《中国的城市化与社会关系网络——以大庆市和上海浦东新区为例》，社会科学文献出版社2008年版，第127、129、172、176页。

② 李志宏：《人际关系功利化现象探析》，《河南社会科学》2008年第6期，第46—47页。

体意识对个人的控制力，拓展了个人意识发展的自由空间，促进了个性的发展。[①] 另外，工业化、城市化社会必然是一个货币支配一切的市场经济社会。在这样的社会，包括人在内的一切社会事物都有了价值，都可以通过货币度量，并且可以通过货币进行交换，从而导致了一个日益物化的世界的诞生，造就了生活于其间的人们为了利益获得的理性计算的性格，一切社会行为均以某种利益的交换为出发点。另外，一切社会事物都有个价码，这培育了金钱至上的价值观，培养了人们玩世不恭的态度。在这样的社会环境下，人们的价值取向逐渐演变为个人主义、功利主义、世俗主义、实用主义和物质主义，也就成为必然的发展结果。

在我国，1978 年以来，伴随着工业化、城镇化发展引起的社会结构宏观层面的分化，人们价值取向的变迁，也基本呈现上述倾向。

其中，邵道生分析发现，改革开放以来，人们的个人主义、物质主义膨胀，以至于支配人们社会行为的价值观由群体本位向着个体本位，单一取向向着多元取向，理想主义取向向着世俗性、实用性、个人利益取向迅速转移。[②] 廖小平分析发现，改革开放以来，中国社会价值观的变迁呈现四种倾向，分别是：从一元价值观向着多元价值观转变，从整体价值观向着个体价值观转变，从神圣价值观向着世俗价值观转变，从精神价值观向着物质价值观转变。[③] 另外，蔡毅分析了当代社会人们的价值观的变迁，也提出了与邵道生、廖小平两位学者基本一致的观点。其具体观点是：随着社会经济的发展，人们的价值观从一元化的价值观向着多元化的价值观变化，从集体价值观向着个体价值观变化，从精神价值观向着物质价值观变化，从神圣、理想价值观向着世俗、现实价值观变化。[④]

当代青年人的价值观的变迁，在这场全面、深刻的社会变革中表现得尤为显著。有些学者（或者调查组）于不同的年份分析了当代青年的人生价值观的变化，分析发现：社会主义市场经济体制的建立和完善，在促进青年主体意识成熟

---

① 斐迪南·滕尼斯著，林荣远译：《共同体与社会》，商务印书馆 1999 年版，第 52—53 页。 埃米尔·涂尔干著，渠东译：《社会分工论》，生活·读书·新知三联书店 2000 年版，第 33—92 页。 G·齐美尔著，涯鸿、宇声等译：《大城市与精神生活》，《桥与门——齐美尔随笔集》，生活·读书·新知三联书店上海分店 1991 年版，第 258—279 页。 L. Wirth: Urbanism as a Way of Life, *American Journal of Sociology*, 1938, 44(1), pp. 1—24.

② 邵道生：《现代化的精神陷阱——嬗变中的国民心态》，知识产权出版社 2001 年版，第 32—50 页。

③ 廖小平：《改革开放以来价值观的变迁及其双重后果》，《科学社会主义》2013 年第 1 期，第 87—91 页。

④ 蔡毅：《当代中国社会价值观的变迁》，《云南社会科学》2011 年第 2 期，第 129-133 页。

的同时，也诱发了利己主义、拜金主义、享乐主义意识的滋生和膨胀；知识技能对青年发展的重要性日趋凸显，推动了青年的求知观念在不断更新的同时，他们的集体观念和国家观念却淡化了；生活方式的变化在引起青年追求丰富化的个性的同时，又使得相当一部分青年追求庸俗，产生了享乐主义和消费上的盲目攀比意识。[①]

近些年来，在网络上一夜成名的凤姐、干露露、郭美美等青年的价值观，可谓在很大程度上代表了当代青年人的人生追求，尤其是郭美美的人生价值观更具代表性。郭美美，是一个年仅 23 岁的女孩，是 2011 年一个因"红会"事件而一夜成名的网络"炫富女"。她的拜金心理之强、享乐心理之强、虚荣心理之强，可谓是当代某些青年严重畸形的价值观追求的形象写照。

可以说，当今社会，社会结构的显著分化，市场经济的快速发展，使得以爱国、敬业、诚信、友善为基本内容的社会主义核心价值体系难以建立，而粗鄙、庸俗的个人主义、拜金主义、实用主义，成为芸芸众生的价值取向。

三、断裂社会的产生

以上，通过对我国工业化、城镇化的快速发展导致的社会结构宏观层面与微观层面变迁的分析，我们发现，1978 年以前的 30 年间，我国还是一个社会结构封闭、同质性很强的农业社会，但 1978 年以后短短的 30 多年间，工业化与城镇化的快速发展引起的社会巨变，使得社会结构的宏观层面与微观层面遭遇了前所未有的巨大冲击。国内学者经常指出的"社会结构的断裂"[②]，就很准确地描述了社会结构的宏观层面与微观层面的显著分化所导致的社会后果。"社会结构的断裂"在现实生活中，主要体现在以下三个方面。

首先，在社会等级与分层结构方面，一部分人被甩到社会结构之外，而且不同的社会阶层或者社会群体，由于缺乏合理有效的整合机制，已经呈现固化状态。比如，城市的农民工群体和市民群体之间存在巨大的社会鸿沟，由于制度障碍，从农民工群体进入市民群体是相当困难的。再比如，低收入群体与高收入群体之间的阶层流动也是相当困难的。2003 年以来，反映居民收入差距的基尼系

---

① 人民论坛"千人问卷"调查组：《功利主义侵蚀"五四"遗产——纪念"五四"90 周年特别调查》，《人民论坛》2009 年第 9 期，第 14—17 页。 罗亚萍：《当代青年人生价值观中的个人主义意识分析》，《现代交际》2011 年第 9 期，第 51—52 页。 周艳红：《从"郭美美炫富"看多元社会思潮对 90 后青年的影响》，《当代青年研究》2012 年第 2 期，第 51—53 页。

② 孙立平：《断裂：20 世纪 90 年代以来的中国社会》，社会科学文献出版社 2003 年版，第 59—67 页。

数均在 0.47 以上，其中 2008 年和 2009 年超过或者达到 0.49，大大超过国际公认的 0.40 的警戒线[①]，说明我国居民的收入差距在不断扩大。

其次，不同地区间的经济发展水平极不均衡。1978 年以前，由于一系列制度的安排，我国是一个城乡分割的二元社会。1978 年以后，虽然工业化、城镇化获得快速发展，但不同地区的工业化、城镇化发展程度存在很大的差异，从而使得城乡社会结构的二元特征不仅没有消失，反而形成了一个多类型的、多元化的、多层次的社会结构体。为此，有的学者称之为“城乡多梯度差异社会结构”，并且明确指出：在中国城镇化过程中形成的多梯度差异化社会，并没有因为现代化水平的提升而缩小，而是形成了非同步化的多层次的社会结构变迁和多类型的区域社会，并导致了当代中国社会出现多类型的社会问题。[②]

最后，不同社会阶层的价值取向、社会认知等心理层面存在巨大差异。在我国，由于富裕阶层与贫困阶层、强势群体与弱势群体、城市居民与乡村居民、社会上层与社会下层等不同的社会阶层已经呈现阶层固化的态势，因此在价值取向、社会认知及行为方式等方面，已经形成明显的社会界限，已经分裂为两个不同的世界。在这样的社会，不同阶层间的沟通合作难以实现，善意的行为往往被视作恶意的行为，阶层之间误会、曲解、戒备、对抗甚至冲突频现于生活中，已经严重地影响了社会的和谐与稳定。

---

① 2003—2012 年的基尼系数分别是：2003 年 0.479，2004 年 0.473，2005 年 0.485，2006 年 0.487，2007 年 0.484，2008 年 0.491，2009 年 0.490，2010 年 0.481，2011 年 0.477，2012 年 0.474。马建堂：《基尼系数高 收入差距较大》，《新京报》2013 年 1 月 19 日，第 A07 版。

② 张鸿雁具体将当代中国划分为以下六种社会类型：(1)以自然经济为主的典型传统封闭型区域社会类型，代表地区是四川、广西、云南、西藏、青海；(2)以传统农业为主，农业与局部工业经济混合的区域社会类型，代表地区是黑龙江、吉林、山西、湖南等；(3)农业与工业相辅相成发展的区域社会类型，代表地区是安徽、江苏苏北、山东某些区域；(4)以工业化为主，农业经济为辅的工业成长型区域社会类型，代表地区是珠三角和长三角的某些县市经济区域；(5)新兴工业化发展的区域类型，代表地区是苏州、南京、杭州、东莞；(6)(准)后工业社会的区域社会类型，代表地区是北京、上海、深圳等。详见张鸿雁：《论当代中国城乡多梯度社会文化类型与社会结构变迁——依据“社会事实”对“二元结构”的重新认识》，《南京社会科学》2007 年第 11 期，第 77—79 页。

第四章　研究假设与研究设计

在第三章，本书较为详细地阐述了1952年以来我国的工业化与城镇化的发展进程，以及社会结构的宏观层面与微观层面的社会变迁，使得我们对现阶段我国的社会现实有了初步的了解。当前，我国正处于工业化、城镇化进程的中期，已经实现了从传统农业社会向着现代工业社会的转型。在这一转型过程中，在社会结构的宏观层面，(1)以第三产业为中心的就业结构与职业结构正在形成，阶层结构趋于高端化；(2)组织类型多样化、组织功能专业化、组织之间的依赖性增强；(3)少子化与老龄化同步发展；(4)学历结构趋于高端化；(5)家庭结构趋于核心化。而在社会结构的微观层面，(1)人们的社会交往呈现功利性与选择性；(2)价值取向多元化，但以个人主义为中心。这样的社会变迁使得我国社会结构的宏观层面与微观层面的相互作用产生断裂，整个社会处于严重的不整合状态。那么，在这样的社会现实下，作为本书研究主题的幸福感，具体呈现怎样的状况，又有哪些因素对其产生影响呢？

本章将从理论层面对幸福感的状况及其影响因素进行分析，其后根据分析的结果，介绍本书的研究设计。其中，第一节阐述本书的分析视角、变量选择以及理论层面上各个变量与幸福感之间的关系；第二节将根据本书的理论假设，说明一下本书的调查地区、样本抽取、变量的操作化测量及分析方法等。

第一节　分析视角与理论假设

一、分析视角及分析框架

(一)分析视角

在第一章的研究背景与研究问题中已经阐述，包括幸福感的弱化在内，当前我国社会之所以产生各种各样的社会问题，就是由于 1978 年以来工业化、城镇化的快速发展，导致社会结构的宏观层面与微观层面产生显著的社会分化，进而导致两个层面的相互作用不协调、不顺畅，或者说由于某一个作用环节产生了“断裂”或者“病症”。这是本书从社会学角度提出的对幸福感弱化产生根源的总体认识，是一个最为基本的前提性假设。该假设与国内外学者的已有研究不同，其意味着幸福感的产生与提升，并不仅仅是某一个独立的因素影响所致，而是与工业化、城镇化的快速发展导致的社会结构的宏观层面与微观层面各个组成部分的分化倾向及相互作用的形式紧密相关，并且不管各个组成部分的分化倾向及相互作用的形式如何，均或强或弱，或直接或间接，或正向或负向地影响着幸福感的产生与演变。

基于以上分析，本书在考察现阶段我国居民总体的幸福感状况，以及不同社会特征居民的幸福感状况的基础上，将着重从社会结构的宏观层面与微观层面相互作用的角度，分析幸福感弱化的原因。如第一章的研究问题中所述，宏观层面具体是指能够反映社会整体特征的社会公平、食品安全、社会冲突、环境污染、官僚腐败，而微观层面具体是指能够体现一个人的心理特征及行为特征的关系网络、社团参与、社会信任、规范遵守、居民互助。

另外，从第二章文献综述中可以发现，经济学、心理学、社会学三大学科的相关研究中，虽然也不同程度地分析了个人的阶层位置，以及社会宏观层面与社会微观层面的不同变量与幸福感的关系，但是经济学侧重分析国家或者地区的经济发展以及由此带来的个人收入增长对幸福感的影响，心理学侧重分析个人的人格特质以及身心健康状况对幸福感的影响，而社会学侧重分析个人的社会特征结构与社会关系结构对幸福感的影响。因此，不同学科根据各自学科的分析视角与研究路径分析幸福感问题，呈现隔离式、纵向式的研究特征。这样的研究范式，要么侧重强调个人层面的因素，而忽略社会层面因素对幸福感的影响，要么反过来侧重强调社会层面的因素，而忽略个人层面因素对幸福感的影响，从而导致不同学者的研究观点存在较大差异。

本书的分析视角与已有研究的分析视角显著不同，将在我国工业化、城镇化发展引起的社会结构宏观层面与微观层面的社会分化的大背景下，综合经济学、心理学、社会学的分析视角，同时从个人与社会两个维度把握幸福感的影响因素，可谓突破了已有的研究范式。另外，本书从影响幸福感产生的众多因素中，结合我国的社会现实，从社会宏观层面的各个因素中，具体提炼出六个因素，即社会公平、食品安全、社会冲突、环境污染、贫富差距、官僚腐败，而从社会微观层面的各个因素中，也具体提炼出六个因素，即关系网络、社团参与、社会信任、规范遵守、居民互助、价值取向。本书将这十二个影响因素纳入同一个分析框架内，对幸福感弱化产生的原因进行综合分析。这样的分析框架，会使研究结论更具说服力，从而弥补了已有研究存在的隔离式、纵向式研究带来的不足。

（二）分析框架

本书的分析框架，如图 4-1 所示，归根到底就是分析我国的工业化与城镇化发展、社会结构宏观层面与微观层面的社会分化、幸福感变化四个变量之间的关系。如第一章研究问题中所述，首先分析工业化与城镇化快速发展的背景下，我国居民总体与不同社会特征居民的幸福感状况，其次着重分析社会宏观层面与微观层面的各个变量对幸福感的影响。

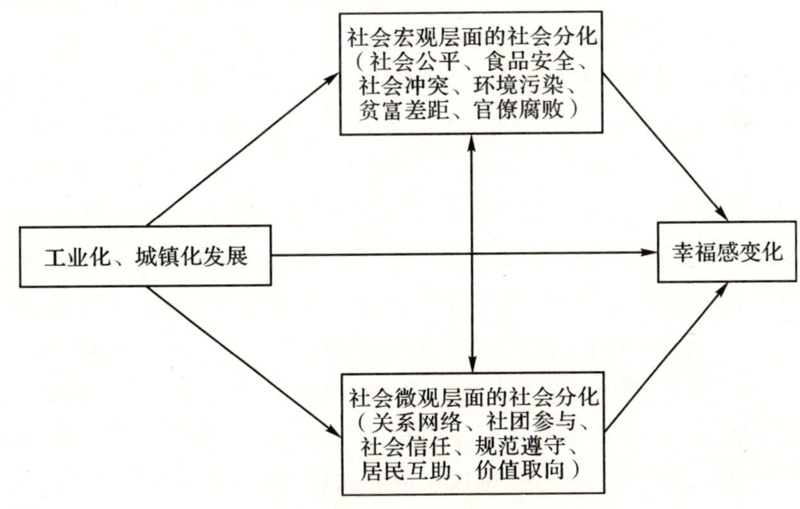

图 4-1 分析框架

二、理论假设

国外学者的理论早已充分说明，工业化、城市化的发展，将促进社会结构的宏观层面与微观层面产生显著分化，增强社会结构的异质性，扩大不同社会成员之间的社会距离，使得不同社会成员的价值观念趋于多元化，此时如果不强化社会制度对人们社会行为的约束力，建立能够制约人们社会行为的核心价值观，将会导致整个社会处于社会失范（social anomie）状态。[①] 在这样的社会现实下，不

① 埃米尔·涂尔干著，渠东译：《社会分工论》，生活·读书·新知三联书店 2000 年版，第 33—92 页。 西美尔著，陈戎女、耿开君、文聘元译：《货币哲学》，华夏出版社 2002 年版，第 111—179 页。

同社会成员的社会关系趋于表面化、功利化、即时化，人格特质表现为自私、功利、抑郁、焦躁、多疑、竞争、妒忌等。这样的社会关系以及人格特质，不可避免地使得人们产生消极情绪，进而导致人们的幸福感弱化。

其中，在社会宏观层面的分化与人们的幸福感的关系方面，社会公平的程度越高，人们对社会的不满情绪越弱，不同社会群体之间的社会关系越稳定、越和谐；食品安全的程度越高，则人们对生产企业组织的信任水平越高，人们与生产企业组织的联系越紧密；社会冲突越多，则越使得不同社会群体之间产生不满情绪，彼此之间相互仇视，从而难以建立和谐稳定的社会关系；环境污染越严重，不仅会使得人们对政府组织、企业组织产生不满情绪，而且还会降低人们的生活质量，更会使得人们产生心理郁闷。另外，在我国现阶段，官僚腐败现象的大量产生，强化了人们的仇官心理，这样的心理无疑会扩大百姓与官僚之间的社会距离，进而导致相互之间产生不满情绪。

在社会微观层面的关系网络、社团参与、社会信任、规范遵守、居民互助与人们的幸福感的关系方面，关系网络的形成、社会团体的参与，不仅可以丰富人们的生活，使得人们的生活方式多样化，而且有助于人们之间产生相互的社会支持。另外，2013 年中国社会科学院社会心理学研究中心的调查显示，当前人们对政府机构、政法机关的信任度不高，对广告、房地产、食品及药品制造、旅游餐饮等经济组织的信任度极低，社会总体信任水平低于 60 分的及格线，存在人际间不信任扩大化、群体间不信任加深及固化等新特点。[①] 这一研究发现，与日常生活中我们对信任状况的感受基本一致，说明随着 1978 年以来我国工业化、城镇化的快速发展，社会整体信任水平呈现弱化的态势。社会信任水平的降低，无疑会增强人们之间的戒备心理，难以形成感情性强的关系网络。另外，人们对社会规范的遵守有助于建立稳定和谐的社会秩序，减少不同社会群体之间的社会冲突；社区居民之间的相互帮助越多，则越有助于建立和谐的人际关系，增强居民之间的凝聚力。

因此，基于国内外学者的研究成果以及我国的社会现实，有关现阶段我国居民总体的幸福感状况、不同社会特征居民的幸福感状况，以及社会宏观层面的社会公平、食品安全、社会冲突、环境污染、官僚腐败，社会微观层面的关系网络、社团参与、社会信任、规范遵守、居民互助十二个因素与幸福感的关系，本文提出如

---

① 王俊秀：《关注社会情绪，促进社会认同，凝聚社会共识——2012—2013 年中国社会心态研究报告》，王俊秀、杨宜音编：《中国社会心态研究报告》（2012—2013），社会科学文献出版社 2013 年版，第 12—14 页。

下理论假设，用于指导我们的研究。

(一)居民总体的幸福感假设

在我国，1978 年以来工业化、城镇化的快速发展，导致社会结构的宏观层面与微观层面各个组成部分产生了显著的社会分化。这样的社会分化降低了我国社会秩序的稳定性，已经使得我国处于严重的不整合状态，从而使得社会宏观层面与微观层面的社会问题丛生(详见第一章第一节研究背景部分)，进而导致人们的心理产生抑郁、焦虑、不满、戒备等负面情绪。因此，在理论层面可以假设，当前我国居民的总体幸福感比较低，仅仅处于一般层次的水平。

(二)不同社会特征居民的幸福感假设

根据第二章所述的已有研究的成果，在体现个人社会特征的性别、年龄、学历，收入、职业地位、婚姻状况六个变量中，不同变量对人们的幸福感均会产生影响，具体体现为:女性的幸福感高于男性;年龄与幸福感不会存在线性关系，青年群体与老年群体的幸福感会高于中年群体;学历、收入和职业地位越高的人群，幸福感水平会越高一些;已婚者的幸福感水平要高于未婚者和离异者。

(三)社会宏观层面与幸福感的理论假设

在体现社会宏观层面的社会公平、食品安全、社会冲突、环境污染、贫富差距、官僚腐败的六个变量中，社会公平、食品安全有助于培育人们对社会组织的正向情感，以及促使人们与社会组织建立情感性强的关系网络，进而增强整个社会的凝聚力，而贫富差距的扩大有助于拉大贫困阶层与富裕阶层的社会距离，容易导致贫困阶层对富裕阶层的仇富心理。社会冲突的产生、环境污染及官僚腐败现象的增多，有助于培育人们之间以及人们与社会组织(生产企业组织、政府组织等)之间的负向情感，恶化人与人以及人与组织之间的关系。也就是说，在理论层面可以假设，社会公平和食品安全有助于增强人们的幸福感，而社会冲突、贫富差距、环境污染及官僚腐败将会弱化人们的幸福感。

(四)社会微观层面与幸福感的理论假设

在体现社会微观层面的关系网络、社团参与、社会信任、规范遵守、居民互助、价值取向的六个变量中，人们拥有的关系网络及参与的社会团体越多，越能够丰富自己的生活，拓展自己的兴趣爱好，而且有助于获得更多的社会支持，同样社会信任越高，人们遵守社会规范的程度越高，居民之间的互助行为越多，则越有利于建立和谐稳定的人际关系与群际关系，更有利于稳定社会秩序。另外，价值取向越倾向于个人主义，则越容易产生自私自利的行为，缺乏对社会公共事务的关心。因此，在理论层面可以假设，关系网络、社团参与及居民互助行为的增多，社会信任水平的提高，社会规范的遵守，将有助于增强人们的幸福感，而价值取向越倾向于个人主义，幸福感则越弱。

第二节 研究设计

一、调查地区

根据研究目的及理论假设，本书选择了浙江省的五个地区作为调查地区，分别是：周宅村、中余乡、浦江县、金华市、杭州市。其中，周宅村、中余乡分别是隶属于浦江县的行政村和乡镇，而浦江县为县级单位，县城由三个街道构成，分别是：浦阳街道、浦南街道、仙华街道。周宅村、中余乡、浦江县均隶属于金华市，而金华市是浙江省的一个地级城市，另外，杭州市为浙江省的省会，是省级城市。因此，五个地区的行政级别依照周宅村、中余乡、浦江县、金华市、杭州市的顺序依次提高，城市特征依照周宅村、中余乡、浦江县、金华市、杭州市的顺序愈发显著。下面，我们简要介绍一下浙江省的社会经济概况以及五个调查地区的社会概况。

（一）浙江省的社会经济状况

浙江省地处我国东南沿海、长江三角洲南翼，东临东海，南接福建，北接上海、江苏，西与江西、安徽相连。1978 年以来，浙江省的经济一直保持比较平稳的发展态势，特别是 2000 年以来，面对严峻复杂的经济环境，浙江省深入贯彻落实科学发展观，深入实施“八八战略”①和“两创”总战略②，坚持“稳中求进、转中

① 2003 年 7 月，中共浙江省委在总结浙江经济多年来的发展经验基础上，全面系统地总结了浙江省发展的八个优势，提出了面向未来发展的八项举措，简称“八八战略”，具体内容是：(1)进一步发挥浙江的体制机制优势，大力推动以公有制为主体的多种所有制经济共同发展，不断完善社会主义市场经济体制；(2)进一步发挥浙江的区位优势，主动接轨上海、积极参与长江三角洲地区交流与合作，不断提高对内对外开放水平；(3)进一步发挥浙江的块状特色产业优势，加快先进制造业基地建设，走新型工业化道路；(4)进一步发挥浙江的城乡协调发展优势，统筹城乡经济社会发展，加快推进城乡一体化；(5)进一步发挥浙江的生态优势，创建生态省，打造“绿色浙江”；(6)进一步发挥浙江的山海资源优势，大力发展海洋经济，推动欠发达地区跨越式发展，努力使海洋经济和欠发达地区的发展成为我省经济新的增长点；(7)进一步发挥浙江的环境优势，积极推进基础设施建设，切实加强法治建设、信用建设和机关效能建设；(8)进一步发挥浙江的人文优势，积极推进科教兴省、人才强省，加快建设文化大省。

② 2007 年 6 月，中共浙江省委结合浙江省的社会经济发展状况，在“八八战略”的基础上进一步提出了以创业富民、创新强省为内容的“两创”总战略，目的在于：加快经济转型升级、全面改善民生、推动文化大发展大繁荣、加快民主法治建设、推动生态文明建设。

求好"的工作方针，着力"促发展，抓转型，惠民生"，使得全省经济在加快转型升级中实现平稳增长。

根据 2013 年《浙江统计年鉴》，至 2012 年末，浙江省的全年生产总值(GDP)为 34665.33 亿元，其中第一产业、第二产业、第三产业产值占全省生产总值的比重分别为 4.8%、50.0%和 45.2%[①]；全省从业人员的总数为 3691.24 万人，其中第一产业、第二产业、第三产业从业人员的比重分别为 14.14%、50.96%和 34.90%[②]；1979 至 2012 年的 33 年间，全省生产总值的年平均增长率为 12.7%[③]。而根据 2013 年《中国统计年鉴》，至 2012 年末，全国的国内生产总值为 518942.1 亿元，其中第一产业、第二产业、第三产业产值的比重分别为 10.1%、45.3%、44.6%[④]；全国从业人员的总数为 76704 万人，其中第一产业、第二产业、第三产业从业人员的比例分别为 33.6%、30.3%和 36.1%[⑤]；1979 至 2012 年的 33 年间，国内生产总值的年平均增长率为 9.8%[⑥]。

至 2012 年末，浙江省的常住人口为 4799.34 万人，其中城镇人口与乡村人口的比例分别为 63.2%和 36.8%，而 10 多年前的 2000 年末，浙江省的常住人口为 4501.22 万人，城镇人口与乡村人口的比例分别为 48.7%和 53.3%。[⑦] 这说明，与 2000 年相比，浙江省的常住人口没有发生大幅度的增减，但常住人口中城镇人口的比例，即城镇化水平却提升了 14.5 个百分点。另外，至 2012 年末，全国总人口为 135404 万人，其中城镇人口和乡村人口的比例分别占 52.57%和 47.43%。[⑧]

2012 年浙江省的城镇居民人均可支配收入为 34550 元，农村居民人均纯收入为 14552 元，城镇居民和农村居民的家庭恩格尔系数分别为 35.1%和 37.7%，而 10 多年前的 2000 年，城镇居民人均可支配收入以及农村居民人均纯收入分别为 9279 元和 4525 元，城镇居民与农村居民的家庭恩格尔系数分别为 39.2%和 43.5%。[⑨] 但是，2013 年《中国统计年鉴》显示，2012 年全国城镇居民

---

① 浙江省统计局:《浙江统计年鉴》(2013)，中国统计出版社 2013 年版，第 14、18 页。

② 同上，第 51、59 页

③ 同上，第 3 页。

④ 国家统计局:《中国统计年鉴》(2013)，中国统计出版社 2013 年版，第 44、45 页。

⑤ 同上，第 121、123 页。

⑥ 同上，第 5 页。

⑦ 同①，第 41、46 页

⑧ 同④，第 95 页。

⑨ 同①，第 164、181 页。

人均可支配收入及农村居民人均纯收入分别为 24564.7 元和 7916.6 元，城镇与农村居民家庭恩格尔系数分别为 36.2%和 39.3%。①

另外，至 2012 年末，浙江省内城镇居民的平均每户家庭人口数为 2.68 人，而农村居民的平均每户家庭人口数为 3.29 人；全省的户籍人口中，60 岁以上人口的比例为 17.89%。②

上述统计数据，可以说明以下几个问题。

第一，过去的 30 多年来，浙江省的经济一直保持强劲的发展势头，目前的产业结构与就业结构以第二产业为中心，工业化水平高于全国平均水平，仍然处于经济快速发展期。另外，产业结构中第二产业和第三产业产值的比重分别为 49.1%和 46.1%，两者的比重合计高达 95.2%，并且第三产业产值的比重仅仅低于第二产业产值的比重 3 个百分点。这些数据说明，当前浙江省正处于从工业社会向着后工业社会过渡的阶段。

第二，10 多年来，浙江省的城镇化水平保持稳步提升，目前已经近三分之二的人口居住在城镇，城镇化水平为 63.2%，高于全国的城镇化水平 10.6 个百分点。这说明，浙江省已经由以乡村人口为主的社会转变为以城镇人口为主的社会，也就是说，就浙江省的社会形态而言，目前的浙江省是城镇型社会。

第三，2000 年以来，全省居民的生活水平有了大幅度的提升。目前，虽然城镇居民的收入及生活水平高于农村居民，但是无论城镇居民，还是农村居民，生活水平均高于全国平均水平。另外，城镇居民的家庭核心化程度高于农村居民，浙江省已进入老龄化社会。

第四，尽管浙江省的工业化、城镇化的水平较高，但是全省常住人口中城镇人口的比例、城乡居民的收入、每户家庭的平均人口数均可说明，当前浙江省城镇与乡村的社会经济发展状况仍然存在一定的差距。

但是，浙江省委、省政府并不仅仅满足于目前的经济发展状况，而是根据中央“三步走”的战略部署，及时提出了更高、更顺乎浙江人民要求的建设目标，即 2012 年 6 月浙江省委在中共浙江省第十三次代表大会上确立的建设“物质富裕、精神富有”现代化浙江的奋斗目标。

---

① 国家统计局：《中国统计年鉴》(2013)，中国统计出版社 2013 年版，第 378 页。

② 浙江省统计局：《浙江统计年鉴》(2013)，中国统计出版社 2013 年版，第 47、165、182 页。

(二)五个调查地区的社会经济状况

1.周宅村

周宅村位于金华市中余乡的西北部,有农户170户,人口数量仅为491人,是一个以务农为主的乡村。2012年村集体总收入仅为30万元,农民人均收入将近3931元。[①] 周宅村交通比较闭塞,基本上都是本地居民,并且大多世世代代生活在此,彼此之间都很熟知。由于土地稀少,且没有工业企业,因此年轻人大多到外地打工谋生。总体上,周宅村是一个人口流出型的乡村。

2.中余乡

中余乡距离浦江县城约15公里,全乡面积43.66平方公里,总人口约1.3万人,其中外来人口约0.12万人。80%以上的居民从事农业生产,种植业有水稻、蚕桑、茶叶、花卉苗木、果树、毛竹、金丝草等。工业较不发达,共有小规模的企业147家,其中制锁业142家,年销售收入500万元以上规模的企业仅有4家,另外2012年乡民的人均年收入约为25879元。[②]

3.浦江县

浦江县位于浙江省中部、金华市北部,截至2013年,浦江县县域面积920平方公里,辖7镇5乡3街道、409个行政村和20个社区,户籍人口38万,外来人口10万。2013年末浦江县总人口(户籍人口)39.44万人,其中男性20.54万人,女性18.90万人,非农业人口7.09万人。2013年浦江县实现生产总值(GDP)175.41亿元,其中第一产业增加值为9.39亿元,增长1.5%;第二产业增加值为103.16亿元,增长10.9%;第三产业增加值为62.87亿元,增长6.4%。全县人均生产总值达到44647元(按2013年年均汇率折算为7210美元),增长8.6%。第一产业、第二产业、第三产业增加值占地区生产总值的比重由上年的5.2%、59.8%、35.0%变化为5.4%、58.8%、35.8%,第三产业所占比重比上年提高0.8个百分点。2013年全县城镇居民年人均可支配收入30711元,比上年增长10.3%,城镇居民人均消费支出19023元,比上年增长8.5%;农村居民年人均纯收入为12389元,比上年增长10.7%。[③]

---

① 该数据通过访谈得知。

② 数据出自:http://baike.haosou.com/doc/2308320—2441809.html。

③ 浦江县统计局:《2013年浦江县国民经济与社会发展统计公报》,http://www.pjtj.gov.cn/tjgb.asp? id=840,2014年4月21日。

4. 金华市

金华市位于浙江省中部，下辖婺城区、金东区两个市辖区，城区面积为73.74平方公里。就经济发展水平而言，金华市在浙江省处于中等层次。2012年市区生产总值为513.41亿元，其中第一产业、第二产业、第三产业所占的比重分别为6.0%、43.7%（其中工业36.2%）和50.3%。市区总人口93.93万人，其中迁入人口约为1万人。另外，2012年农村居民人均纯收入为12555元，而城镇居民人均可支配收入为32280元。2012年全市年销售收入2000万元以上的工业企业数量为539个。[①]

5. 杭州市

杭州市位于浙江省北部、钱塘江下游北岸，是浙江省的省会所在地，政治、经济、文化中心，截至2013年，下辖上城区、下城区、江干区、拱墅区、西湖区、滨江区、萧山区、余杭区八个行政区。至2012年末，市区常住人口达445.43万人，其中非农业人口为325.50万人。[②] 2012年市区生产总值为6213.2亿元，其中第一产业、第二产业、第三产业的产值分别为112.8亿元、2673.6亿元、3426.8亿元，在市区生产总值中的比例分别为1.8%、43.0%、55.2%；[③]2012年末，市区从业人员总数为474.06万人，其中第一产业、第二产业、第三产业的人数分别为23.85万人、225.34万人、224.87万人，比例分别为5.0%、47.5%、47.5%。[④]每户家庭的平均人口数为2.69人，市区居民的年人均可支配收入37511元。[⑤]另外，老龄化程度较高，早在2007年末，常住人口中65岁及以上的人口为84.99万人，占常住人口的10.81%。[⑥]

以上，通过对五个调查地区的社会经济概况的介绍可以发现，五个调查地区的行政级别和人口规模存在明显的不同，而且城乡特征存在明显的差异，具体体现为：依照周宅村、中余乡、浦江县、金华市、杭州市的顺序，行政级别依次提高，人口规模依次增大，城市特征愈发显著。因此，五个调查地区基本能够体现现阶段中国社会不同类型地区的社会特征。另外，五个调查地区的产业结构和就业结构存在明显的差异，这说明五个调查地区的工业化、城镇化水平及社会结构

---

① 金华市统计局：《金华统计年鉴》(2013)，http://www.jhstats.gov.cn，2013年10月31日。

② 杭州市统计局：《杭州统计年鉴》(2013)，中国统计出版社2013年版，第51页。

③ 同上，第29页。

④ 同上，第70页。

⑤ 同上，第355页。

⑥ 朱亚芬、洪光豫：《杭州老龄化进程加快，老人抚养系数增大》，《杭州日报》2008年3月5日，第7版。

(比如,人口结构、职业结构、学历结构、家庭结构等)存在很大的不同,具体体现为:依照周宅村、中余乡、浦江县、金华市、杭州市的顺序,工业化与城镇化水平依次提高,社会结构的复杂性趋于增强。但是,周宅村、中余乡以第一产业为中心,而浦江县、金华市以第二产业为中心,杭州市则以第三产业为中心。这些事实又说明,周宅村、中余乡为农村地区,而浦江县的三个街道(浦阳街道、浦南街道、仙华街道)、金华市、杭州市虽然行政级别、人口规模、社会结构不同,但是均为城市地区。

二、样本抽取及样本特征

在五个调查地区中,考虑到浦江县、金华市、杭州市的城区内,有的街道原本为乡镇或者市辖县,后来由于城区的扩建改制合并而来,因此在三个地区中,仅仅选择了工业化、城镇化水平较高的传统的老城区作为调查区域。本研究选择的具体调查区域是:周宅村的三个村民小组,中余乡的两个居民委员会,浦江县的浦阳街道、浦南街道、仙华街道,金华市的婺城区和金东区,杭州市的上城区、下城区、西湖区和拱墅区。

本研究以村民小组、居民委员会作为初级抽样单位。其中,在浦江县、金华市、杭州市三个地区,按照概率比例抽样法从浦江县的浦阳街道、浦南街道、仙华街道抽取居民委员会,从金华市的婺城区和金东区,以及杭州市的上城区、下城区、西湖区和拱墅区抽取街道之后,再依照随机方法从中抽取居民委员会。三个地区抽取的居民委员会数量分别是:浦江县 6 个、金华市 24 个、杭州市 80 个。调查样本为 20—70 周岁的居民,具体运用等距离抽样法从抽取的村民小组、居民委员会的居民登记簿上抽取调查样本。2013 年 12 月完成样本抽取,共抽取调查样本 14000 个。

本调查是利用浙江工商大学大学公共管理学院社会工作系 2014 届毕业生毕业实习的机会,以入户访谈的形式于 2013 年 2—3 月实施的。在 14000 份调查问卷中,回收的有效问卷为 11246 份,问卷的有效率约为 80.3%。其中,周宅村、中余乡、浦江县、金华市、杭州市的有效问卷分别为 107 份、865 份、1868 份、2324 份和 6082 份。

三、变量的操作化设计

如前所述,本研究将从三个方面分析当前影响人们幸福感的因素,即个人的阶层位置,社会宏观层面中的社会公平公正、食品安全、社会冲突、环境污染、贫富差距、官僚腐败,以及社会微观层面中的关系网络、社团参与、社会信任、规范遵守、居民互助、价值取向。每一个方面的具体所指及操作化设计,如下所述。

(一)幸福感

本研究的另一个核心概念,即幸福感。迄今学术界对幸福感的界定也存在很大差异。总的说来,学术界从以下三个维度理解幸福。其一,在认知层面理解幸福感,将其等同于生活满意度。例如,辛和约翰就持这一观点,他指出:幸福感就是依据自己所持的准则对自身的生活质量的总体评价。[①] 其二,在情感层面上理解幸福感,将其等同于快乐感。例如,科恩就持这一观点,他指出:幸福感就是拥有自己希望得到东西时的快乐感。[②] 其三,从价值实现的层面理解幸福感,将其等同于自身潜能实现时获得的成就感。例如,莱夫等学者就认为:幸福感就是通过充分发挥自身潜能而达到完美的体验。[③] 但是,幸福感是由认知、情感、价值实现三者中的一种因素组成的单一结构,还是一个由它们三者所组成的三因素结构,学术界对此一直存在很大的争议。

在当今学术界,大多数学者认为后者更为符合社会现实,即人们的生活由多个侧面构成,而在不同的生活侧面,体验到的幸福感是不同的。[④] 但是如前所述,学者们为了比较不同国家居民的幸福感,或者为了调查的简便化,更多地采用单一的指标测量幸福感,这也是一个不争的社会事实。

国内学者邢占军(2005)主张幸福感是一个由认知、情感、价值实现三因素构成的结构体。他在总结已有观点的基础上,指出:幸福感就是人们所拥有的客观条件及人们的需求价值等因素共同作用而产生的个体对自身生存与发展状况的一种积极的心理体验,它是满意感、快乐感和价值感的有机统一,并基于这一定义,编制了适合测量中国城市居民的幸福感量表简本(SWBS-CC20)。

中国城市居民的主观幸福感量表简本已被多次用于分析城市居民的幸福感[⑤],具有良好的信度与效度。本研究将采用这一量表测量城市居民的幸福感,

---

① C. D. Shin, D. M. Johnson: Avowed Happiness as an Overall Assessment of the Quality of Life, *Social Indicator Research*, 1978, 5, pp. 474—492.

② R. W. Coan: Hero, artist, sage, or saint? *A survey of what is variously called mental health, normality, maturity, self-actualization and human fulfillment*. New York: Columbia University Press, 1977.

③ C. D. Ryff, C. L. M. Keyes: The Structure of Psychological Well-Being Revisited, *Journal of Personality and Social Psychology*, 1995, 69, pp. 719—727.

④ Richard E. Lucas, Ed Diener, Eunkook Suh: Discriminant Validity of Well-Being Measures, *Journal of Personality and Social Psychology*, 1996, 71(3), pp. 616—628.

⑤ 邢占军、金瑜:《城市居民婚姻状况与主观幸福感关系的初步研究》,《心理科学》2003 年第 6 期。邢占军、刘相等:《城市幸福感:来自六个省会城市的幸福指数报告》,社会科学文献出版社 2008 年版,第 318 页。

幸福感分为总体幸福感和十个维度幸福感，其中总体幸福感采用十个维度幸福感的平均值。

(二)个人的阶层位置

个人的阶层位置具体包括性别、年龄、学历、收入、职业阶层、婚姻状况六个变量。其中，性别为虚拟变量，男性为1，女性为0。年龄为数值型变量。学历分为五个层次，分别是：小学及以下学历者、初中学历者、高中或技校学历者、大学专科及本科学历者、研究生学历者，并分别赋予1，2，3，4，5的分值。收入是指调查样本的月收入，具体提问方式是：包括工资、奖金或者其他各种福利在内，过去一年内，您每月的收入大概有多少？共划分为八个层次，分别是：无收入、1—2000元、2001—3000元、3001—4000元、4001—5000元、5001—6000元、6001—7000元、7001元以上，并依次赋予1、2、3、4、5、6、7、8的分值。另外，为了分析简便，在分析幸福感的现状及影响因素时，将无收入、1—2000元、2001—3000元、3001—4000元的收入者界定为低收入者，将4001—5000元、5001—6000元的收入者界定为中收入者，而将6001—7000元、7001元以上的收入者界定为高收入者。

职业阶层采用陆学艺课题组的职业阶层分类，划分为十个阶层，即城乡无业·失业·半失业者、农业劳动者、产业工人、商业服务业员工、个体工商户、办事人员、专业技术人员、私营企业主、经理人员、国家与社会管理者，[①]并依次赋予1，2，3，4，5，6，7，8，9，10的分值。因此，在学历、收入、职业阶层三个变量中，分值越高，说明调查样本的学历、收入、职业地位也越高。另外，为了分析简便，在分析幸福感的现状及影响因素时，将城乡无业失业半失业者、农业劳动者、产业工人、商业服务业员工四个阶层界定为基础阶层，将个体工商户、办事人员、专业技术人员三个阶层界定为中间阶层，将私营企业主、经理人员、国家与社会管理者三个阶层界定为优势阶层。婚姻状况分为未婚、已婚(有配偶)、离婚(或丧偶)三种状况，并依次赋予1，2，3的分值。

另外，在统计分析时，根据分析方法的要求，将学历、收入、职业阶层、婚姻状况均编码为虚拟变量。另外，调查样本中，不同性别、年龄、学历、收入、职业阶层、婚姻状况样本的比例分布，详见表4-1。

① 陆学艺：《当代中国的社会流动》，社会科学文献出版社2004年版，第7—8页。

表 4-1　不同特征样本的比例(N＝11246)

性别	男性	48.3(5432)
	女性	51.7(5814)
年龄	20—30 周岁	27.2(3059)
	31—40 周岁	24.0(2699)
	41—50 周岁	20.6(2317)
	51—60 周岁	15.5(1743)
	60 周岁以上	12.6(1417)
学历	小学及以下	6.1(686)
	初中	20.1(2260)
	高中或技校	32.4(3644)
	专科或本科	30.2(3396)
	研究生	11.2(1260)
收入	无收入	2.9(325)
	1—2000 元	16.2(1822)
	2001—3000 元	30.0(3374)
	3001—4000 元	11.3(1271)
	4001—5000 元	5.3(596)
	5001—6000 元	8.5(956)
	6001—7000 元	11.2(1260)
	7001 元以上	14.6(1642)
职业	无业・失业・半失业者	6.4(720)
	农业劳动者	14.6(1642)
	产业工人	23.3(2620)
	商业服务业员工	16.7(1879)
	个体工商户	5.8(652)
	办事人员	12.0(1350)
	专业技术人员	5.9(664)
	私营企业主	3.5(392)
	经理人员	6.6(742)
	国家与社会管理者	5.2(585)

续 表

性别	男性	48.3(5432)
	女性	51.7(5814)
婚姻状况	未婚	20.6(2317)
	已婚(有配偶)	76.1(8558)
	离婚(或丧偶)	3.3(371)

注:括号外数值为%,括号内数值为样本量。

(三)社会宏观层面变量

对作为社会宏观层面的社会公平、食品安全、社会冲突、环境污染、贫富差距、官僚腐败六个变量,分别做了如下操作化设计。

1.社会公平

社会公平通过“就业机会的获得、就医看病、子女入学、养老保障、收入分配”五个子指标进行测量。要求调查样本根据自己的经历或者社会观察,回答五个子指标在当今社会的公平公正程度,测量尺度分为“非常公平、比较公平、一般、不太公平、不公平”五个层次,并分别赋予5,4,3,2,1的分值。分值越高,说明社会公平的程度也越高。另外,统计分析时,社会公平是取五个子指标合并后的平均得分。

2.食品安全

食品安全通过当前人们对各类商店销售食品的放心程度进行测量,共设计了四种类型的销售商店,分别是:国有大商店销售的食品、外资性质商店销售的食品、个体小商店销售的食品、个体流动摊贩销售的食品。放心程度分为“非常放心、比较放心、一般、不太放心、很不放心”五个选项,并依次赋予5,4,3,2,1的分值,分值越高,则说明对销售食品的放心程度越高。统计分析时,食品安全的放心程度,具体是取四种类型商店销售的食品的放心程度合并后的平均得分。

3.社会冲突

通过与村民小组、居民委员会的相关人员座谈,得知当前社区内主要存在19种形式的社会纠纷,分别是:(1)邻里纠纷,(2)婚姻家庭纠纷,(3)房屋宅基地纠纷,(4)与房屋中介的纠纷,(5)与租房户的纠纷,(6)合同纠纷,(7)生产经营纠纷,(8)损害赔偿纠纷,(9)环境问题纠纷,(10)交通事故纠纷,(11)医疗纠纷,(12)计划生育纠纷,(13)劳资纠纷,(14)政务管理纠纷,(15)与城管纠纷,(16)征地拆迁纠纷,(17)与物业管理纠纷,(18)与辖区内企业,店铺的纠纷,(19)与外来人口的纠纷。19种形式的纠纷中,纠纷双方包含了不同的人、群体和组织,而纠纷原因包含了日常交往、医疗、劳资、拆迁等各方面问题。对于19种类型社区纠纷的存在状况划分为"非常多、比较多、一般、比较少、非常少"五个选项,并依次赋予5,4,3,2,1的分值,分值越高,则说明各种类型的社区纠纷越多。统计分析时,社区纠纷是取19种类型社区纠纷合并后的平均得分。

4.环境污染

环境污染具体通过空气质量、饮用水质量两个与居民的生活密切相关的指标进行测量,其中测量空气质量的提问方式是:您对最近半年内当地的空气质量的总体评价如何?评价层次分为五个选项,分别是非常好、比较好、一般、比较差、非常差,并依次赋予5,4,3,2,1的分值,分值越高,则说明空气质量越好。而测量饮用水质量的提问方式是:您对最近半年内当地的饮用水质量的总体评价如何?评价层次分为五个选项,分别是非常好、比较好、一般、比较差、非常差,并依次赋予5,4,3,2,1的分值,分值越高,则说明饮用水质量越好。统计分析时,环境污染是取空气质量和饮用水质量两个指标合并后的平均得分。

5.贫富差距

贫富差距仅仅通过一个指标,具体是:总体来讲,您认为当前您生活地区的贫富差距的程度有多大?贫富差距的程度分为五个层次,分别是非常大、比较大、一般、比较小、非常小,并依次赋予5,4,3,2,1的分值,分值越高,则说明贫富差距的程度越大。

6.官僚腐败

官僚腐败通过以下四个子指标进行测量,分别是:(1)现在,当官的,都存在贪污行为;(2)当官家的子女,都有一个好工作;(3)现在,不给领导上供送钱,是当不上官的;(4)现在,当官的,都只顾自己捞好处。要求调查样本根据自己的社会观察,回答对四个子指标意义的认同程度,认同程度分为"非常同意、比较同意、一般、不太同意、完全不同意"五个层次,并依次赋予5,4,3,2,1的分值,分值越高,则说明官僚的腐败现象越严重。统计分析时,官僚腐败是取四个子指标合并后的平均得分。

(四)社会微观层面变量

对作为社会微观层面的关系网络、社团参与、社会信任、规范遵守、居民互助、价值取向六个变量,分别做了如下操作化设计。

1. 关系网络

关系网络设计为数值型变量，其测量方式是：包括邻居、同学、同事、朋友等各种关系在内，平时与您保持亲密交往的人，大约有多少？

2. 社团参与

社团参与也设计为数值型变量，其测量方式是：包括各种趣味小组、俱乐部、协会、党派、宗教团体、学术团体在内，目前您参加的社会团体一共有几个？

3. 社会信任

本研究所说的社会信任是指人与人之间的人际信任，采用与国内学者相同的方式进行了测量①，将信任对象概括为亲疏远近不同的13种交往对象，分别是：(1)单位同事，(2)单位领导，(3)邻居，(4)一般朋友，(5)亲密朋友，(6)家庭成员，(7)直系亲属，(8)其他亲属，(9)社会上多数人，(10)一般熟人，(11)生产商，(12)网友，(13)销售商。本研究通过利克特量表(Likert scale)对于13种交往对象的信任状况进行测量，信任水平采用"非常信任、比较信任、一般信任、不太信任、完全不信任"五个尺度，并分别给以5,4,3,2,1的分值。分值越高，说明对每一种交往对象的信任水平越高。本研究所分析的人际信任，是指对上述13种交往对象的总体信任。

4. 规范遵守

本研究所说的规范遵守是指对社会规则的遵守，具体通过五个子指标进行测量，分别是：(1)向他人借过的东西，会按时归还；(2)公交车上给孕妇、老人等需要帮助的人让座；(3)看到有人破坏公物，主动上前制止；(4)乘坐公交车或者火车时，主动排队；(5)过马路时，行人随意闯红灯。要求调查样本根据自己的经历或者社会观察，在"非常多、比较多、一般、比较少、非常少"五个选项中做出回答，并依次赋予5,4,3,2,1的分值，分值越高，则说明人们的规范意识越强。另外，统计分析时，规范遵守是取五个子指标合并后的平均得分。

5. 居民互助

居民互助，具体通过三个子指标进行测量，分别是：(1)在过去的一年中，您帮助过他人的次数；(2)在过去的一年中，他人帮助过您的次数；(3)在本地区，社区居民之间相互帮助的情况。要求调查样本根据自己的经历或者社会观察，对

---

① 李伟民、梁玉成：《特殊信任与普遍信任：中国人信任的结构与特征》，《社会学研究》2002年第3期，第16—17页。 胡荣、李静雅：《城市居民信任的构成及影响因素》，《社会》2006年第6期，第48页。

三个子指标的存在状况做出回答，分为“非常多、比较多、一般、比较少、非常少”五个选项，并依次赋予 5，4，3，2，1 的分值。分值越高，则说明居民之间的互助行为越多。统计分析时，居民互助是取三个子指标合并后的平均得分。

6. 价值取向

价值取向是一个内涵丰富，不可能通过单一指标进行测量的概念。本研究一共设计了四个指标对其进行了测量，分别是：(1)与单位或者社区的事情相比，个人或者家庭的事情更重要；(2)居委会或者村组的活动，没有必要每一次都参加；(3)对于本地区的发展，老百姓没有必要关心，那是政府部门应该关心的事情；(4)看见老人摔倒，不扶是正确的，因为往往会被讹诈。要求调查样本对每一个指标意义的认同程度做出回答，认同程度分为“非常赞同、比较赞同、一般、不太赞同、完全不赞同”五个选项，并依次赋予 5，4，3，2，1 的分值。分值越高，则说明个人主义的价值取向越显著。统计分析时，价值取向是取四个指标合并后的平均得分。

四、分析方法

本研究是为了明确现阶段我国居民的幸福感状况及影响因素而进行的一项实证性研究，这就决定了一切研究观点均需要建立在可靠的调查数据的基础之上。因此，采用规范、严谨的分析方法，便显得至关重要。本研究运用的统计方法，具体有以下三种。

第一，频数分析。本书具体运用了频数(Frequencies)分析的统计方法，具体通过考察“非常信任、比较信任、一般信任、不太信任、完全不信任”五个信任层次的百分比及平均得分，明确人们的社会总体信任，以及其中的人际信任与组织信任的状况。

第二，均值比较。考察不同阶层位置及不同地区人们的社会总体信任，以及其中的人际信任与组织信任的状况时，本书具体运用了均值比较(Compare Means)的统计方法。另外，对于不同阶层位置及不同地区人们的社会总体信任，以及其中的人际信任与组织信任的水平是否存在显著的差异这一问题，本文具体运用了单因素方差分析(One-way Analysis of Variance)的统计方法，并具体运用 F 值检定(F test)不同阶层位置及不同地区人们的社会信任水平的差异是否具有统计学意义。

第三，多元线性回归分析。考察个人的阶层位置、人格特质、社会参与，以及地区的经济发展与社会环境对人们的社会总体信任及其中的人际信任与组织信任，究竟产生怎样的影响，本书具体运用了多元线性回归分析(Multiple Linear Regression Analysis)的统计方法。另外，社会信任作为人们的一种心理反应，现实生活中，个人的阶层位置、人格特质、社会参与，以及地区的经济发展与社会环境对社会信任的产生，彼此之间无疑会存在交互影响。因此，为了准确地把握个人的人格特质、社会参与，以及地区的经济发展与社会环境对社会信任的独立影响，在回归分析时，本书分别以个人的人格特质、社会参与，以及地区的经济发展与社会环境为自变量，以社会总体信任、人际信任、组织信任为因变量，以个人的阶层位置为控制变量进行了回归分析。

第五章　相关变量的描述性分析

本章首先在第一节将运用频数分析及平均值比较的统计方法，考察调查样本总体和不同地区样本在性别、年龄、学历、收入、职业阶层及婚姻状况六个方面具有怎样的社会特征，目的在于：与政府部门的统计数据进行比较，看看调查样本是否具有代表性。其次在第二节与第三节，将运用频数分析及平均值比较的统计方法，分别分析社会宏观层面变量及社会微观层面变量的状况，目的在于：看看现阶段我国在社会宏观层面与社会微观层面两个方面，具有怎样的社会现实。

第一节　调查样本的社会特征

一、调查样本总体的社会特征

全部有效样本及五个地区有效样本的人口学特征，如表 5-1 所示。可以发现，在 11246 个全部有效样本中，男性和女性的比例分别为 47.8%和 52.2%，男性略少于女性。在年龄方面，20—30 周岁、31—40 周岁和 41—50 周岁年龄层的比例分别为 25.4%、25.0%和 21.7%，三者的比例合计为 72.1%，而 51—60 周岁年龄层的比例和 61—70 周岁年龄层的比例分别为 14.9%和 13.0%，两者的比例合计为 27.9%。这说明：调查样本以 20—50 周岁的中青年为主。另外，多数样本的受教育程度为初中学历(25.1%)或者高中学历(32.4%)，两者的比例合计为 57.5%。如果再加上小学及以下学历者的比例(6.1%)，则调查样本中的高中及以下学历者的比例高达 63.6%。而专科或本科学历者及研究生学历者的比例分别为 25.2%和 11.2%，两者的比例合计为 36.4%。由此可见，全部调查样本中，高中及以下的低学历者约占三分之二。

表 5-1 五个地区中不同社会特征样本的比例(%)

调查样本的社会特征		样本总体	周宅村	中余乡	浦江县	金华市	杭州市
		100.0 (11246)	100.0 (107)	100.0 (865)	100.0 (1868)	100.0 (2324)	100.0 (6082)
性别	男性	47.8	40.0	51.4	49.0	49.2	56.3
	女性	52.2	60.0	48.6	51.0	50.8	43.7
年龄	20—30 周岁	25.4	13.2	16.1	20.3	27.0	28.8
	31—40 周岁	25.0	19.5	28.1	38.7	30.4	20.1
	41—50 周岁	21.7	25.3	41.3	27.2	26.8	25.3
	51—60 周岁	14.9	36.2	9.3	7.4	8.8	17.4
	61—70 周岁	13.0	5.8	5.2	6.4	7.0	8.4
学历	小学及以下	6.1	15.0	10.3	8.9	4.8	2.1
	初中	25.1	35.0	26.6	20.9	13.8	8.6
	高中或技校	32.4	45.0	49.1	38.2	30.6	35.2
	专科或本科	25.2	5.0	12.0	20.7	30.2	37.1
	研究生	11.2	0.0	2.0	11.3	12.5	17.0
月收入	无收入者	2.8	7.3	8.2	5.2	4.1	3.1
	1—2000 元	30.0	49.9	25.3	17.5	10.4	8.9
	2001—3000 元	16.2	27.0	23.1	15.3	8.0	6.8
	3001—4000 元	17.4	8.8	24.6	18.6	18.8	10.5
	4001—5000 元	5.3	4.3	5.5	11.4	19.0	20.2
	5001—6000 元	8.5	1.2	5.1	11.1	25.9	23.3
	6001—7000 元	10.2	1.0	5.4	10.5	34.4	12.2
	7001 元及以上	9.6	0.5	2.8	10.4	13.9	15.0
职业阶层	城乡无业·失业·半失业者	6.4	6.5	7.6	6.1	3.2	2.9
	农业劳动者	14.6	83.8	41.4	8.4	4.1	1.8
	产业工人	23.3	2.6	11.0	24.1	12.1	14.9
	商业服务业员工	16.7	2.4	10.3	17.1	15.0	17.9
	个体工商户	5.8	3.3	10.1	15.6	19.6	11.4
	办事人员	12.0	1.2	8.6	9.3	10.0	12.6
	专业技术人员	5.9	0.0	3.2	6.6	10.4	15.2
	私营企业主	3.4	0.0	3.3	5.1	13.7	10.1
	经理人员	6.6	0.0	2.0	3.9	5.5	6.0
	国家与社会管理者	5.2	0.2	2.5	3.8	6.4	7.2

续 表

调查样本的社会特征		样本总体	周宅村	中余乡	浦江县	金华市	杭州市
		100.0 (11246)	100.0 (107)	100.0 (865)	100.0 (1868)	100.0 (2324)	100.0 (6082)
婚姻状况	未婚	20.6	10.3	12.7	27.7	33.2	35.7
	已婚(有配偶)	76.1	85.4	82.5	66.8	52.3	48.0
	离婚(或丧偶)	3.3	4.3	4.8	5.5	14.5	16.3

注:括号内数值为样本数。

另外,在月收入方面,调查样本中1—2000元、2001—3000元、3001—4000元的样本比例分别为16.2%、30.0%和17.4%,三者的比例合计为63.6%。从表5-1中还可以发现,月收入6001—7000元和7001元及以上的比例分别为10.2%和9.6%,两者的比例合计为19.8%。这说明,虽然调查样本中月收入4000元及以下的低收入者大大多于月收入6000元以上的高收入者,但另一方面说明调查样本存在较大的贫富差距。

在职业阶层方面,调查样本中产业工人(23.3%)、商业服务业员工(16.7%)、农业劳动者(14.6%)、办事人员(12.0%)的数量较多,它们的比例合计高达66.6%,大大多于其他的职业阶层,说明调查样本中职业地位较低的样本约占三分之二。另外,就婚姻状况而言,未婚者、已婚(有配偶)者、离婚(或丧偶)者的比例分为20.6%、76.1%和3.3%,已婚(有配偶)者的数量大大多于未婚者和离婚(或丧偶)者。

调查样本总体在性别、年龄、学历、收入、职业阶层以及婚姻状况六个方面的比例构成,通过与2013年《浙江统计年鉴》的相关数据进行比较,发现两者基本一致,说明调查样本总体对浙江省的居民总体而言,具有相当的代表性。

二、不同地区样本的社会特征

但是,上述这种倾向,在周宅村、中余乡、浦江县、金华市和杭州市五个地区呈现很大的差异,具体体现为以下几个方面。

第一,周宅村样本中,男性的比例(40.0%)明显低于其他四个调查地区,而周宅村样本中,女性的比例(60.0%)则明显高于其他四个地区。

第二,20—30周岁的青年人以及61—70周岁的老年人,金华市和杭州市的样本多于周宅村、中余乡和浦江县的样本,而31—40周岁、41—50周岁的中青年,中余乡、浦江县和金华市的样本略多于周宅村和杭州市的样本。另外,周宅村样本中51—60周岁的样本比例为36.2%,大大多于中余乡、浦江县、金华市和杭州市四个地区样本的比例，而中余乡、浦江县、金华市和杭州市四个地区样本的比例分别是9.3%、7.4%、8.8%和17.4%。

第三，小学及以下学历者、初中学历者的比例，依照周宅村、中余乡、浦江县、金华市和杭州市的顺序递减，而专科或本科学历者、研究生学历者的比例却依照上述顺序递增。另外，高中或技校学历者的比例，依照中余乡、周宅村、浦江县、杭州市、金华市的顺序依次递减。

第四，在月收入方面，总的来说，金华市和杭州市样本中4001元以上的中高收入者的比例高于周宅村、中余乡、浦江县，而周宅村、中余乡、浦江县样本中3000元以下的低收入者比例，很大程度上高于金华市、杭州市。因此，总体上可以说，依照中余乡、周宅村、浦江县、杭州市、金华市的顺序，居民的收入逐渐提高。

第五，农业劳动者的比例，依照周宅村、中余乡、浦江县、金华市和杭州市的顺序递减，而办事人员、专业技术人员、经理人员、国家与社会管理者的比例却依照上述顺序递增。另外，金华市的样本中，私营企业主的比例(13.7%)明显高于周宅村(0)、中余乡(3.3%)、浦江县(5.1%)和杭州市(10.1%)。但是，浦江县、金华市和杭州市样本中产业工人、商业服务业员工、个体工商户的比例均不同程度地高于周宅村、中余乡。

第六，未婚者、离婚(或丧偶)者的比例，依照周宅村、中余乡、浦江县、金华市和杭州市的顺序递增，而已婚(有配偶)者的比例却依照上述顺序递减。

上述统计发现可以说明，五个地区居民的社会特征是存在差异的，依照周宅村、中余乡、浦江县、金华市和杭州市的顺序，女性、老龄者、高学历者、高收入者、职业地位高者、未婚者及离婚(或丧偶)者依次增多。另外，五个调查地区的样本中，不同社会特征样本的比例，通过与2012年五个地区的统计资料比较，发现两者基本一致，说明调查样本在各自的调查地区具有相当的代表性。

第二节　社会宏观层面变量的状况

一、社会公平状况

如第四章第二节的研究设计中所述，测量社会公平的指标一共有五个，分别是就业机会的获得、就医看病、子女入学、养老保障、收入分配，每一个指标的测量尺度分为“非常公平、比较公平、一般、不太公平、不公平”五个层次，并分别赋予 5,4,3,2,1 的分值。分值越高，说明社会公平的程度也越高。图 5-1 表示的是，五个指标合并后的平均得分。

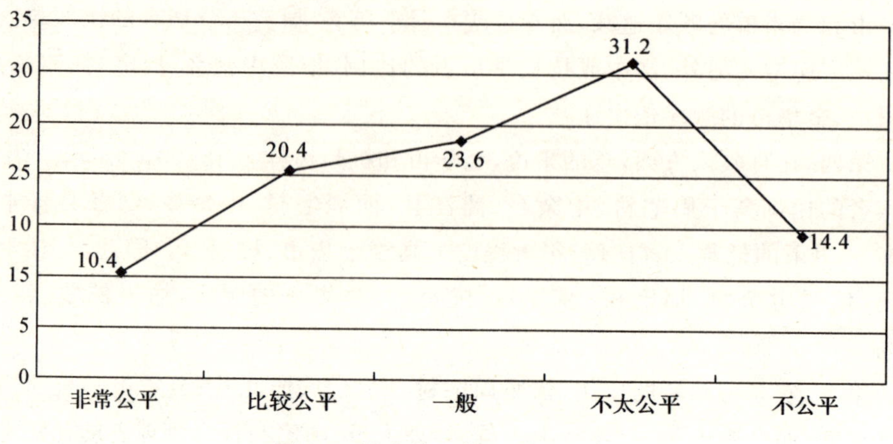

图 5-1 社会公平状况(单位:%)

从图 5-1 中可以发现，调查样本在上述五个指标非常公平、比较公平、一般、不太公平、不公平上的比例分别为：10.4%、20.4%、23.6%、31.2%和 14.4%。其中，非常公平、比较公平的比例合计为 30.8%，而不太公平、不公平的比例合计为 45.6%，前者低于后者 14.8 个百分点。如果再考虑到有 23.6%的样本回答社会公平仅仅处于一般层次，因此可以说，有三分之二的居民认为，现阶段我国社会的公平程度处于较低层次。

二、食品安全状况

如第四章第二节的研究设计中所述，本研究通过当前人们对各类商店销售食品的放心程度测量食品安全，共设计了四种类型的销售商店，分别是：国有大商店销售的食品、外资性质商店销售的食品、个体小商店销售的食品、个体流动摊贩销售的食品。放心程度分为“非常放心、比较放心、一般、不太放心、很不放心”五个选项，并依次赋予 5,4,3,2,1 的分值。图 5-2 表示的是，调查样本对四种类型商店销售食品的放心程度。

从图 5-2 中可以发现，调查样本回答“非常放心、比较放心、一般、不太放心、很不放心”的比例分别为 6.8%、12.6%、50.5%、19.2%和 10.9%。其中，非常放心、比较放心的比例合计为 19.4%，而不太放心、很不放心的比例合计为 30.1%，前者低于后者 10.7 个百分点。如果再考虑到有 50.5%的样本回答对销售食品的放心程度仅仅处于一般层次，那么就可以说，现阶段有超过 80%的居民对上述四种类型商店销售的食品的放心程度处于较低层次。

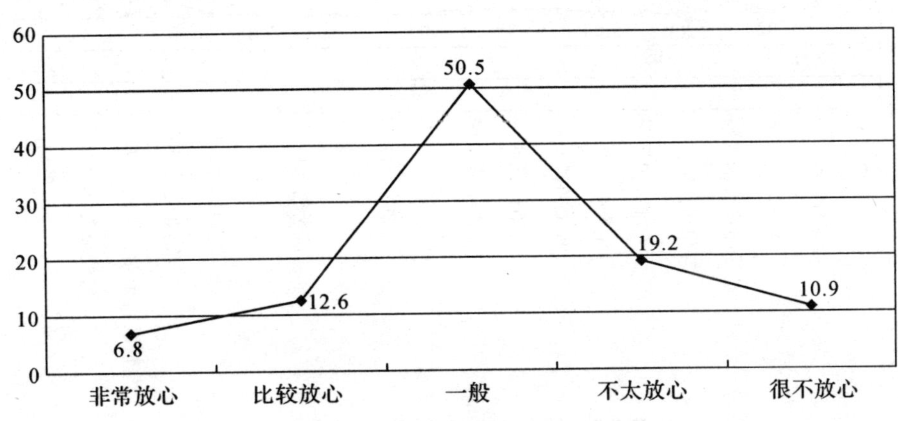

图 5-2　食品安全状况(单位:%)

三、社会冲突状况

如第四章第二节的研究设计中所述,本研究通过 19 种形式的社区纠纷测量当前我国的社会冲突状况。这 19 种形式的社区纠纷分别是:(1)邻里纠纷,(2)婚姻家庭纠纷,(3)房屋宅基地纠纷,(4)与房屋中介的纠纷,(5)与租房户的纠纷,(6)合同纠纷,(7)生产经营纠纷,(8)损害赔偿纠纷,(9)环境问题纠纷,(10)交通事故纠纷,(11)医疗纠纷,(12)计划生育纠纷,(13)劳资纠纷,(14)政务管理纠纷,(15)与城管纠纷,(16)征地拆迁纠纷,(17)与物业管理纠纷,(18)与辖区内企业、店铺的纠纷,(19)与外来人口的纠纷。对于 19 种类型社区纠纷的存在状况划分为“非常多、比较多、一般、比较少、非常少”五个选项,并依次赋予 5,4,3,2,1 的分值。图 5-3 表示的是,调查样本对 19 种类型社区纠纷存在状况的回答结果。

从图 5-3 中可以发现,19 种类型社区纠纷的平均值为 3.14,该数据说明在“非常多、比较多、一般、比较少、非常少”五个层次中,社会纠纷的存在状况处于“一般”和“比较多”之间,但是 19 种类型的社区纠纷的存在状况很不均衡。其中,社区纠纷较多的是与外来人口的纠纷,平均值为 3.75,其次是与物业管理纠纷,平均值为 3.47,再次是邻里纠纷,平均值为 3.36。而社区纠纷较少的是与租房户的纠纷,平均值为 2.83,其次是计划生育纠纷,平均值为 2.97。但是,总的说来,现阶段我国社会冲突的存在状况处于“一般”和“比较多”之间。

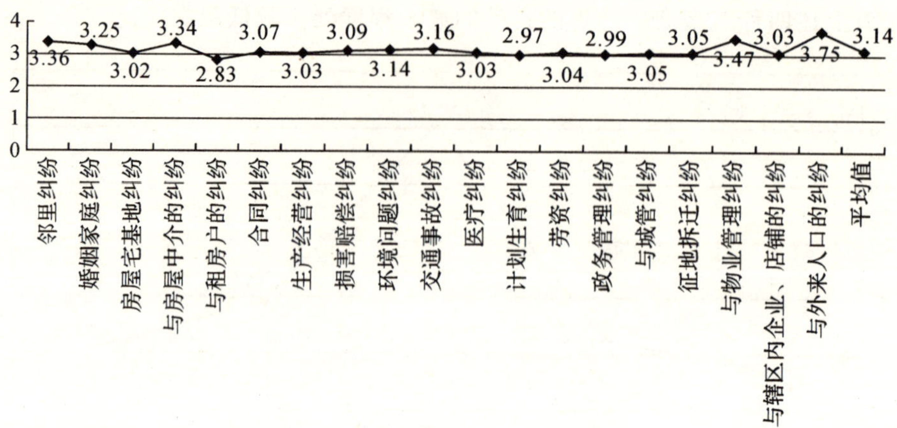

图 5-3　社会冲突状况(单位:平均值)

四、环境污染状况

如第四章第二节的研究设计中所述,本研究通过空气质量、饮用水质量两个指标测量现阶段环境污染的状况,共分为"非常好、比较好、一般、比较差、非常差"五个层次。图 5-4 表示的是,调查样本对空气质量与饮用水质量的回答结果。可以发现,调查样本对空气质量的回答结果的平均值为 2.18,该数据说明当前人们对调查地区的空气质量的评价较低,在"非常好、比较好、一般、比较差、非常差"五个层次中,对空气质量的评价仅仅处于"比较差"和"一般"之间;而调查样本对饮用水质量的回答结果的平均值为 3.24,该数据说明,在"非常好、比较好、一般、比较差、非常差"五个层次中,对饮用水质量的评价处于"一般"和"比较好"之间。因此,该统计发现说明,现阶段我国的环境污染状况较为严重,尤其体现在空气质量方面。

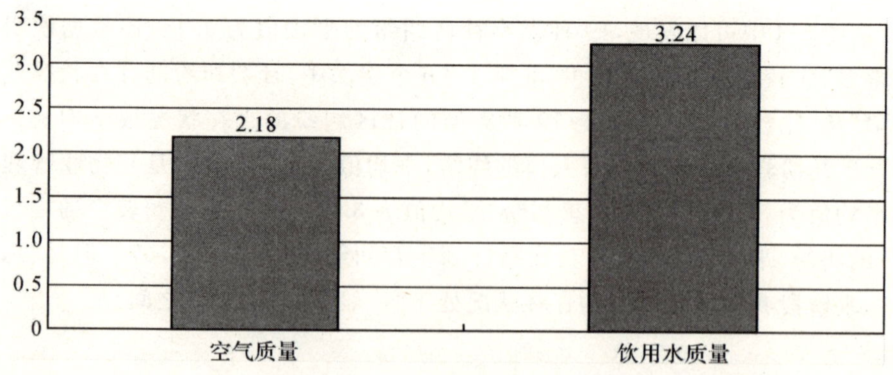

图 5-4　环境污染状况(单位:平均值)

五、贫富差距状况

如第四章第二节的研究设计中所述，本研究仅仅通过一个指标测量当前我国社会的贫富差距状况，具体通过“总体来讲，您认为当前您生活地区的贫富差距的程度有多大?”的提问方式。贫富差距的程度分为五个层次，分别是“非常大、比较大、一般、比较小、非常小”，并依次赋予5，4，3，2，1的分值。图5-5表示的是，调查样本对上述问题的回答结果。可以发现，调查样本对贫富差距的程度回答“非常大、比较大、一般、比较小、非常小”的比例分别为51.3%、32.5%、10.4%、3.2%和2.6%。其中，非常大、比较大的比例合计高达83.8%，而比较小、非常小的比例合计仅为5.8%，前者竟然高于后者78个百分点。由此可见，现阶段我国的贫富差距已经到了相当严重的程度。

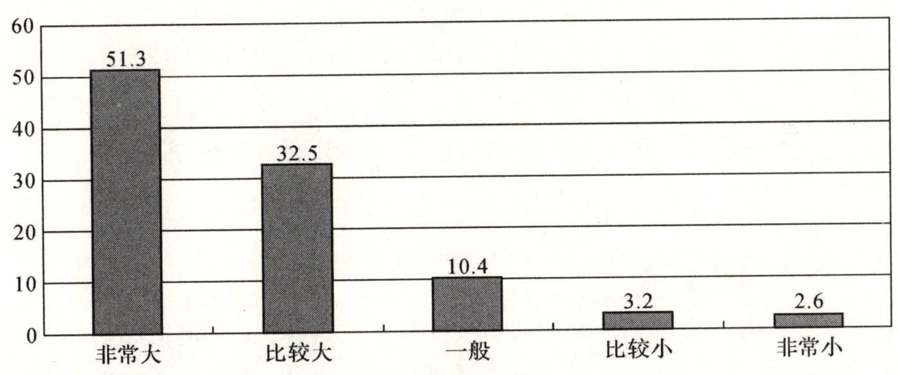

图5-5 贫富差距状况(单位:%)

六、官僚腐败状况

如第四章第二节的研究设计中所述，本研究通过四个指标测量当前我国的官僚腐败状况。这四个指标分别是:(1)现在，当官的，都存在贪污行为;(2)当官家的子女，都有一个好工作;(3)现在，不给领导上供送钱，是当不上官的;(4)现在，当官的，都只顾自己捞好处。要求调查样本根据自己的社会观察或者亲身体验，回答对四个指标的认同程度。

图5-6表示的是调查样本的回答结果，可以发现，调查样本回答上述四个指标“非常同意、比较同意、一般、不太同意、完全不同意”的比例分别为24.7%、35.3%、20.6%、10.4%和9.0%。其中，非常同意、比较同意的比例合计高达60.0%，而“不太同意、完全不同意”的比例合计仅为19.4%，前者竟然高于后者40.6个百分点。据此可以说，现阶段我国居民较为普遍地认为，当前我国的官

僚腐败状况已经到了相当严重的程度。

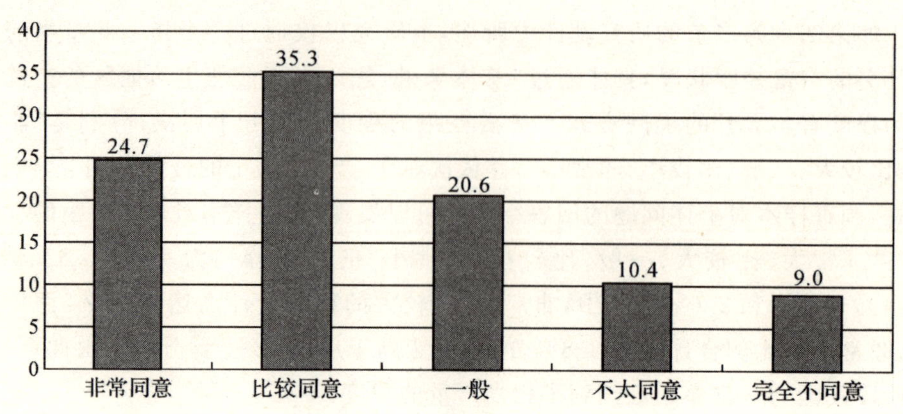

图 5-6 官僚腐败状况(单位:%)

第三节 社会微观层面变量的状况

一、关系网络状况

如第四章第二节的研究设计中所述,本研究具体通过"包括邻居、同学、同事、朋友等各种关系在内,平时与您保持亲密交往的人,大约有多少?"的提问方式,测量了当前人们的关系网络的拥有状况。首先分析得知,调查样本拥有的关系网络的平均数量为 20.68 个,其次调查样本拥有不同数量的关系网络,如图 5-7 所示。可以发现,有多达 55.8%的样本拥有的关系网络在 10 人及以下,有 19.8%的样本拥有的关系网络在 11—20 人之间,两者的比例合计高达 75.6%。另外,拥有 21—30 人、31—40 人、41—50 人、51 人及以上的关系网络的样本比例分别为 9.3%、5.8%、3.3%和 6.0%,四者的比例合计仅为 24.4%。由此可见,当前我国的居民中,四分之三的居民拥有的关系网络在 20 人以内(包括 20 人),而拥有的关系网络超过 20 人的居民比较少,在全部调查样本中仅占四分之一左右。

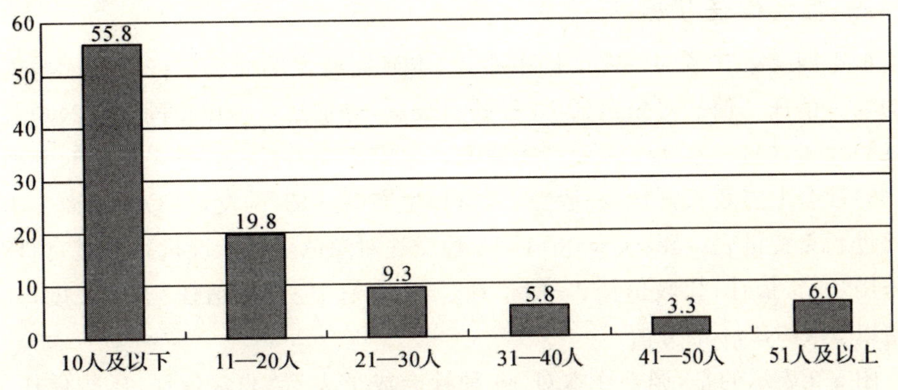

图 5-7　关系网络状况(单位:%)

二、社团参与状况

如第四章第二节的研究设计中所述,本研究具体通过"包括各种趣味小组、俱乐部、协会、党派、宗教团体、学术团体在内,目前您参加的社会团体一共有几个?"的提问方式测量了社团参与的规模。首先分析得知,调查样本参与社团的

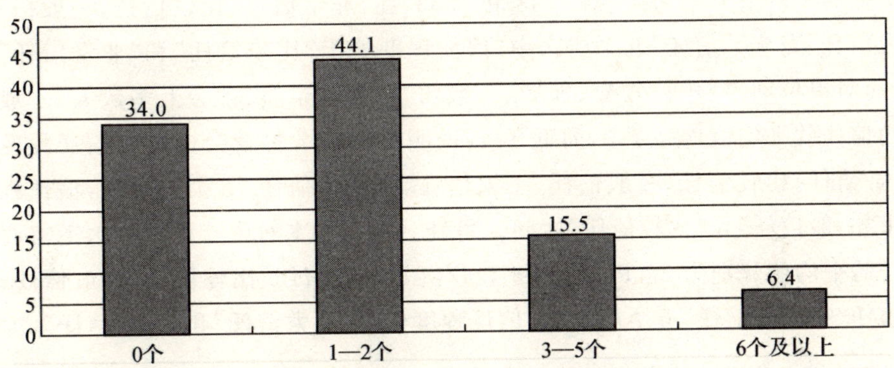

图 5-8　社团参与状况(单位:%)

平均数量为 0.83 个。其次不同数量的社团参与状况,如图 5-8 所示。可以发现,有多达 34.0%的样本没有参与社会团体,有 44.1%的样本参与的社会团体仅为 1—2 个,两者的比例合计高达 78.1%。另外,参与社会团体 3—5 个、6 个及以上的样本比例分别为 15.5%、6.4%,两者的比例合计仅为 21.9%。由此可见,当前我国的居民中,四分之三以上的居民参与社会团体的数量在 2 个以内(包括 2 个),而参与的社会团体超过 3 个(包括 3 个)的居民比较少,在全部调查样本中,不到四分之一。

三、社会信任状况

如第四章第二节的研究设计中所述，本研究所说的社会信任是指人与人之间的人际信任。信任对象包括13种社会成员，分别是：(1)单位同事，(2)单位领导，(3)邻居，(4)一般朋友，(5)亲密朋友，(6)家庭成员，(7)直系亲属，(8)其他亲属，(9)社会上多数人，(10)一般熟人，(11)生产商，(12)网友，(13)销售商。本研究通过利克特量表(Likert scale)对13种交往对象的信任状况进行测量，信任水平采用"非常信任、比较信任、一般信任、不太信任、完全不信任"五个尺度，并分别给以5,4,3,2,1的分值。

图5-9表示的是，调查样本对13种社会成员表示"非常信任、比较信任、一般信任、不太信任、完全不信任"的平均得分，以及对13种社会成员总体信任的平均得分。可以发现，对13种社会成员的总体信任的平均值为3.45，在"非常信任、比较信任、一般信任、不太信任、完全不信任"五个层次中，信任程度处于"一般信任"和"比较信任"之间。但是从图5-9中可以发现，调查样本对13种社会成员的信任程度存在较大差异，具体体现为：对亲密朋友、家庭成员、直系亲属的信任的平均值分别为4.36、4.43和4.33，在"非常信任、比较信任、一般信任、不太信任、完全不信任"五个层次中，信任程度处于"比较信任"和"非常信任"之间，而对单位同事、单位领导、邻居、一般朋友、其他亲属、社会上多数人、一般熟人的信任的平均值均高于3，而低于4，说明对上述7种社会成员的信任程度在"非常信任、比较信任、一般信任、不太信任、完全不信任"五个层次中，信任程度处于"一般信任"和"比较信任"之间。另外。调查样本对生产商、网友、销售商的信任的平均值分别为2.69、2.44和2.57，在"非常信任、比较信任、一般信任、不太信任、完全不信任"五个层次中，信任程度处于"不太信任"和"一般信任"之间。

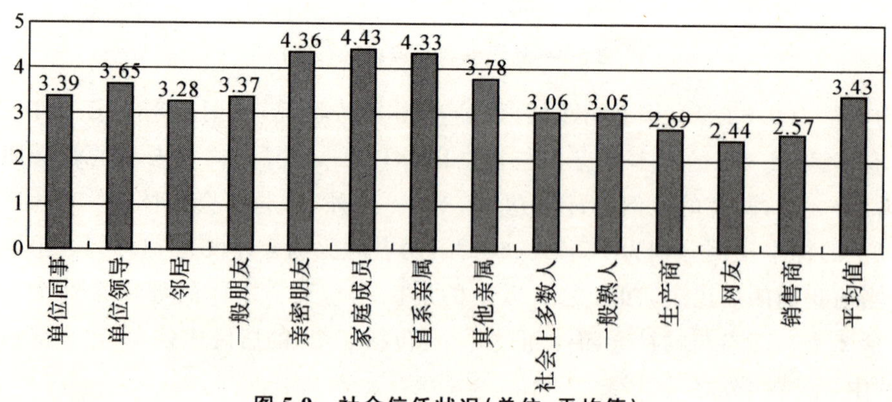

图5-9 社会信任状况(单位:平均值)

上述统计发现说明，当前我国居民对不同社会成员的信任并不是杂乱无序的，而是存在明显的结构层次，具体体现为：对交往频率高、亲情性强的社会成员（亲密朋友、家庭成员、直系亲属）的信任水平较高，对工作关系（单位同事、单位领导）、地缘关系（邻居），以及交往频率较低、感情性较弱的社会成员（一般朋友、其他亲属、社会上多数人、一般熟人）的信任水平居中，而对匿名性强、随机性强的社会成员（生产商、网友、销售商）的信任水平最低。

四、规范遵守状况

如第四章第二节的研究设计中所述，本研究所说的规范遵守是指日常生活中人们对社会规则的遵守，具体通过五个指标进行了测量，分别是：(1)向他人借过的东西，会按时归还；(2)公交车上给孕妇、老人等需要帮助的让座；(3)看到有人破坏公物，主动上前制止；(4)乘坐公交车或者火车时，主动排队；(5)过马路时，行人随意闯红灯。要求调查样本根据自己的经历或者社会观察，在“非常多、比较多、一般、比较少、非常少”五个选项中做出回答，并依次赋予5,4,3,2,1的分值。图5-10表示的是相关的统计结果，从中可以发现，“非常多、比较多”的比

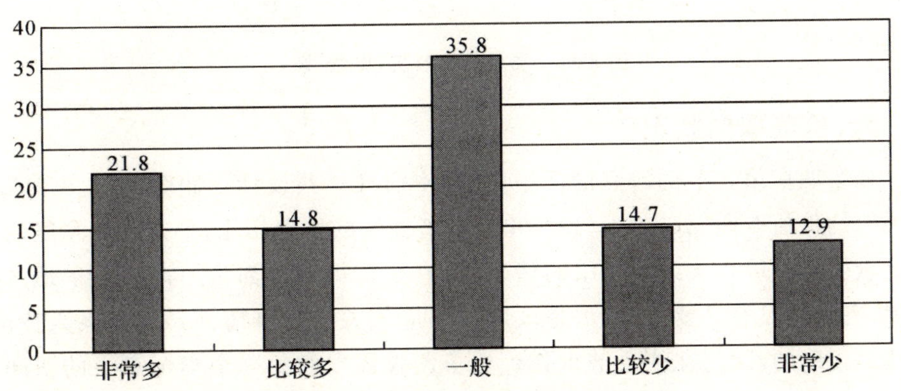

图5-10　规范遵守状况(单位:%)

例分别为21.8%和14.8%，两者的比例合计为36.6%，“一般”的比例为35.8%，而“比较少、非常少”的比例分别为14.7%和12.9%，两者的比例合计为27.6%。据此可以说，当前我国居民在上述五个方面遵守规范的意识比较弱。

五、居民互助状况

如第四章第二节的研究设计中所述，本研究具体通过三个指标测量社区居民的互助状况，分别是：(1)在过去的一年中，您帮助过他人的次数；(2)在过去的一年中，他人帮助过您的次数；(3)在本地区，社区居民之间相互帮助的情况。要

求调查样本根据自己的经历或者社会观察，对三个指标的存在状况做出回答，分为“非常多、比较多、一般、比较少、非常少”五个选项，并依次赋予 5,4,3,2,1 的分值。图 5-11 表示的是相关的统计结果，可以发现，“非常多、比较多”的比例分别为 9.3%和 11.7%，两者的比例合计为 21.0%，“一般”的比例为 29.6%，而“比较少、非常少”的比例分别为 24.6%和 24.8%，两者的比例合计为 49.4%。该统计结果可以说明，当前我国居民在上述三个方面的互助行为比较少。

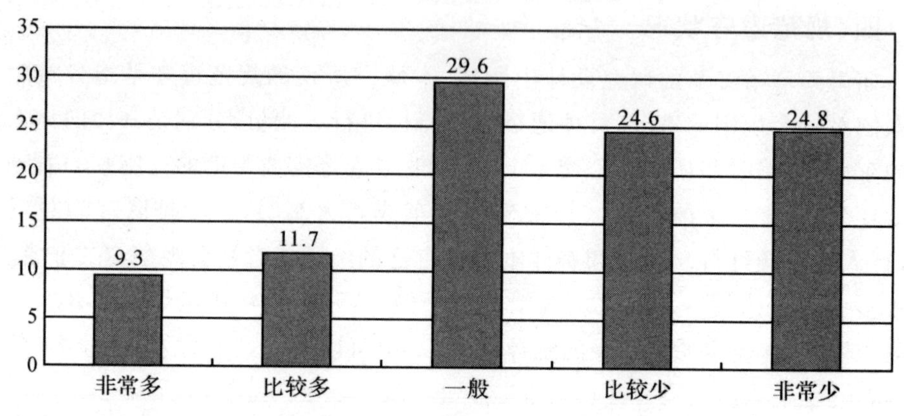

图 5-11 居民互助状况(单位:%)

六、价值取向状况

如第四章第二节的研究设计中所述，本研究一共设计了四个指标测量现阶段人们的价值取向，分别是:(1)与单位或者社区的事情相比，个人或者家庭的事情更重要;(2)居委会或者村组的活动，没有必要每一次都参加;(3)对本地区的发展，老百姓没有必要关心，那是政府部门应该关心的事情;(4)看见老人摔倒，不扶是正确的，因为往往会被讹诈。要求调查样本对每一个指标意义的认同程度做出回答，认同程度分为“非常赞同、比较赞同、一般、不太赞同、完全不赞同”五个选项，并依次赋予 5,4,3,2,1 的分值。

相关的统计发现，如图 5-12 所示。可以发现，“非常赞同、比较赞同”的比例分别为 22.4%和 26.3%，两者的比例合计为 48.7%，“一般”的比例为 31.8%，而“不太赞同、完全不赞同”的比例分别为 12.2%和 7.3%，两者的比例合计为 19.5%。据此可以说明，在上述四个方面，人们的规范意识较为淡薄，在价值取向方面，偏向于个人主义。

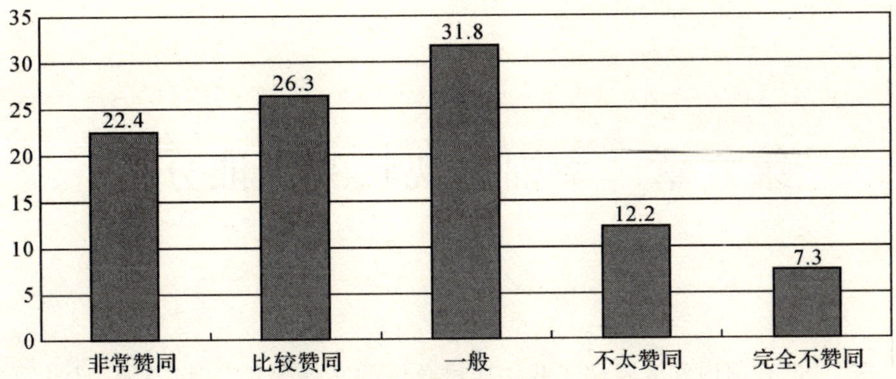

图 5-12 价值取向状况(单位:%)

第六章　幸福感现状的实证分析

迄今,也有国内学者考察了我国居民总体的幸福感状况,以及城市居民和农村居民的幸福感状况,但是并不是很全面充分,还不能够充分准确地说明当前我国居民的幸福感状况。为了让人们更为充分准确地了解现阶段居民总体的幸福感状况及城乡居民的幸福感状况,本章我们将运用百分比或者平均值比较这样的描述性统计方法,分析这一问题。

本章共分为五个部分,第一节分析居民总体的总体幸福感状况以及 10 个维度幸福感的状况;第二节分析五个地区居民的总体幸福感状况;第三节分析五个地区居民的 10 个维度幸福感的状况;第四节分析不同社会特征居民的总体幸福感状况;第五节分析不同社会特征居民的 10 个维度幸福感的状况。

第一节　居民的总体幸福感

一、居民总体的总体幸福感状况

表 6-1 表示的是,五个调查地区的全部有效样本的总体幸福感状况。可以发现,在"很不幸福、不幸福、有点不幸福、有点幸福、幸福、非常幸福"六个层次中,有 8.4%的样本表示"很不幸福",有 27.5%的样本表示"不幸福",有 37.9%的样本表示"有点不幸福",三者的比例合计高达 73.8%;而表示"有点幸福"的样本比例为 20.8%,表示"幸福"和"非常幸福"的样本比例分别为 2.6%和2.8%,三者的比例合计为 26.2%。由此可见,在全部有效样本中,有高达 73.8%的样本没有从目前的生活状况中体验到幸福,而只有 26.2%的样本从目前的生活状况中体验到幸福。

另外,从表 6-1 中还可以发现,总体幸福感的平均得分为 4.00,说明从总体上讲，现阶段五个地区居民的幸福感在“很不幸福、不幸福、有点不幸福、有点幸福、幸福、非常幸福”六个层次中，处于“有点幸福”的层次。

表 6-1　总体幸福感的状况

总体幸福感的层次	百分比(%)
很不幸福	8.4
不幸福	27.5
有点不幸福	37.9
有点幸福	20.8
幸福	2.6
非常幸福	2.8
总体幸福感的平均得分	4.00(0.56)

注：很不幸福、不幸福、有点不幸福、有点幸福、幸福、非常幸福的分值分别为 1,2,3,4,5,6。
括号内数值为标准差(Std. Deviation)。

二、居民总体的 10 个维度幸福感状况

图 6-1 表示的是，全部有效样本的 10 个维度幸福感的状况。可以发现，在 10 个维度的幸福感中，成长进步体验维度的幸福感的平均值最高，平均值为 4.58，其次是家庭氛围体验维度的幸福感，平均值为 4.44，再次是自我接受体验维度的幸福感，平均值为 4.34，再次是心态平衡体验维度的幸福感和人际适应体验维度的幸福感，平均值分别为 4.24 和 4.05。上述五个维度的幸福感，尽管存在不同程度的差异，但是在“很不幸福、不幸福、有点不幸福、有点幸福、幸福、非常幸福”六个层次中，幸福感水平均处于“有点幸福”和“幸福”之间。而身体健康体验、目标价值体验、社会信心体验、心理健康体验、知足充裕体验五个维度的幸福感的平均值分别为 3.91、3.98、3.67、3.63 和 3.62，尽管存在不同程度的差异，但是在“很不幸福、不幸福、有点不幸福、有点幸福、幸福、非常幸福”六个层次中，幸福感水平均处于“有点不幸福”和“有点幸福”之间。

由此可见，现阶段人们在 10 个维度方面的幸福感是不同的，其中，依照成长进步体验、家庭氛围体验、自我接受体验、心态平衡体验、人际适应体验、目标价值体验、身体健康体验、社会信心体验、心理健康体验、知足充裕体验的顺序，幸福感的水平依次降低。

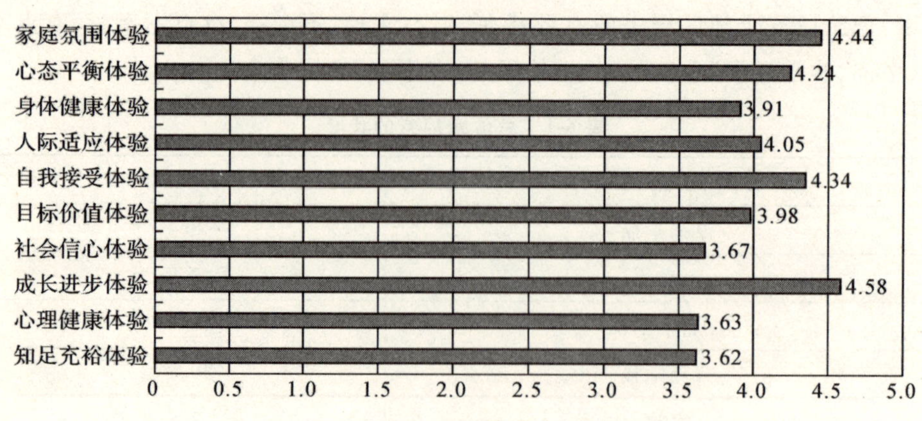

图 6-1 10 个维度幸福感的状况(单位:平均值)

第二节 五个地区居民的总体幸福感

一、五个地区居民的不同层次幸福感状况

那么,五个调查地区居民的幸福感存在怎样的差异呢?表 6-2 表示的是相关的统计结果。首先可以发现,周宅村、中余乡、浦江县、金华市和杭州市的居民回答“很不幸福”的比例分别为 7.1%、5.6%、2.5%、0、0,可以说依照周宅村、中余乡、浦江县、金华市和杭州市的顺序逐渐降低。其次可以发现,周宅村、中余乡、浦江县、金华市和杭州市的居民回答“不幸福”的比例分别为 7.1%、4.7%、0、3.0%、2.5%,依照周宅村、中余乡、金华市、杭州市和浦江县的顺序依次降低。再次可以发现,周宅村、中余乡、浦江县、金华市和杭州市的居民回答“有点不幸福”的比例分别为 57.1%、21.5%、20.3%、20.9%、7.5%,回答“有点不幸福”的居民比例依照周宅村、中余乡、金华市、浦江县和杭州市的顺序依次降低。

但是,在“有点幸福”方面,周宅村、中余乡、浦江县、金华市和杭州市的居民的比例分别为 21.4%、38.3%、42.4%、32.8%、37.5%,以浦江县、中余乡、杭州市、金华市和周宅村的顺序依次降低。而在“幸福”方面,周宅村、中余乡、浦江县、金华市和杭州市的居民的比例分别为 7.1%、23.4%、25.4%、37.3%、35.0%,以金华市、杭州市、浦江县、中余乡和周宅村的顺序依次降低。另外,在“非常幸福”方面,周宅村、中余乡、浦江县、金华市和杭州市的居民的比例分别为 2.2%、6.5%、9.3%、6.0%、17.5%,杭州市比例最高,其次是浦江县,再次是中

表 6-2 五个地区样本的幸福感状况(单位:%)

调查地区	很不幸福	不幸福	有点不幸福	有点幸福	幸福	非常幸福	合计
周宅村	7.1	7.1	57.1	21.4	7.1	2.2	100.0
中余乡	5.6	4.7	21.5	38.3	23.4	6.5	100.0
浦江县	2.5	0.0	20.3	42.4	25.4	9.3	100.0
金华市	0.0	3.0	20.9	32.8	37.3	6.0	100.0
杭州市	0.0	2.5	7.5	37.5	35.0	17.5	100.0

余乡,其他依次是金华市和周宅村。

上述统计发现说明,在周宅村、中余乡、浦江县、金华市和杭州市五个地区中,总体而言,杭州市和金华市居民的幸福感高于周宅村、中余乡和浦江县居民的幸福感。

二、五个地区居民的总体幸福感状况

另外,从表 6-2 中可以发现,在周宅村、中余乡、浦江县、金华市和杭州市每一个地区居民的幸福感状况方面,周宅村居民表示"有点不幸福"的比例最高,为57.1%,其次是表示"有点幸福"的比例,为 21.4%,而表示"很不幸福、不幸福、幸福、非常幸福"的比例分别为 7.1%、7.1%、7.1%和 2.2%,均比较低。另外,从图 6-2 中可以发现,周宅村居民的幸福感的平均值为 3.14。结合表 6-2 和图 6-2 的统计发现,可以说,周宅村居民的幸福感水平处于"有点不幸福"和"有点幸福"之间。

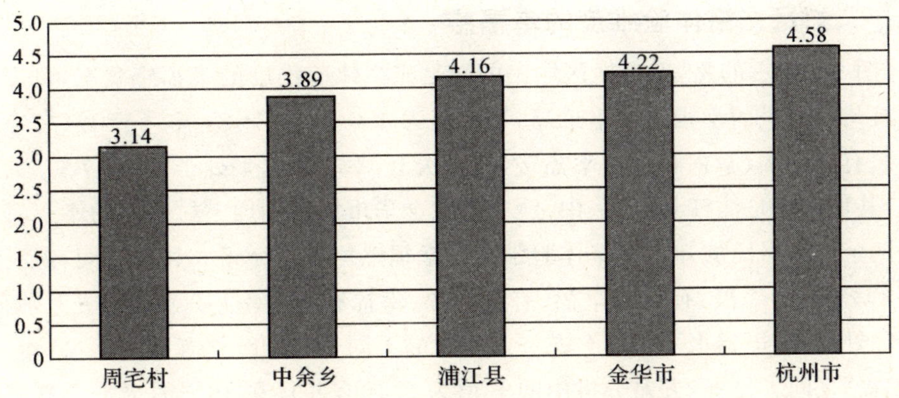

图 6-2 五个地区居民的总体幸福感的平均值(单位:平均值)

有关中余乡居民的幸福感状况,从表 6-2 中可以发现,表示"很不幸福、不幸福、有点不幸福、有点幸福、幸福和非常幸福”的比例分别为 5.6%、4.7%、21.5%、38.3%、23.4%、6.5%，而从图 6-2 中可以发现，中余乡居民的幸福感平均值为 3.89。因此，表 6-2 和图 6-2 的统计发现可以说明，中余乡居民的幸福感水平与周宅村居民基本一致，即中余乡居民的幸福感水平在“很不幸福、不幸福、有点不幸福、有点幸福、幸福和非常幸福”六个层次中，处于“有点不幸福”和“有点幸福”之间。

但是，从表 6-2 中可以发现，浦江县、金华市和杭州市的居民在“很不幸福、不幸福、有点不幸福、有点幸福、幸福和非常幸福”六个层次上，与周宅村和中余乡的居民表现出不同的倾向，具体体现为：三个地区居民表示“有点幸福和幸福”的比例均高于表示“很不幸福、不幸福、有点不幸福、非常幸福”的比例，另外从图 6-2 中可以发现，浦江县、金华市和杭州市三个地区居民的幸福感的平均值分别为 4.16、4.22 和 4.58，在“很不幸福、不幸福、有点不幸福、有点幸福、幸福和非常幸福”六个层次上，幸福感水平均处于“有点幸福”和“幸福”之间。

由此可见，上述统计发现可以说明，在“很不幸福、不幸福、有点不幸福、有点幸福、幸福和非常幸福”六个层次上，五个地区居民的总体幸福感的水平依照周宅村、中余乡、浦江县、金华市和杭州市的顺序依次提升。

第三节　五个地区居民的 10 个维度幸福感

一、知足充裕体验维度的幸福感

图 6-3 表示的是，五个地区居民的知足充裕体验维度的幸福感状况，可以发现，杭州市居民的幸福感水平最高，平均值为 4.0，在“很不幸福、不幸福、有点不幸福、有点幸福、幸福和非常幸福”六个层次上，幸福感水平处于“有点幸福”的层次。其他依次是浦江县居民、中余乡居民、金华市居民和周宅村居民的幸福感水平，四个地区居民的知足充裕体验维度的幸福感均值均介于 3 和 4 之间，说明在“很不幸福、不幸福、有点不幸福、有点幸福、幸福和非常幸福”六个层次上，四个地区居民的幸福感水平虽然存在一定程度的不同，但均介于“有点不幸福”和“有点幸福”之间。另外，方差分析中的 F 值为 2.106，并且在 10%的水平上具有统计显著性，说明五个地区居民在知足充裕体验维度的幸福感方面，具有较为显著的差异。

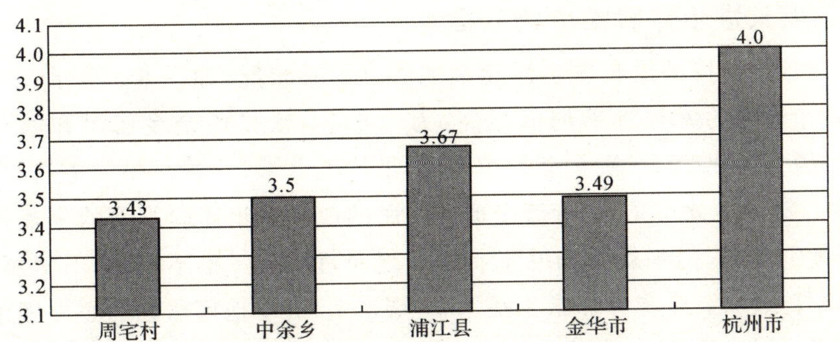

图 6-3 五个地区居民的知足充裕体验维度的幸福感(单位:平均值)

注:方差分析中的 F 值为 2.106,P<0.10。

二、心理健康体验维度的幸福感

五个地区居民的心理健康体验维度的幸福感状况,如图 6-4 所示。可以发现,周宅村居民的幸福感平均值最高,为 3.89,其次是金华市居民,平均值为 3.8,再次是杭州市居民,平均值为 3.66,其他依次是浦江县居民、中余乡居民,平均值分别为 3.6 和 3.52。由此可见,尽管五个地区居民的心理健康体验维度的幸福感存在不同程度的差异,但平均值均处于 3 和 4 之间,说明在"很不幸福、不幸福、有点不幸福、有点幸福、幸福和非常幸福"六个层次上,五个地区居民的心理健康体验维度的幸福感水平均处于"有点不幸福和有点幸福"之间。另外,方差分析中的 F 值为 1.032,并没有呈现出统计显著性,说明五个地区居民在心理健康维度的幸福感并不存在显著的差异。

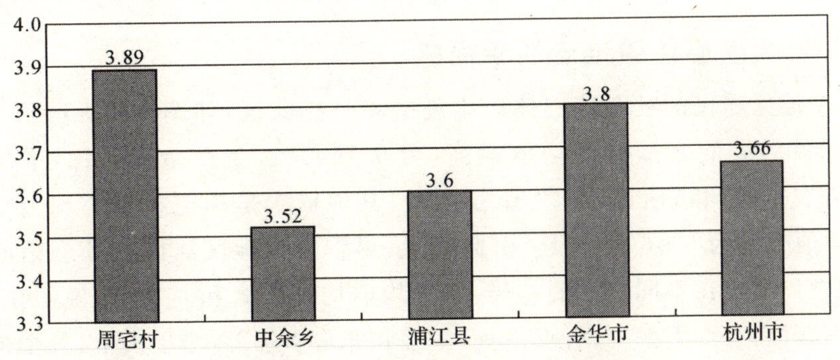

图 6-4 五个地区居民的心理健康体验维度的幸福感(单位:平均值)

注:方差分析中的 F 值为 1.032,P>0.10。

三、成长进步体验维度的幸福感

五个地区居民的成长进步体验维度的幸福感状况，如图 6-5 所示。可以发现，杭州市居民的幸福感平均值最高，为 4.61，其次是中余乡居民和浦江县居民，平均值均为 4.59，再次是金华市居民，平均值为 4.57，最后是周宅村居民，平均值为 4.29。由此可见，尽管五个地区居民的成长进步体验维度的幸福感存在不同程度的差异，但平均值均处于 4 和 5 之间，说明在“很不幸福、不幸福、有点不幸福、有点幸福、幸福和非常幸福”六个层次上，五个地区居民的心理健康体验维度的幸福感水平均处于“有点幸福”和“幸福”之间。另外，方差分析中的 F 值为 0.481，并没有呈现出统计显著性，说明五个地区居民在成长进步体验维度的幸福感方面，并不存在显著的差异。

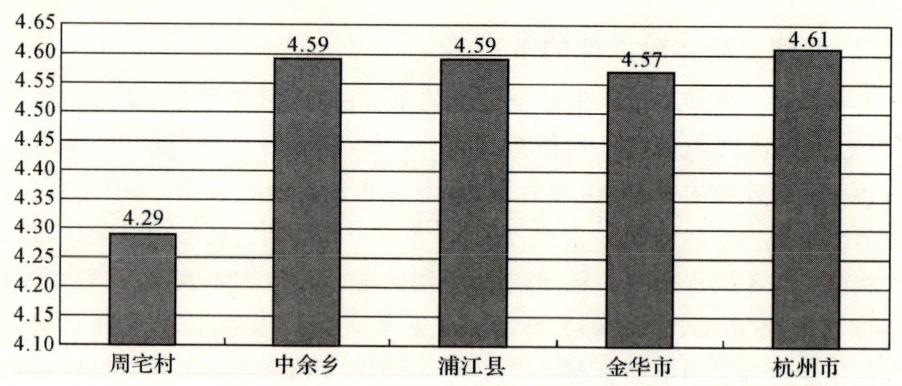

图 6-5 五个地区居民的成长进步体验维度的幸福感(单位:平均值)

注:方差分析中的 F 值为 0.481,P>0.10。

四、社会信心体验维度的幸福感

五个地区居民的社会信心体验维度的幸福感状况，如图 6-6 所示。可以发现，浦江县居民的幸福感平均值最高，为 3.79，其次是中余乡居民，平均值为 3.76. 再次是杭州市居民，平均值为 3.59，其他依次是周宅村居民和金华市居民，平均值分别为 3.46 和 3.4。由此可见，尽管五个地区居民的社会信心体验维度的幸福感存在不同程度的差异，但平均值均处于 3 和 4 之间，说明在“很不幸福、不幸福、有点不幸福、有点幸福、幸福和非常幸福”六个层次上，五个地区居民的社会信心体验维度的幸福感水平均处于“有点不幸福”和“有点幸福”之间。另外，方差分析中的 F 值为 1.934，并且没有呈现出统计显著性，说明五个地区居民在社会信心维度的幸福感方面，并不具有显著的差异。

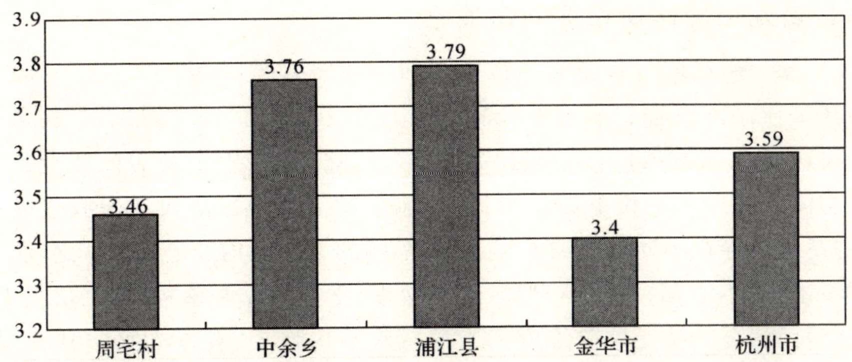

图 6-6 五个地区居民的社会信心体验维度的幸福感(单位:平均值)

注:方差分析中的 F 值为 1.934,P>0.10。

五、目标价值体验维度的幸福感

五个地区居民的目标价值体验维度的幸福感状况,如图 6-7 所示。可以发现,周宅村居民和杭州市居民的幸福感平均值最高,均为 4.04,其次是浦江县居民和金华市居民,平均值均为 3.98,最后是中余乡居民,平均值为 3.95。由此可见,尽管五个地区居民的目标价值体验维度的幸福感存在较大程度的不同,在"很不幸福、不幸福、有点不幸福、有点幸福、幸福和非常幸福"六个层次上,周宅村居民和杭州市居民的幸福感水平处于"有点幸福"和"幸福"之间,而中余乡居民、浦江县居民、金华市居民的幸福感水平处于"有点不幸福"和"有点幸福"之间,但是,方差分析中的 F 值仅为 0.057,并且没有呈现出统计显著性,说明五个地区的居民在目标价值体验维度的幸福感方面,并不具有显著的差异。

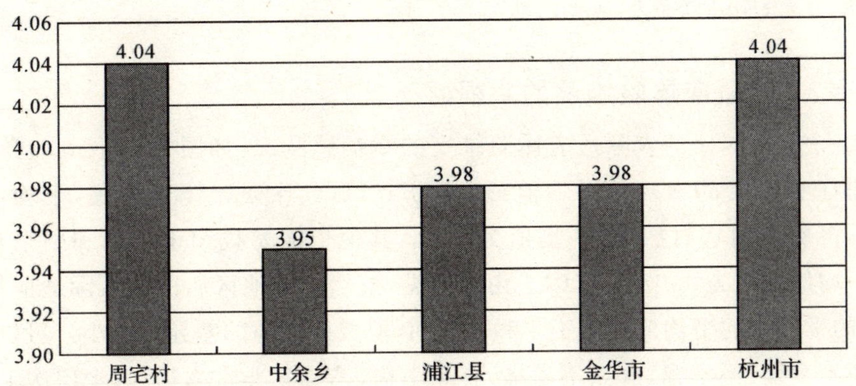

图 6-7 五个地区居民的目标价值体验维度的幸福感(单位:平均值)

注:方差分析中的 F 值为 0.057,P>0.10。

六、自我接受体验维度的幸福感

五个地区居民的自我接受体验维度的幸福感状况，如图 6-8 所示。可以发现，浦江县居民的幸福感平均值最高，为 4.48，其次是杭州市居民，平均值均为 4.45，再次是周宅村居民，平均值为 4.36，其他依次是中余乡居民和金华市居民，平均值分别为 4.3 和 4.08。由此可见，尽管五个地区居民的自我接受体验维度的幸福感存在不同程度的差异，但幸福感的平均值均处于 4 和 5 之间，说明在“很不幸福、不幸福、有点不幸福、有点幸福、幸福和非常幸福”六个层次上，五个地区居民的自我接受体验维度的幸福感水平均处于“有点幸福”和“幸福”之间。另外，方差分析中的 F 值为 2.694，并且在 5%的水平上呈现统计显著性，说明五个地区居民在自我接受体验维度的幸福感方面具有显著的差异。

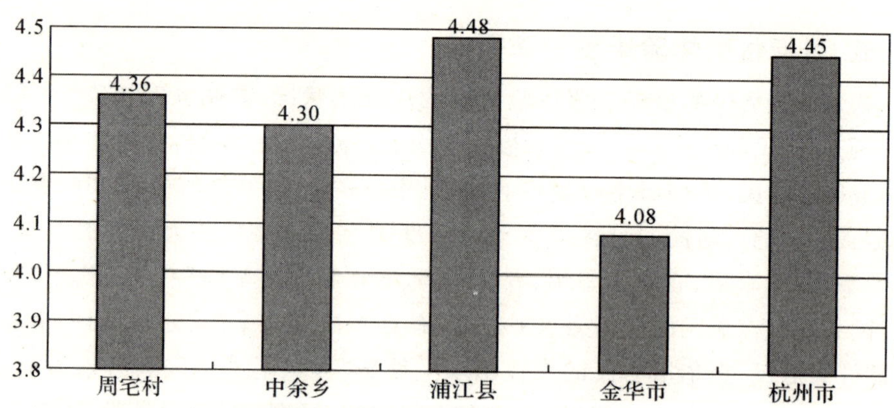

图 6-8 五个地区居民的自我接受体验维度的幸福感(单位:平均值)

注:方差分析中的 F 值为 2.694,$P<0.05$。

七、人际适应体验维度的幸福感

五个地区居民的人际适应体验维度的幸福感状况，如图 6-9 所示。可以发现，浦江县居民的幸福感平均值最高，为 4.11，其次是金华市居民，平均值为 4.05，再次是周宅村居民，平均值为 4.04，其他依次是杭州市居民和中余乡居民，平均值分别为 4.03 和 4.01。由此可见，虽然五个地区居民的人际适应体验维度的幸福感的平均值均介于 4 和 5 之间，但彼此之间的差异比较小。可以说，在“很不幸福、不幸福、有点不幸福、有点幸福、幸福和非常幸福”六个层次上，五个地区居民的人际适应体验维度的幸福感水平均处于“有点幸福”和“幸福”之间。另外，方差分析中的 F 值仅为 0.117，并且没有呈现出统计显著性，说明五个地区居民在人际适应体验维度的幸福感方面，并不具有显著的差异。

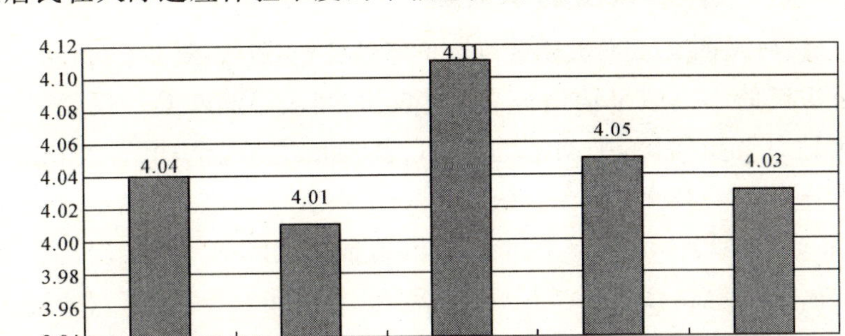

图 6-9 五个地区居民的人际适应体验维度的幸福感(单位:平均值)

注:方差分析中的 F 值为 0.117,P＞0.10。

八、身体健康体验维度的幸福感

图 6-10 表示的是，五个地区居民的身体健康体验维度的幸福感状况，可以发现，杭州市居民的幸福感水平最高，平均值为 4.25，其次是金华市居民的幸福感，平均值为 4.09，两个地区居民的幸福感平均值介于 4 和 5 之间，说明在“很不幸福、不幸福、有点不幸福、有点幸福、幸福和非常幸福”六个层次上，两个地区居民幸福感水平处于“有点幸福”和“幸福”之间。另外，从图 6-10 可以发现，周宅村居民、中余乡居民、浦江县居民的身体健康体验维度的幸福感平均值分别为 3.96、3.78 和 3.81，虽然存在一定程度的差异，但在“很不幸福、不幸福、有点不幸福、有点幸福、幸福和非常幸福”六个层次上，三个地区居民的幸福感水平均介于“有点不幸福”和“有点幸福”之间。另外，方差分析中的 F 值为 1.991，并且在 10％的水平上具有统计显著性，说明五个地区居民在身体健康体验维度的幸福感方面具有较为显著的差异。

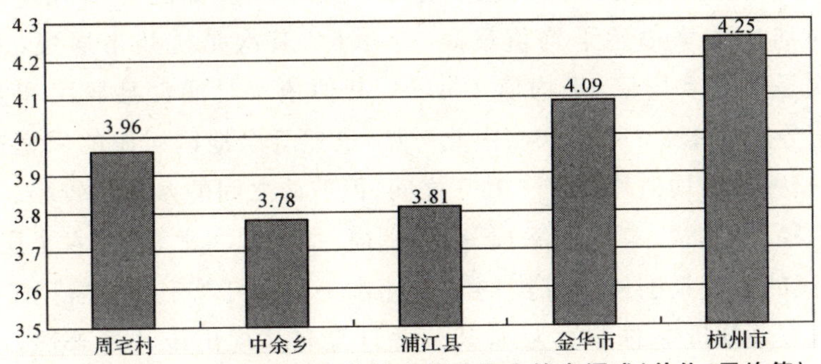

图 6-10 五个地区居民的身体健康体验维度的幸福感(单位:平均值)

注:方差分析中的 F 值为 1.991,P＜0.10。

九、心态平衡体验维度的幸福感

五个地区居民的心态平衡体验维度的幸福感状况，如图 6-11 所示。可以发现，杭州市居民的幸福感平均值最高，为 4.49，其次是浦江县居民，平均值均为 4.25，再次是中余乡居民，平均值为 4.21，其他依次是金华市居民和周宅村居民，平均值分别为 4.12 和 4.11。由此可见，虽然五个地区居民的心态平衡体验维度的幸福感的平均值均介于 4 和 5 之间，但彼此之间的差异比较小。可以说，在“很不幸福、不幸福、有点不幸福、有点幸福、幸福和非常幸福”六个层次上，五个地区居民的心态平衡体验维度的幸福感水平均处于“有点幸福”和“幸福”之间。另外，方差分析中的 F 值为 1.568，并且没有呈现出统计显著性，说明五个地区居民在心态平衡体验维度的幸福感方面，并不具有显著的差异。

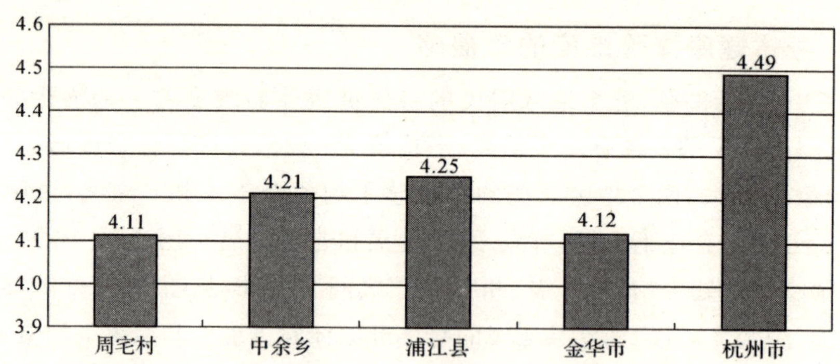

图 6-11　五个地区居民的心态平衡体验维度的幸福感(单位:平均值)

注:方差分析中的 F 值为 1.568,P>0.10。

十、家庭氛围体验维度的幸福感

五个地区居民的心态平衡体验维度的幸福感状况，如图 6-12 所示。可以发现，周宅村居民的幸福感平均值最高，为 4.64，其次是杭州市居民，平均值为 4.60，再次是中余乡居民，平均值为 4.54，其他依次是浦江县居民和金华市居民，平均值分别为 4.38 和 4.26。由此可见，虽然五个地区居民的家庭氛围体验维度的幸福感的平均值均介于 4 和 5 之间，但彼此之间的差异比较小。可以说，在“很不幸福、不幸福、有点不幸福、有点幸福、幸福和非常幸福”六个层次上，五个地区居民的家庭氛围体验维度的幸福感水平均处于“有点幸福”和“幸福”之间。另外，方差分析中的 F 值为 1.688，并且没有呈现出统计显著性，说明五个地区居民在家庭氛围体验维度的幸福感方面，并没有显著的差异。

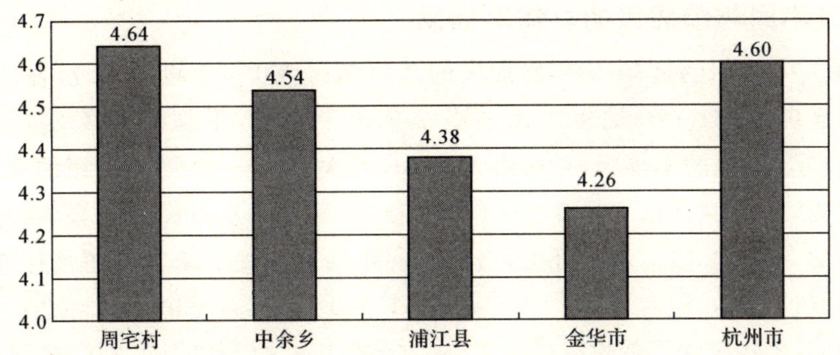

图 6-12　五个地区居民的家庭氛围体验维度的幸福感(单位:平均值)

注:方差分析中的 F 值为 1.688,P>0.10。

第四节　不同社会特征居民的总体幸福感

一、不同性别居民的总体幸福感

男性与女性的总体幸福感状况,如图 6-13 所示。可以发现,男性的总体幸福感的平均值为 4.08,而女性的总体幸福感的平均值为 4.03,两者的总体幸福感并没有呈现显著的差异,说明现阶段男性与女性的总体幸福感比较接近。另外,方差分析中的 F 值为 0.606,并没有呈现出统计显著性,这也可充分说明男性与女性在总体幸福感方面,并不存在显著的差异。

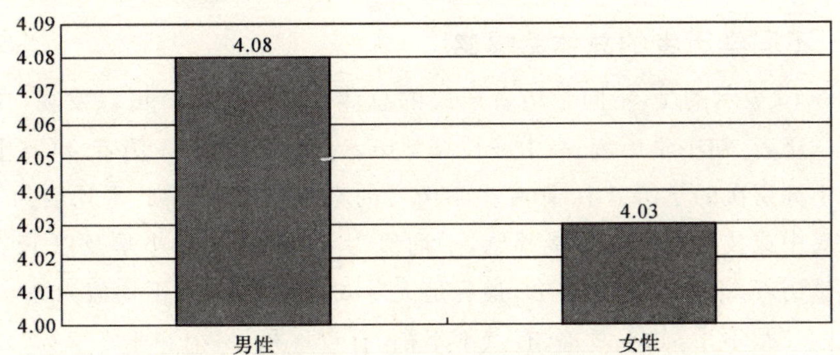

图 6-13　男性与女性的总体幸福感(单位:平均值)

注:方差分析中的 F 值为 0.606,P>0.10。

二、不同年龄居民的总体幸福感

图 6-14 表示的是，不同年龄居民的总体幸福感状况。可以发现，在 20—70 周岁的居民中，61—70 周岁居民的幸福感水平最高，平均值为 4.21，其次是 41—50 周岁居民的幸福感，平均值为 4.19，再次是 51—60 周岁居民的幸福感，平均值为 4.11，其他依次是 31—40 周岁和 20—30 周岁居民的幸福感，平均值分别为 4.06 和 3.91。由此可见，当前不同年龄层居民的幸福感还是存在一定差异的，依照 61—70 周岁、41—50 周岁、51—60 周岁、31—40 周岁和 20—30 周岁的顺序，幸福感水平依次降低。另外，方差分析中的 F 值为 3.246，并且在 5% 的水平上呈现统计显著性，说明不同年龄层的居民在总体幸福感方面，确实存在显著的差异。

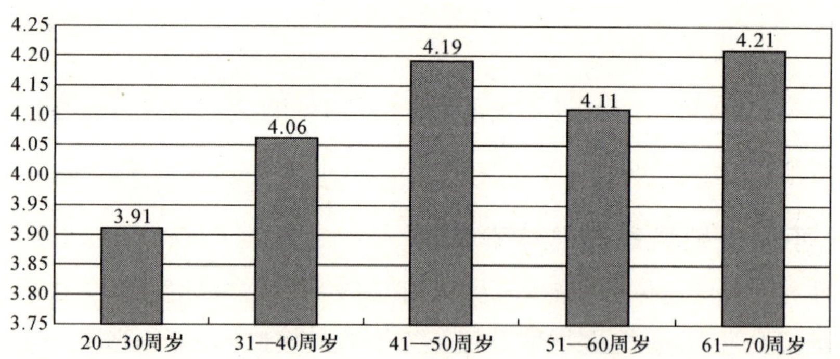

图 6-14 不同年龄居民的总体幸福感(单位:平均值)

注:方差分析中的 F 值为 3.246，$P<0.05$。

三、不同学历者的总体幸福感

图 6-15 表示的是，不同学历者居民的总体幸福感状况。可以发现，在小学及以下学历者、初中学历者、高中或技校学历者、大专或本科学历者、研究生学历者五个不同层次的学历者中，研究生学历者的幸福感水平最高，平均值为 4.18，其次是高中或技校学历者的幸福感，平均值为 4.07，再次是小学及以下学历者和初中学历者，平均值均为 4.02，最后是大专或本科学历者，平均值为 3.98。由此可见，在“很不幸福、不幸福、有点不幸福、有点幸福、幸福和非常幸福”六个层次上，当前研究生学历者、高中或技校学历者、小学及以下学历者和初中学历者的总体幸福感水平处于“有点幸福”和“幸福”之间，而大专或本科学历者的总体幸福感水平处于“有点不幸福”和“有点幸福”之间。尽管不同学历者的总体幸福

感水平存在一定程度的差异，但是这种差异比较小。另外，方差分析中的F值为0.929，也可说明不同学历者在总体幸福感方面的差异并不十分显著。

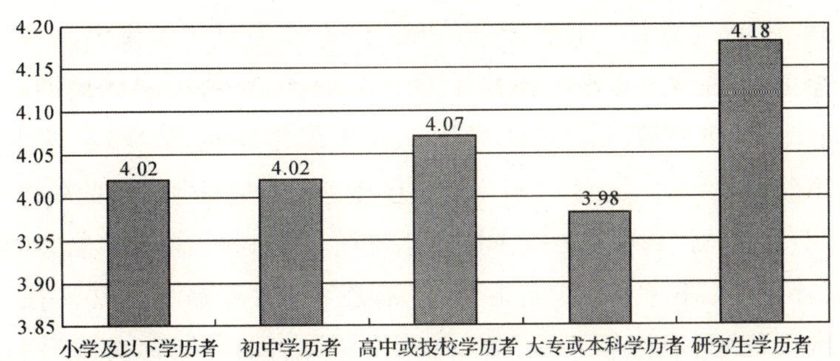

图 6-15　不同学历者的总体幸福感（单位：平均值）

注：方差分析中的F值为0.929，P>0.10。

四、不同收入者的总体幸福感

图6-16表示的是，低收入者、中收入者、高收入者的总体幸福感状况。一个较为显著的倾向是，收入越高者，总体幸福感的水平也越高。具体体现为：高收入者的幸福感的平均值为4.41，中收入者的总体幸福感的平均值为4.08，两者的幸福感水平在"很不幸福、不幸福、有点不幸福、有点幸福、幸福和非常幸福"六个层次上，均处于"有点幸福"和"幸福"之间，而低收入者的总体幸福感的平均值为3.85，在"很不幸福、不幸福、有点不幸福、有点幸福、幸福和非常幸福"六个层次上，幸福感水平处于"有点不幸福"和"有点幸福"之间。另外，方差分析中的F值高达17.716，并在0.1%的水平上呈现统计显著性，说明不同收入者在总体幸福感方面确实存在十分显著的差异。

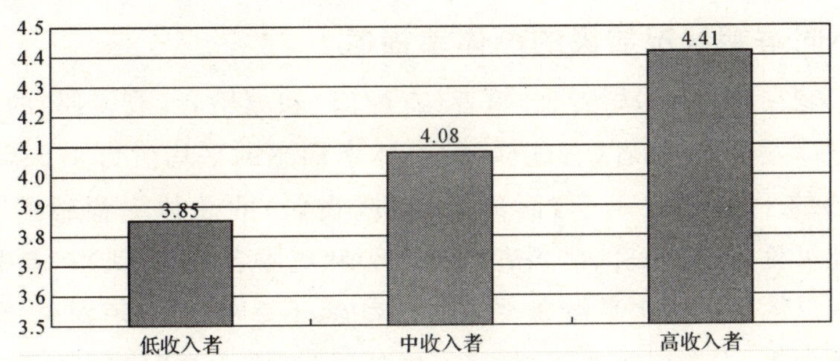

图 6-16　不同收入者的总体幸福感（单位：平均值）

注：方差分析中的F值为17.716，P<0.001。

五、不同职业阶层居民的总体幸福感

图 6-17 表示的是，基础阶层、中间阶层、优势阶层居民的总体幸福感状况。与上述不同收入者的总体幸福感状况一致，一个较为显著的倾向是，职业阶层地位越高者，总体幸福感的水平也越高。具体体现为：优势阶层居民的总体幸福感的平均值为 4.44，中间阶层居民的总体幸福感的平均值为 4.13，两者的幸福感水平在“很不幸福、不幸福、有点不幸福、有点幸福、幸福和非常幸福”六个层次上，均处于“有点幸福”和“幸福”之间，而基础阶层居民的总体幸福感的平均值为 3.89，在“很不幸福、不幸福、有点不幸福、有点幸福、幸福和非常幸福”六个层次上，幸福感水平处于“有点不幸福”和“有点幸福”之间。另外，方差分析中的 F 值高达 13.777，并且在 0.1%的水平上呈现统计显著性，说明不同职业阶层居民的总体幸福感水平确实存在显著的差异。

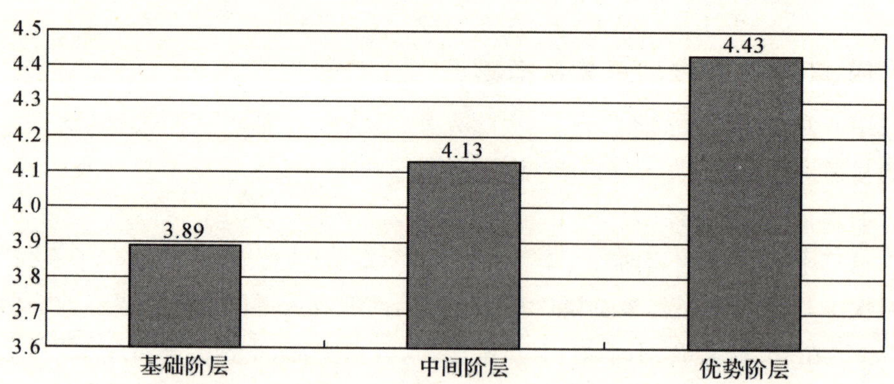

图 6-17　不同职业阶层居民的总体幸福感（单位：平均值）

注：方差分析中的 F 值为 13.777，$P<0.001$。

六、不同婚姻状况居民的总体幸福感

图 6-18 表示的是，未婚者、已婚者（有配偶）和离婚者（或丧偶）的总体幸福感状况。可以发现，已婚者（有配偶）的总体幸福感的平均值为 4.08，未婚者的总体幸福感的平均值为 3.98，而离婚者（或丧偶）的总体幸福感的平均值为 3.17。由此可见，在未婚者、已婚者（有配偶）和离婚者（或丧偶）三者中，已婚者（有配偶）的总体幸福感水平最高，在“很不幸福、不幸福、有点不幸福、有点幸福、幸福和非常幸福”六个层次上，幸福感水平处于“有点幸福”和“幸福”之间，但比较接近于“有点幸福”。而未婚者和离婚者（或丧偶）的总体幸福感水平在“很不幸福、不幸福、有点不幸福、有点幸福、幸福和非常幸福”六个层次上，幸福感水平

处于“有点不幸福”和“有点幸福”之间。另外，方差分析中的F值为2.847，并且在10%的水平上呈现统计显著性，说明不同婚姻状况居民的总体幸福感存在较为显著的差异。

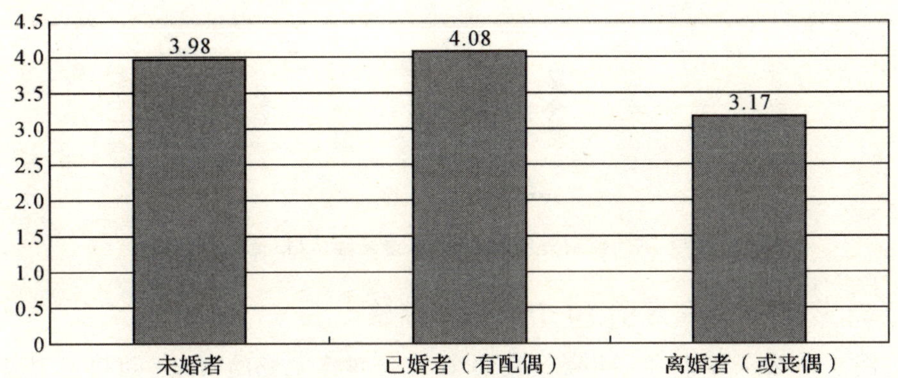

图 6-18　不同婚姻状况居民的总体幸福感(单位:平均值)

注:方差分析中的F值为2.847,P<0.10。

第五节　不同社会特征居民的10个维度幸福感

那么，不同社会特征的居民在幸福感的10个维度上，分别呈现怎样的倾向呢？第五节将依照性别、年龄、学历、收入、职业阶层、婚姻状况的顺序，就这一问题进行分析。

一、不同性别居民的10个维度幸福感

图6-19表示的是，不同性别居民的10个维度幸福感的状况。可以发现，在成长进步体验、社会信心体验、自我接受体验、身体健康体验和心态平衡体验五个维度上的幸福感，男性与女性并没有呈现显著的差异，而在知足充裕体验、心理健康体验、目标价值体验、人际适应体验和家庭氛围体验五个维度上的幸福感，男性与女性存在较大的差异。具体可以指出：在知足充裕体验和家庭氛围体验两个维度上，女性的幸福感均高于男性，而在心理健康体验、目标价值体验、人人际适应体验三个维度上，男性的幸福感均高于女性。

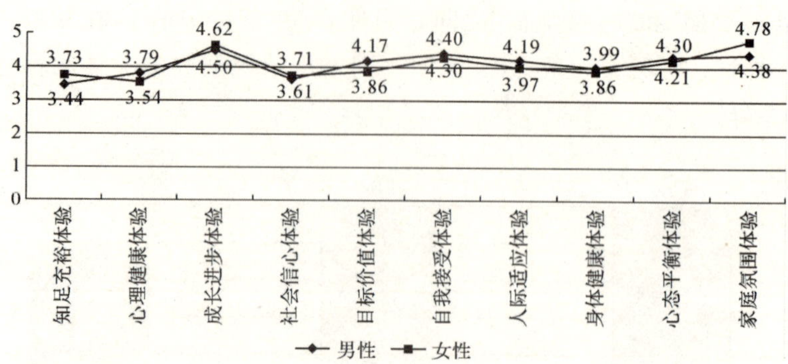

图 6-19　不同性别居民的 10 个维度幸福感(单位:平均值)

二、不同年龄居民的 10 个维度幸福感

图 6-20 表示的是,不同年龄居民的 10 个维度幸福感的状况。可以发现以下几种倾向。

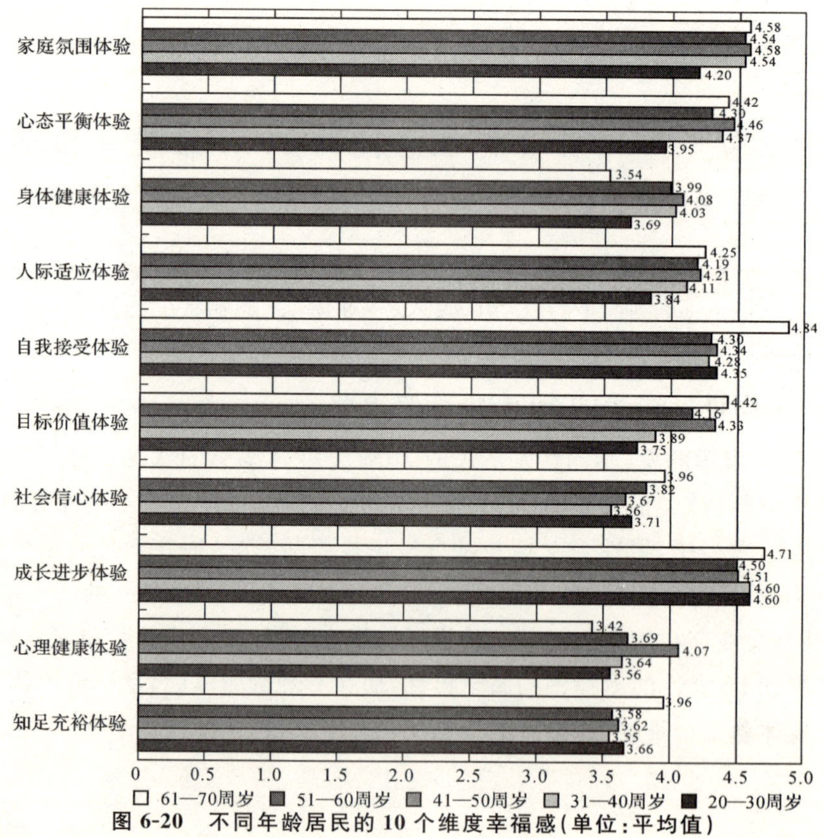

图 6-20　不同年龄居民的 10 个维度幸福感(单位:平均值)

（一）不同年龄居民的知足充裕体验幸福感

在知足充裕体验的幸福感方面，61—70 周岁年龄层的居民最高，平均值为 3.96，其次是 20—30 周岁年龄层的居民，平均值为 3.66，再次是 41—50 周岁年龄层的居民，平均值为 3.62，其他依次是 51—60 周岁年龄层和 31—40 周岁年龄层的居民，平均值分别为 3.58 和 3.55。尽管不同年龄层居民的知足充裕体验维度的幸福感存在不同程度的差异，但是在“很不幸福、不幸福、有点不幸福、有点幸福、幸福和非常幸福”六个层次上，幸福感水平均处于“有点不幸福”和“有点幸福”之间。这说明，不同年龄居民在知足充裕体验维度的幸福感方面并不存在显著的差异。

（二）不同年龄居民的心理健康体验幸福感

在心理健康体验的幸福感方面，41—50 周岁年龄层的居民最高，平均值为 4.07，其次是 51—60 周岁年龄层的居民，平均值为 3.69，再次是 31—40 周岁年龄层的居民，平均值为 3.64，其他依次是 20—30 周岁年龄层和 61—70 周岁年龄层的居民，平均值分别为 3.56 和 3.42。由此可见，41—50 周岁年龄层的居民的心理健康体验维度的幸福感，在“很不幸福、不幸福、有点不幸福、有点幸福、幸福和非常幸福”六个层次上，均处于“有点幸福”和“幸福”之间，而 20—30 周岁、31—40 周岁、51—60 周岁、61—70 周岁四个年龄层的居民，尽管在心理健康体验维度的幸福感方面存在一定程度的差异，但是在“很不幸福、不幸福、有点不幸福、有点幸福、幸福和非常幸福”六个层次上，均处于“有点不幸福”和“有点幸福”之间。这说明，上述四个年龄层的居民在心理健康体验维度上的幸福感并不存在显著的差异。

（三）不同年龄居民的成长进步体验幸福感

在成长进步体验的幸福感方面，61—70 周岁年龄层的居民最高，平均值为 4.71，其次是 20—30 周岁年龄层和 31—40 周岁年龄层的居民，平均值均为 4.60，其他依次是 41—50 周岁年龄层和 51—60 周岁年龄层的居民，平均值分别为 4.51 和 4.50。尽管不同年龄居民的成长进步体验维度的幸福感存在不同程度的差异，但是在“很不幸福、不幸福、有点不幸福、有点幸福、幸福和非常幸福”六个层次上，幸福感水平均处于“有点幸福”和“幸福”之间。该统计结果可以说明，不同年龄居民在成长进步体验维度上的幸福感并不存在显著的差异。

（四）不同年龄居民的社会信心体验幸福感

在社会信心体验的幸福感方面，61—70 周岁年龄层的居民最高，平均值为

3.96，其次是51—60周岁年龄层的居民，平均值为3.82，再次是20—30周岁年龄层的居民，平均值为3.71，其他依次是41—50周岁年龄层和31—40周岁年龄层的居民，平均值分别为3.67和3.56。尽管不同年龄层居民的社会信心体验维度的幸福感存在不同程度的差异，但是在“很不幸福、不幸福、有点不幸福、有点幸福、幸福和非常幸福”六个层次上，均处于“有点不幸福”和“有点幸福”之间。该统计结果可以说明，不同年龄居民在成长进步体验维度的幸福感方面并不存在显著的差异。

（五）不同年龄居民的目标价值体验幸福感

在目标价值体验的幸福感方面，61—70周岁年龄层的居民最高，平均值为4.42，其次是41—50周岁年龄层的居民，平均值为4.33，再次是51—60周岁年龄层的居民，平均值为4.16，其他依次是31—40周岁年龄层和20—30周岁年龄层的居民，平均值分别为3.89和3.75。由此可见，61—70周岁、41—50周岁、51—60周岁年龄层的居民的目标价值体验维度的幸福感，在“很不幸福、不幸福、有点不幸福、有点幸福、幸福和非常幸福”六个层次上，均处于“有点幸福”和“幸福”之间，而20—30周岁、31—40周岁两个年龄层的居民，尽管在目标价值体验维度的幸福感方面存在一定程度的差异，但是在“很不幸福、不幸福、有点不幸福、有点幸福、幸福和非常幸福”六个层次上，均处于“有点不幸福”和“有点幸福”之间。这说明，上述五个年龄层的居民在目标价值体验维度的幸福感方面还是存在较大差异的。

（六）不同年龄居民的自我接受体验幸福感

在自我接受体验的幸福感方面，61—70周岁年龄层的居民最高，平均值为4.84，其次是20—30周岁年龄层的居民，平均值为4.35，再次是41—50周岁年龄层的居民，平均值为4.34，其他依次是51—60周岁年龄层和31—40周岁年龄层的居民，平均值分别为4.30和4.28。尽管不同年龄居民的自我接受体验维度的幸福感存在不同程度的差异，但是在“很不幸福、不幸福、有点不幸福、有点幸福、幸福和非常幸福”六个层次上，均处于“有点不幸福”和“有点幸福”之间。这说明，不同年龄居民在自我接受体验维度的幸福感方面并不存在显著的差异。

（七）不同年龄居民的人际适应体验幸福感

在人际适应体验的幸福感方面，61—70周岁年龄层的居民最高，平均值为4.25，其次是41—50周岁年龄层的居民，平均值为4.21，再次是51—60周岁年龄层的居民，平均值为4.19，其他依次是31—40周岁年龄层和20—30周岁年龄层的居民，平均值分别为 4.11 和 3.84。由此可见，61—70 周岁、51—60 周岁、41—50 周岁、31—40 周岁四个年龄层居民的人际适应体验维度的幸福感存在一定程度的不同，但在“很不幸福、不幸福、有点不幸福、有点幸福、幸福和非常幸福”六个层次上，均处于“有点幸福”和“幸福”之间，而 20—30 周岁年龄层的居民，在“很不幸福、不幸福、有点不幸福、有点幸福、幸福和非常幸福”六个层次上，幸福感水平却处于“有点不幸福”和“有点幸福”之间。

（八）不同年龄居民的身体健康体验幸福感

在身体健康体验的幸福感方面，41—50 周岁年龄层的居民最高，平均值为 4.08，其次是 31—40 周岁年龄层的居民，平均值为 4.03，再次是 51—60 周岁年龄层的居民，平均值为 3.99，其他依次是 20—30 周岁年龄层和 61—70 周岁年龄层的居民，平均值分别为 3.69 和 3.54。由此可见，41—50 周岁、51—60 周岁两个年龄层居民的身体健康体验维度的幸福感，在“很不幸福、不幸福、有点不幸福、有点幸福、幸福和非常幸福”六个层次上，均处于“有点幸福”和“幸福”之间，而 51—60 周岁、20—30 周岁和 61—70 周岁三个年龄层的居民，在“很不幸福、不幸福、有点不幸福、有点幸福、幸福和非常幸福”六个层次上，均处于“有点不幸福”和“有点幸福”之间。

（九）不同年龄居民的心态平衡体验幸福感

在心态适应体验的幸福感方面，41—50 周岁年龄层的居民最高，平均值为 4.46，其次是 61—70 周岁年龄层的居民，平均值为 4.42，再次是 31—40 周岁年龄层的居民，平均值为 4.37，再次是 51—60 周岁年龄层的居民，平均值为 4.30，最后是 20—30 周岁年龄层的居民，平均值为 3.95。由此可见，41—50 周岁、61—70 周岁、31—40 周岁、51—60 周岁四个年龄层居民的心态适应体验维度的幸福感，尽管存在不同程度的差异，但在“很不幸福、不幸福、有点不幸福、有点幸福、幸福和非常幸福”六个层次上，均处于“有点幸福”和“幸福”之间，而 20—30 周岁年龄层的居民，在“很不幸福、不幸福、有点不幸福、有点幸福、幸福和非常幸福”六个层次上，却处于“有点不幸福”和“有点幸福”之间。

（十）不同年龄居民的家庭氛围体验幸福感

在家庭氛围体验的幸福感方面，20—30 周岁、31—40 周岁、41—50 周岁、51—60周岁、61—70 周岁五个年龄层居民的平均值分别为 4.20、4.54、4.58、4.54 和 4.58，虽然彼此之间存在不同程度的差异，但是可以发现，在“很不幸福、不幸福、有点不幸福、有点幸福、幸福和非常幸福”六个层次上，均处于“有点幸福”和“幸福”之间。该统计结果说明，在家庭氛围体验维度的幸福感方面，不同年龄层的幸福感水平并不存在显著的差异。

三、不同学历居民的10个维度幸福感

（一）不同学历居民的知足充裕体验幸福感

如图6-21所示，在知足充裕体验的幸福感方面，研究生学历者的居民最高，平均值为4.00，在“很不幸福、不幸福、有点不幸福、有点幸福、幸福”和“非常幸福”六个层次上，幸福感水平正好处于“有点幸福”的层次。而小学及以下学历

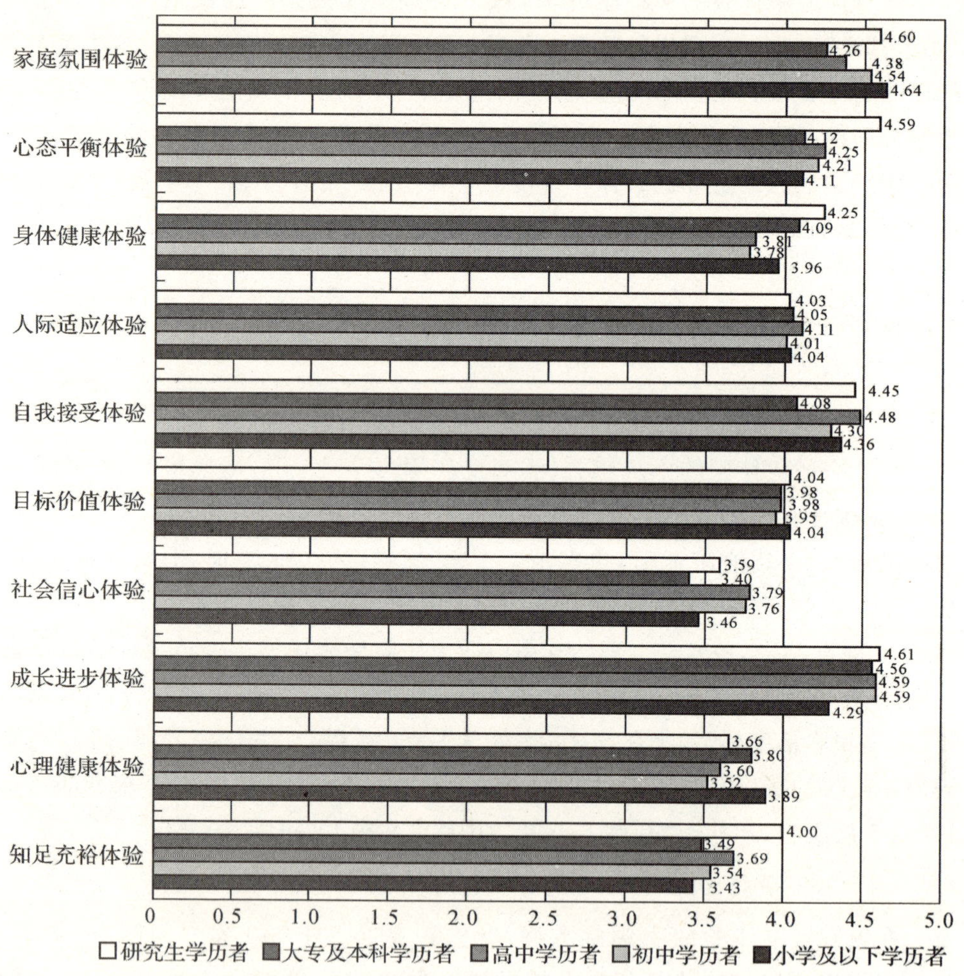

图6-21 不同学历者居民的10个维度幸福感（单位：平均值）

者、初中学历者、高中学历者、大专或本科学历者的居民的知足充裕体验幸福感的平均值分别为3.43、3.54、3.69和3.49，尽管存在不同程度的差异，但是在“很不幸福、不幸福、有点不幸福、有点幸福、幸福”和“非常幸福”六个层次上，幸福感水平均处于“有点不幸福”和“有点幸福”之间。

（二）不同学历居民的心理健康体验幸福感

在心理健康体验的幸福感方面，小学及以下学历者、初中学历者、高中学历者、大专及本科学历者、研究生学历者的平均值分别为3.89、3.52、3.60、3.80和3.66，虽然彼此之间存在不同程度的差异，但是可以发现，在“很不幸福、不幸福、有点不幸福、有点幸福、幸福”和“非常幸福”六个层次上，幸福感水平均处于“有点不幸福”和“有点幸福”之间。该统计结果说明，在心理健康体验维度的幸福感方面，不同学历者的幸福感水平并不存在显著的差异。

（三）不同学历居民的成长进步体验幸福感

在成长进步体验的幸福感方面，小学及以下学历者、初中学历者、高中学历者、大专及本科学历者、研究生学历者的平均值分别为4.29、4.59、4.59、4.56和4.61，虽然彼此之间存在不同程度的差异，但是可以发现，在“很不幸福、不幸福、有点不幸福、有点幸福、幸福”和“非常幸福”六个层次上，幸福感水平均处于“有点幸福”和“幸福”之间。该统计结果说明，在成长进步体验维度的幸福感方面，不同学历者的幸福感水平并不存在显著的差异。

（四）不同学历居民的社会信心体验幸福感

在社会信心体验的幸福感方面，小学及以下学历者、初中学历者、高中学历者、大专及本科学历者、研究生学历者的平均值分别为3.46、3.76、3.79、3.40和3.59，虽然彼此之间存在不同程度的差异，但是可以发现，在“很不幸福、不幸福、有点不幸福、有点幸福、幸福”和“非常幸福”六个层次上，幸福感水平均处于“有点不幸福”和“有点幸福”之间。该统计结果说明，在社会信心体验维度的幸福感方面，不同学历者的幸福感水平并不存在显著的差异。

（五）不同学历居民的目标价值体验幸福感

在目标价值体验的幸福感方面，小学及以下学历者和研究生学历者的居民最高，平均值为4.04，在“很不幸福、不幸福、有点不幸福、有点幸福、幸福”和“非常幸福”六个层次上，幸福感水平处于“有点幸福”和“幸福”之间。而初中学历者、高中学历者、大专或本科学历者的居民的目标价值体验幸福感的平均值分别为3.95、3.98和3.98，尽管存在不同程度的差异，但是在“很不幸福、不幸福、有点不幸福、有点幸福、幸福”和“非常幸福”六个层次上，幸福感水平均处于“有点不幸福”和“有点幸福”之间。

（六）不同学历居民的自我接受体验幸福感

在自我接受体验的幸福感方面，小学及以下学历者、初中学历者、高中学历者、大专及本科学历者、研究生学历者的平均值分别为4.36、4.30、4.48、4.08和4.45，虽然彼此之间存在不同程度的差异，但是可以发现，在“很不幸福、不幸福、有点不幸福、有点幸福、幸福”和“非常幸福”六个层次上，幸福感水平均处于“有点幸福”和“幸福”之间。该统计结果说明，在自我接受体验维度的幸福感方面，不同学历者的幸福感水平并不存在显著的差异。

（七）不同学历居民的人际适应体验幸福感

在人际适应体验的幸福感方面，小学及以下学历者、初中学历者、高中学历者、大专及本科学历者、研究生学历者的平均值分别为4.04、4.01、4.11、4.05和4.03，虽然彼此之间存在不同程度的差异，但是可以发现，在“很不幸福、不幸福、有点不幸福、有点幸福、幸福”和“非常幸福”六个层次上，幸福感水平均处于“有点幸福”和“幸福”之间。该统计结果说明，在人际适应体验维度的幸福感方面，不同学历者的幸福感水平并不存在显著的差异。

（八）不同学历居民的身体健康体验幸福感

在身体健康体验的幸福感方面，小学及以下学历者、初中学历者、高中学历者的居民的平均值分别为3.96、3.78和3.81，尽管存在一定程度的不同，但是在“很不幸福、不幸福、有点不幸福、有点幸福、幸福”和“非常幸福”六个层次上，幸福感水平处于“有点不幸福”和“有点幸福”之间。而大专或本科学历者、研究生学历者的居民的身体健康体验幸福感的平均值分别为4.09和4.25，尽管也存在不同程度的差异，但是在“很不幸福、不幸福、有点不幸福、有点幸福、幸福”和“非常幸福”六个层次上，幸福感水平均处于“有点幸福”和“幸福”之间。

（九）不同学历居民的心态平衡体验幸福感

在心态平衡体验的幸福感方面，小学及以下学历者、初中学历者、高中学历者、大专及本科学历者、研究生学历者的平均值分别为4.11、4.21、4.25、4.12和4.59，虽然彼此之间存在不同程度的差异，但是可以发现，在“很不幸福、不幸福、有点不幸福、有点幸福、幸福”和“非常幸福”六个层次上，幸福感水平均处于“有点幸福”和“幸福”之间。该统计结果说明，在心态平衡体验维度的幸福感方面，不同学历者的幸福感水平并不存在显著的差异。

（十）不同学历居民的家庭氛围体验幸福感

在家庭氛围体验的幸福感方面，小学及以下学历者、初中学历者、高中学历者、大专及本科学历者、研究生学历者的平均值分别为 4.64、4.54、4.38、4.26 和 4.60，虽然彼此之间存在不同程度的差异，但是可以发现，在“很不幸福、不幸福、有点不幸福、有点幸福、幸福”和“非常幸福”六个层次上，幸福感水平均处于“有点幸福”和“幸福”之间。该统计结果说明，在家庭氛围体验维度的幸福感方面，不同学历者的幸福感水平并不存在显著的差异。

四、不同收入居民的 10 个维度幸福感

（一）不同收入居民的知足充裕体验幸福感

如图 6-22 所示，在知足充裕体验的幸福感方面，低收入者、中收入者、高收入者的平均值分别为 3.35、3.72 和 3.84，虽然彼此之间存在不同程度的差异，但是可以发现，在“很不幸福、不幸福、有点不幸福、有点幸福、幸福”和“非常幸福”六个层次上，幸福感水平均处于“有点不幸福”和“有点幸福”之间。该统计结果说明，在知足充裕体验维度的幸福感方面，不同收入居民的幸福感水平并不存在显著的差异。

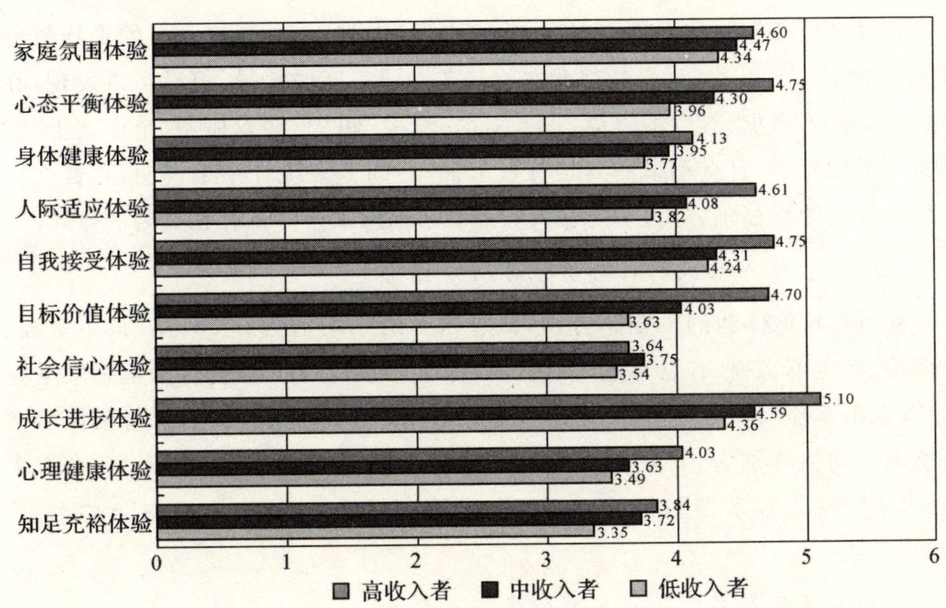

图 6-22　不同收入居民的 10 个维度幸福感（单位：平均值）

（二）不同收入居民的心理健康体验幸福感

在心理健康体验的幸福感方面，低收入者、中收入者的平均值分别为3.49和3.63，尽管存在一定程度的不同，但是在“很不幸福、不幸福、有点不幸福、有点幸福、幸福”和“非常幸福”六个层次上，幸福感水平处于“有点不幸福”和“有点幸福”之间。而高收入者的心理健康体验幸福感的平均值为4.03，在“很不幸福、不幸福、有点不幸福、有点幸福、幸福”和“非常幸福”六个层次上，幸福感水平均处于“有点幸福”和“幸福”之间。

（三）不同收入居民的成长进步体验幸福感

在成长进步体验的幸福感方面，低收入者、中收入者的平均值分别为4.36和4.59，尽管存在一定程度的不同，但是在“很不幸福、不幸福、有点不幸福、有点幸福、幸福”和“非常幸福”六个层次上，两者的幸福感水平处于“有点幸福”和“幸福”之间。而高收入者的成长进步体验幸福感的平均值高达为5.10，在“很不幸福、不幸福、有点不幸福、有点幸福、幸福”和“非常幸福”六个层次上，幸福感水平均处于“幸福”和“非常幸福”之间。

（四）不同收入居民的社会信心体验幸福感

在社会信心体验的幸福感方面，低收入者、中收入者、高收入者的平均值分别为3.54、3.75和3.64，虽然彼此之间存在不同程度的差异，但是可以发现，在“很不幸福、不幸福、有点不幸福、有点幸福、幸福”和“非常幸福”六个层次上，幸福感水平均处于“有点不幸福”和“有点幸福”之间。该统计结果说明，在社会信心体验维度的幸福感方面，不同收入居民的幸福感水平并不存在显著的差异。

（五）不同收入居民的目标价值体验幸福感

在目标价值体验的幸福感方面，低收入者的平均值为3.63，在“很不幸福、不幸福、有点不幸福、有点幸福、幸福”和“非常幸福”六个层次上，幸福感水平处于“有点不幸福”和“有点幸福”之间。而中收入者、高收入者的目标价值体验幸福感的平均值分别为4.03和4.70，在“很不幸福、不幸福、有点不幸福、有点幸福、幸福”和“非常幸福”六个层次上，幸福感水平均处于“有点幸福”和“幸福”之间。

（六）不同收入居民的自我接受体验幸福感

在自我接受体验的幸福感方面，低收入者、中收入者、高收入者的平均值分别为4.24、4.31和4.75，虽然彼此之间存在不同程度的差异，但是可以发现，在

“很不幸福、不幸福、有点不幸福、有点幸福、幸福”和“非常幸福”六个层次上，幸福感水平均处于“有点幸福”和“幸福”之间。该统计结果说明，在自我接受体验维度的幸福感方面，不同收入居民的幸福感水平并不存在显著的差异。

（七）不同收入居民的人际适应体验幸福感

在人际适应体验的幸福感方面，低收入者的平均值为 3.82，在“很不幸福、不幸福、有点不幸福、有点幸福、幸福”和“非常幸福”六个层次上，幸福感水平处于“有点不幸福”和“有点幸福”之间。而中收入者、高收入者的目标价值体验幸福感的平均值分别为 4.08 和 4.61，在“很不幸福、不幸福、有点不幸福、有点幸福、幸福”和“非常幸福”六个层次上，幸福感水平均处于“有点幸福”和“幸福”之间。

（八）不同收入居民的身体健康体验幸福感

在身体健康体验的幸福感方面，低收入者、中收入者的平均值分别为 3.77 和 3.95，尽管两者存在一定程度的差异，但是在“很不幸福、不幸福、有点不幸福、有点幸福、幸福”和“非常幸福”六个层次上，两者的幸福感水平均处于“有点不幸福”和“有点幸福”之间。而高收入者的身体健康体验幸福感的平均值为 4.13，在“很不幸福、不幸福、有点不幸福、有点幸福、幸福”和“非常幸福”六个层次上，幸福感水平均处于“有点幸福”和“幸福”之间。

（九）不同收入居民的心态平衡体验幸福感

在心态平衡体验的幸福感方面，低收入者的平均值为 3.96，在“很不幸福、不幸福、有点不幸福、有点幸福、幸福”和“非常幸福”六个层次上，幸福感水平处于“有点不幸福”和“有点幸福”之间。而中收入者、高收入者的心态平衡体验幸福感的平均值分别为 4.30 和 4.75，在“很不幸福、不幸福、有点不幸福、有点幸福、幸福”和“非常幸福”六个层次上，幸福感水平均处于“有点幸福”和“幸福”之间。

（十）不同收入居民的家庭氛围体验幸福感

在家庭氛围体验的幸福感方面，低收入者、中收入者、高收入者的平均值分别为 4.34、4.47 和 4.60，虽然彼此之间存在不同程度的差异，但是可以发现，在“很不幸福、不幸福、有点不幸福、有点幸福、幸福”和“非常幸福”六个层次上，三者的幸福感水平均处于“有点不幸福”和“有点幸福”之间。该统计结果说明，在家庭氛围体验维度的幸福感方面，低收入者、中收入者、高收入者的幸福感水平并不存在显著的差异。

五、不同职业阶层居民的10个维度幸福感

(一)不同职业阶层居民的知足充裕体验幸福感

如图6-23所示,在知足充裕体验的幸福感方面,基础阶层、中间阶层、优势阶层的平均值分别为3.56、3.65和3.73,虽然彼此之间存在不同程度的差异,但是可以发现,在"很不幸福、不幸福、有点不幸福、有点幸福、幸福"和"非常幸福"六个层次上,三者的幸福感水平均处于"有点不幸福"和"有点幸福"之间。该统计结果说明,在知足充裕体验维度的幸福感方面,基础阶层、中间阶层、优势阶层的幸福感水平并不存在显著的差异。

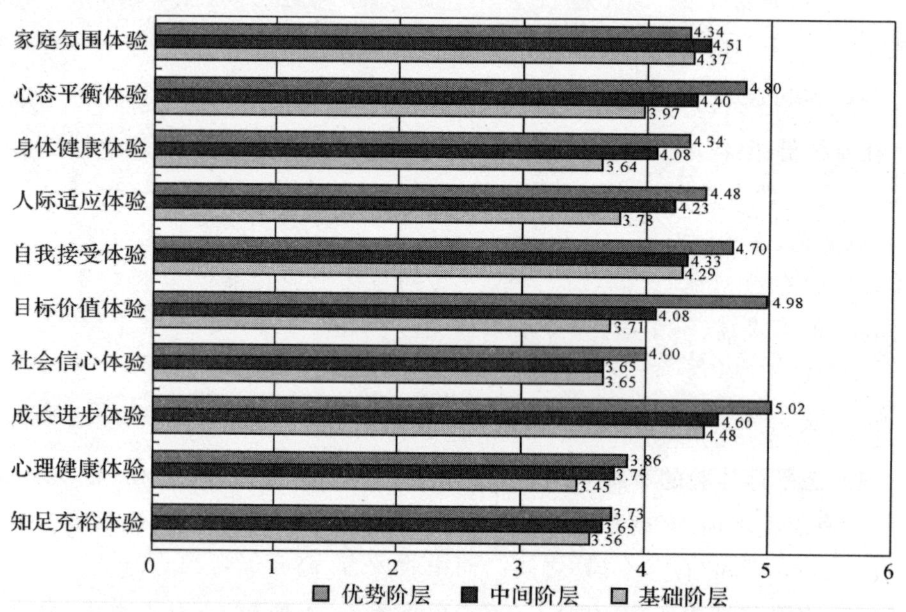

图6-23 不同职业阶层的10个维度幸福感(单位:平均值)

(二)不同职业阶层居民的心理健康体验幸福感

在心理健康体验的幸福感方面,基础阶层、中间阶层、优势阶层的平均值分别为3.45、3.75和3.86,虽然彼此之间存在不同程度的差异,但是可以发现,在"很不幸福、不幸福、有点不幸福、有点幸福、幸福"和"非常幸福"六个层次上,三者的幸福感水平均处于"有点不幸福"和"有点幸福"之间。该统计结果说明,在心理健康体验维度的幸福感方面,基础阶层、中间阶层、优势阶层的幸福感水平并不存在显著的差异。

（三）不同职业阶层居民的成长进步体验幸福感

在成长进步体验的幸福感方面，基础阶层、中间阶层的平均值分别为 4.48 和 4.60，尽管存在一定程度的不同，但是在“很不幸福、不幸福、有点不幸福、有点幸福、幸福”和“非常幸福”六个层次上，两者的幸福感水平处于“有点幸福”和“幸福”之间。而优势阶层的成长进步体验幸福感的平均值高达为 5.02，在“很不幸福、不幸福、有点不幸福、有点幸福、幸福”和“非常幸福”六个层次上，幸福感水平均处于“幸福”和“非常幸福”之间。

（四）不同职业阶层居民的社会信心体验幸福感

在社会信心体验的幸福感方面，基础阶层、中间阶层的平均值均为 3.65，在“很不幸福、不幸福、有点不幸福、有点幸福、幸福”和“非常幸福”六个层次上，两者的幸福感水平均处于“有点不幸福”和“有点幸福”之间。而优势阶层的社会信心体验幸福感的平均值为 4.00，在“很不幸福、不幸福、有点不幸福、有点幸福、幸福”和“非常幸福”六个层次上，幸福感水平正好处于“有点幸福”的层次。

（五）不同职业阶层居民的目标价值体验幸福感

在目标价值体验的幸福感方面，基础阶层的平均值均为 3.71，在“很不幸福、不幸福、有点不幸福、有点幸福、幸福”和“非常幸福”六个层次上，幸福感水平均处于“有点不幸福”和“有点幸福”之间。而中间阶层、优势阶层的目标价值体验幸福感的平均值分别为 4.08 和 4.98，两者尽管存在一定程度的不同，但是在“很不幸福、不幸福、有点不幸福、有点幸福、幸福”和“非常幸福”六个层次上，幸福感水平均处于“有点幸福”和“幸福”之间。

（六）不同职业阶层居民的自我接受体验幸福感

在自我接受体验的幸福感方面，基础阶层、中间阶层、优势阶层的平均值分别为 4.29、4.33 和 4.70，虽然彼此之间存在不同程度的差异，但是可以发现，在“很不幸福、不幸福、有点不幸福、有点幸福、幸福”和“非常幸福”六个层次上，三者的幸福感水平均处于“有点幸福”和“幸福”之间。该统计结果说明，在自我接受体验维度的幸福感方面，基础阶层、中间阶层、优势阶层的幸福感水平并不存在显著的差异。

（七）不同职业阶层居民的人际适应体验幸福感

在人际适应体验的幸福感方面，基础阶层的平均值均为 3.78，在“很不幸福、不幸福、有点不幸福、有点幸福、幸福”和“非常幸福”六个层次上，幸福感水平均处于“有点不幸福”和“有点幸福”之间。而中间阶层、优势阶层的人际适应体验幸福感的平均值分别为 4.23 和 4.48，两者尽管存在一定程度的不同，但是在“很不幸福、不幸福、有点不幸福、有点幸福、幸福”和“非常幸福”六个层次上，幸福感水平均处于“有点幸福”和“幸福”之间。

（八）不同职业阶层居民的身体健康体验幸福感

在身体健康体验的幸福感方面，基础阶层的平均值均为 3.64，在“很不幸福、不幸福、有点不幸福、有点幸福、幸福”和“非常幸福”六个层次上，幸福感水平均处于“有点不幸福”和“有点幸福”之间。而中间阶层、优势阶层的身体健康体验幸福感的平均值分别为 4.08 和 4.34，两者尽管存在一定程度的不同，但是在“很不幸福、不幸福、有点不幸福、有点幸福、幸福”和“非常幸福”六个层次上，幸福感水平均处于“有点幸福”和“幸福”之间。

（九）不同职业阶层居民的心态平衡体验幸福感

在心态平衡体验的幸福感方面，基础阶层的平均值均为 3.97，在“很不幸福、不幸福、有点不幸福、有点幸福、幸福”和“非常幸福”六个层次上，幸福感水平均处于“有点不幸福”和“有点幸福”之间。而中间阶层、优势阶层的心态平衡体验幸福感的平均值分别为 4.40 和 4.80，两者尽管存在一定程度的不同，但是在“很不幸福、不幸福、有点不幸福、有点幸福、幸福”和“非常幸福”六个层次上，幸福感水平均处于“有点幸福”和“幸福”之间。

（十）不同职业阶层居民的家庭氛围体验幸福感

在家庭氛围体验的幸福感方面，基础阶层、中间阶层、优势阶层的平均值分别为 4.37、4.51 和 4.34，虽然彼此之间存在不同程度的差异，但是可以发现，在“很不幸福、不幸福、有点不幸福、有点幸福、幸福”和“非常幸福”六个层次上，三者的幸福感水平均处于“有点幸福”和“幸福”之间。该统计结果说明，在家庭氛围体验维度的幸福感方面，基础阶层、中间阶层、优势阶层的幸福感水平并不存在显著的差异。

六、不同婚姻状况居民的 10 个维度幸福感

不同婚姻状况居民的 10 个维度幸福感状况，如图 6-24 所示。可以发现，未婚者、已婚者（有配偶）、离婚者（或丧偶）的 10 个维度幸福感状况，呈现如下倾向。

（一）不同婚姻状况居民的知足充裕体验幸福感

在知足充裕体验的幸福感方面，未婚者、已婚者（有配偶）的平均值分别为

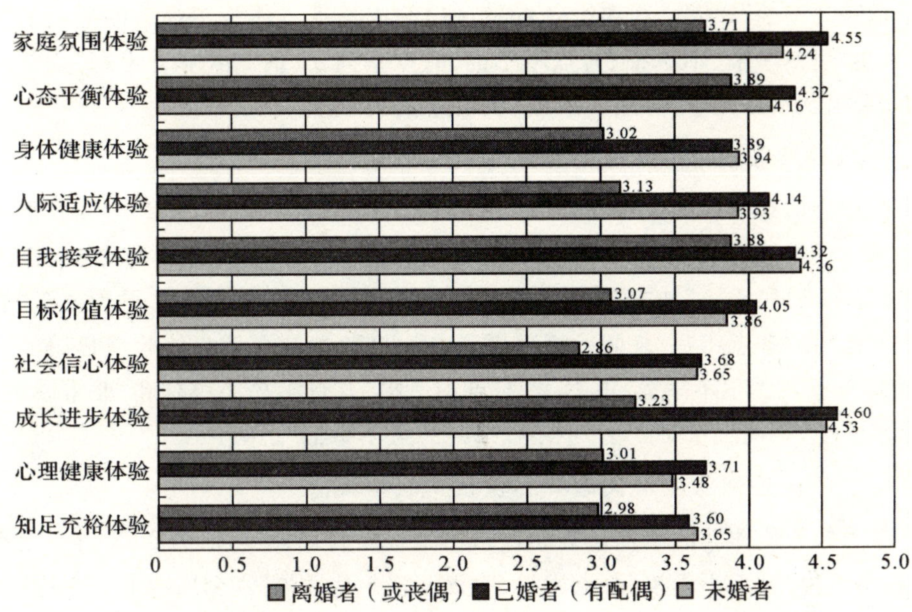

图 6-24　不同婚姻状况居民的 10 个维度幸福感(单位:平均值)

3.65 和 3.60,两者尽管存在一定程度的不同,但是在“很不幸福、不幸福、有点不幸福、有点幸福、幸福”和“非常幸福”六个层次上,两者的幸福感水平处于“有点不幸福”和“有点幸福”之间。而离婚者(或丧偶)的知足充裕体验幸福感的平均值为 2.98,在“很不幸福、不幸福、有点不幸福、有点幸福、幸福”和“非常幸福”六个层次上,幸福感水平均处于“不幸福”和“有点不幸福”之间。

(二)不同婚姻状况居民的心理健康体验幸福感

在心理健康体验的幸福感方面,未婚者、已婚者(有配偶)、离婚者(或丧偶)的平均值分别为 3.48、3.71 和 3.01,三者尽管存在一定程度的不同,但是在“很不幸福、不幸福、有点不幸福、有点幸福、幸福”和“非常幸福”六个层次上,三者的幸福感水平处于“有点不幸福”和“有点幸福”之间。该统计结果说明,在心理健康体验维度的幸福感方面,未婚者、已婚者(有配偶)、离婚者(或丧偶)的幸福感水平并不存在显著的差异。

(三)不同婚姻状况居民的成长进步体验幸福感

在成长进步体验的幸福感方面,未婚者、已婚者(有配偶)的平均值分别为 4.53 和 4.60,两者尽管存在一定程度的不同,但是在“很不幸福、不幸福、有点不幸福、有点幸福、幸福”和“非常幸福”六个层次上,两者的幸福感水平均处于“有点幸福”和“幸福”之间。而离婚者(或丧偶)的成长进步体验幸福感的平均值为3.23,在“很不幸福、不幸福、有点不幸福、有点幸福、幸福”和“非常幸福”六个层次上,幸福感水平处于“有点不幸福”和“有点幸福”之间。

(四)不同婚姻状况居民的社会信心体验幸福感

在社会信心体验的幸福感方面,未婚者、已婚者(有配偶)的平均值分别为3.65和3.68,两者尽管存在一定程度的不同,但是在“很不幸福、不幸福、有点不幸福、有点幸福、幸福”和“非常幸福”六个层次上,两者的幸福感水平均处于“有点不幸福”和“有点幸福”之间。而离婚者(或丧偶)的社会信心体验幸福感的平均值为2.86,在“很不幸福、不幸福、有点不幸福、有点幸福、幸福”和“非常幸福”六个层次上,幸福感水平处于“不幸福”和“有点不幸福”之间。

(五)不同婚姻状况居民的目标价值体验幸福感

在目标价值体验的幸福感方面,已婚者(有配偶)的平均值为4.05,在“很不幸福、不幸福、有点不幸福、有点幸福、幸福”和“非常幸福”六个层次上,幸福感水平处于“有点幸福”和“幸福”之间。而未婚者、离婚者(或丧偶)的目标价值体验幸福感的平均值分别为3.86和3.07,两者尽管存在一定程度的不同,但是在“很不幸福、不幸福、有点不幸福、有点幸福、幸福”和“非常幸福”六个层次上,幸福感水平均处于“有点不幸福”和“有点幸福”之间。

(六)不同婚姻状况居民的自我接受体验幸福感

在自我接受体验的幸福感方面,未婚者、已婚者(有配偶)的平均值分别为4.36和4.32,两者尽管存在一定程度的不同,但是在“很不幸福、不幸福、有点不幸福、有点幸福、幸福”和“非常幸福”六个层次上,两者的幸福感水平均处于“有点幸福”和“幸福”之间。而离婚者(或丧偶)的自我接受体验幸福感的平均值为3.88,在“很不幸福、不幸福、有点不幸福、有点幸福、幸福”和“非常幸福”六个层次上,幸福感水平处于“有点不幸福”和“有点幸福”之间。

(七)不同婚姻状况居民的人际适应体验幸福感

在人际适应体验的幸福感方面,已婚者(有配偶)的平均值为4.14,在“很不幸福、不幸福、有点不幸福、有点幸福、幸福”和“非常幸福”六个层次上,幸福感水平处于“有点幸福”和“幸福”之间。而未婚者、离婚者(或丧偶)的人际适应体验幸福感的平均值分别为3.93和3.13,两者尽管存在一定程度的不同,但是在“很不幸福、不幸福、有点不幸福、有点幸福、幸福”和“非常幸福”六个层次上,幸福感水平均处于“有点不幸福”和“有点幸福”之间。

（八）不同婚姻状况居民的身体健康体验幸福感

在身体健康体验的幸福感方面，未婚者、已婚者（有配偶）、离婚者（或丧偶）的平均值分别为 3.94，3.89 和 3.02，三者尽管存在一定程度的不同，但是在“很不幸福、不幸福、有点不幸福、有点幸福、幸福”和“非常幸福”六个层次上，三者的幸福感水平均处于“有点不幸福”和“有点幸福”之间。该统计结果说明，在身体健康体验维度的幸福感方面，未婚者、已婚者（有配偶）、离婚者（或丧偶）的幸福感水平并不存在显著的差异。

（九）不同婚姻状况居民的心态平衡体验幸福感

在心态平衡体验的幸福感方面，未婚者、已婚者（有配偶）的平均值分别为 4.16 和 4.32，两者尽管存在一定程度的不同，但是在“很不幸福、不幸福、有点不幸福、有点幸福、幸福”和“非常幸福”六个层次上，两者的幸福感水平均处于“有点幸福”和“幸福”之间。而离婚者（或丧偶）的心态平衡幸福感的平均值为 3.89，在“很不幸福、不幸福、有点不幸福、有点幸福、幸福”和“非常幸福”六个层次上，幸福感水平处于“有点不幸福”和“有点幸福”之间。

（十）不同婚姻状况居民的家庭氛围体验幸福感

在家庭氛围体验的幸福感方面，未婚者、已婚者（有配偶）的平均值分别为 4.24 和 4.55，两者尽管存在一定程度的不同，但是在“很不幸福、不幸福、有点不幸福、有点幸福、幸福”和“非常幸福”六个层次上，两者的幸福感水平处于“有点幸福”和“幸福”之间。而离婚者（或丧偶）的家庭氛围体验幸福感的平均值为 3.71，在“很不幸福、不幸福、有点不幸福、有点幸福、幸福”和“非常幸福”六个层次上，幸福感水平均处于“有点不幸福”和“有点幸福”之间。

第七章　幸福感影响因素的实证分析

第六章分析了现阶段人们的幸福感状况，发现人们的幸福感在“很不幸福、不幸福、有点不幸福、有点幸福、幸福、非常幸福”六个层次中，仅仅处于“有点幸福”的层次，而在幸福感的10个维度方面，幸福感水平依照成长进步体验、家庭氛围体验、自我接受体验、心态平衡体验、人际适应体验、目标价值体验、身体健康体验、社会信心体验、心理健康体验、知足充裕体验的顺序依次降低。

那么，是哪些因素影响着人们的幸福感呢？本章将就这一问题进行较为全面、细致的分析。首先在第一节，将分析性别、年龄等个人的社会特征对幸福感的影响，其次在第二节，将分析社会公平、食品安全等社会宏观层面因素对幸福感的影响，而在第三节，将分析关系网络、社团参与等社会微观层面因素对幸福感的影响。

第一节　个人的社会特征与幸福感

一、个人的社会特征与总体幸福感

表7-1表示的是，个人的社会特征与总体幸福感的回归分析结果。可以发现，在性别、年龄、学历、收入、职业阶层和婚姻状况六个社会特征中，只有年龄、收入和职业阶层对总体幸福感产生了显著的影响。具体体现是：20—30周岁和31—40周岁年龄层的居民的标准化回归系数(Beta)分别比61—70周岁年龄层的居民低0.391和0.311，并且均在5%的水平上呈现统计显著性，而41—50周岁和51—60周岁年龄层的居民的标准化回归系数(Beta)，虽然比61—70周岁年龄层的居民分别低0.141和0.129，但均没有呈现统计显著性。另外，与高收入者相比，低收入者和中收入者的标准化回归系数(Beta)分别低0.391和

0.155.并且分别在0.1%和5%的水平上呈现统计显著性。再者,基础阶层、中间阶层的标准化回归系数(Beta)分别比优势阶层低0.297和0.152,并且分别在1%和5%的水平上呈现统计显著性。

表7-1　个人的社会特征与总体幸福感的回归分析

因变量:总体幸福感		非标准化回归系数(B)	标准误(Std. Error)	标准化回归系数(Beta)
个人的社会特征	性别[a]			
	男性	−0.055	0.062	−0.048
	年龄[b]			
	20—30周岁	−0.463	0.185	−0.391*
	31—40周岁	−0.368	0.173	−0.311*
	41—50周岁	−0.196	0.175	−0.141
	51—60周岁	−0.230	0.184	−0.129
	学历[c]			
	小学及以下学历者	−0.055	0.185	−0.019
	初中学历者	−0.098	0.111	−0.082
	高中学历者	−0.056	0.104	−0.048
	大专或本科学历者	−0.152	0.110	−0.109
	收入[d]			
	低收入者	−0.452	0.109	−0.391***
	中收入者	−0.199	0.109	−0.155*
	职业阶层[e]			
	基础阶层	−0.155	0.163	−0.297**
	中间阶层	−0.072	0.135	−0.152*
	婚姻状况[f]			
	已婚者(有配偶)	−0.098	0.090	−0.084
	离婚者(或丧偶)	−0.167	0.397	−0.023
Constant		4.966***		
Adj. R^2		0.101		
F		3.574***		

注:a的参考类别为女性;b的参考类别为61—70周岁;c的参考类别为研究生;d的参考类别为高收入者;e的参考类别为优势阶层;f的参考类别为未婚者。

*表示P<0.05;**表示P<0.01;***表示P<0.001。

另外,从表7-1中还可以发现,在性别方面,男性比女性的标准化回归系数(Beta)低0.048;在学历方面,小学及以下学历者、初中学历者、高中学历者、大专或本科学历者的标准化回归系数(Beta)分别比研究生学历者低0.019、0.082、0.048和0.109;在婚姻状况方面,已婚者(有配偶)、离婚者(或丧偶)的标准化回归系数(Beta)分别比未婚者低 0.084 和 0.023,但是这种差异均没有呈现统计显著性。

上述统计发现说明,个人的社会特征与总体幸福感存在如下关系。

第一,在性别方面,男性与女性的总体幸福感不存在显著差异。

第二,在年龄方面,20—30 周岁和 31—40 周岁年龄层居民的总体幸福感分别低于 61—70 周岁年龄层的居民,而 41—50 周岁和 51—60 周岁年龄层的居民与 61—70 周岁年龄层的居民并不存在显著的差异。

第三,在学历方面,小学及以下学历者、初中学历者、高中学历者、大专或本科学历者、研究生学历者的总体幸福感不存在显著差异。

第四,在收入方面,低收入者和中收入者的总体幸福感分别低于高收入者,并且回归系数说明,总体幸福感依照低收入者、中收入者、高收入者的顺序依次提高。

第五,在职业阶层方面,基础阶层、中间阶层的总体幸福感分别低于优势阶层,并且回归系数说明,总体幸福感水平依照基础阶层、中间阶层、优势阶层的顺序依次提高。

第六,在婚姻状况方面,未婚者、已婚者(有配偶)、离婚者(或丧偶)的总体幸福感彼此之间并不存在显著差异。

另外,该回归方程的方差检验的 F 值为 3.574,并且在 0.1%的水平上呈现统计显著性,另外该回归方程调整后的判定系数为(Adj. R^2)为 0.101,说明上述统计结果具有较强的解释力。

二、个人的社会特征与 10 个维度幸福感

表 7-2 表示的是,个人的社会特征与 10 个维度幸福感的回归分析结果。首先,从 10 个回归模型调整后的判定系数(Adj. R^2)看,模型 1、模型 2、模型 3、模型 5、模型 6 和模型 9 的判定系数均高于 0.06,说明它们所示的统计结果具有较强的解释力,而模型 4、模型 7、模型 8 和模型 10 的判定系数均比较低,说明它们所示的统计结果的解释力比较弱。另外,在 10 个回归模型中,模型 4 的方差分析中的 F 值为 1.332,并且没有呈现统计显著性,说明该模型中的个人社会特征对总体幸福感不存在显著的影响,而模型 1、模型 2、模型 3、模型 5、模型 6、模型 7、模型 8、模型 9、模型 10 的方差分析中的 F 值,尽管存在不同程度的差异,但在 10%、5%、1%或者 0.1%的水平上呈现统计显著性,说明这九个模型中的个人社会特征对总体幸福感具有不同程度的影响。不同社会特征的具体影响,可做如下表述。

表 7-2 个人的社会特征与 10 个维度幸福感的回归分析

因变量:10 个维度幸福感		模型 1 知足充裕体验	模型 2 心理健康体验	模型 3 成长进步体验	模型 4 社会信心体验	模型 5 目标价值体验	模型 6 自我接受体验	模型 7 人际适应体验	模型 8 身体健康体验	模型 9 心态平衡体验	模型 10 家庭氛围体验
个人的社会特征	性别[a]										
	男性	−0.195***	0.054	−0.103*	−0.071	0.053	−0.007	0.058	0.023	−0.036	−0.068
	年龄[b]										
	20—30 周岁	−0.261	−0.063	−0.071	−0.109	−0.387*	−0.361*	−0.243	−0.162	−0.363*	−0.147
	31—40 周岁	−0.333*	0.054	−0.202	−0.175	−0.364*	−0.436**	−0.166	0.044	−0.143	−0.055
	41—50 周岁	−0.193	0.224+	−0.243*	−0.116	−0.151	−0.339**	−0.093	0.095	−0.014	−0.040
	51—60 周岁	−0.144	0.083	−0.166	−0.030	−0.138	−0.225*	−0.077	0.059	−0.063	−0.043
	学历[c]										
	小学及以下学历者	−0.095	0.002	−0.003	−0.029	0.030	0.012	0.039	−0.019	−0.044	0.004
	初中学历者	−0.221*	−0.098	0.068	0.072	0.012	−0.025	0.051	−0.121	−0.119	−0.046
	高中学历者	−0.144	−0.034	0.034	0.093	0.018	0.052	0.085	−0.129	−0.110	−0.117
	大专或本科学历者	−0.220**	0.056	0.008	−0.077	0.019	−0.169*	0.059	−0.015	−0.153*	−0.142+
	收入[d]										
	低收入者	−0.277**	−0.204*	−0.401***	−0.049	−0.293**	−0.363***	−0.237*	0.010	−0.253**	−0.198*
	中收入者	−0.064	−0.059	−0.265**	0.089	−0.140+	−0.175*	−0.193*	0.041	−0.089	−0.073
	职业阶层[e]										
	基础阶层	0.081	0.078	−0.245*	−0.071	−0.228*	−0.036	−0.081	−0.287**	−0.045	0.081
	中间阶层	0.080	−0.034	−0.153*	−0.137	−0.190*	−0.018	−0.005	−0.174*	−0.051	0.148

续　表

因变量:10 个维度幸福感		模型 1 知足充裕体验	模型 2 心理健康体验	模型 3 成长进步体验	模型 4 社会信心体验	模型 5 目标价值体验	模型 6 自我接受体验	模型 7 人际适应体验	模型 8 身体健康体验	模型 9 心态平衡体验	模型 10 家庭氛围体验
个人的社会特征	婚姻状况[f]										
	已婚者（有配偶）	−0.079	−0.034	0.115	−0.053	−0.060	−0.091	0.008	−0.142^{+}	−0.158*	0.071
	离婚者（或丧偶）	0.001	0.078	0.058	0.037	−0.054	0.062	−0.085	−0.029	−0.223***	0.067
Adj. R^2		0.062	0.074	0.062	0.014	0.099	0.076	0.026	0.030	0.115	0.036
F		2.512**	2.827***	2.506**	1.332	3.491***	2.867***	1.610^{+}	1.713*	3.956***	1.844*

注：表中数值为标准化回归系数(Beta)。

a 的参考类别为女性；b 的参考类别为 61—70 周岁；c 的参考类别为研究生；d 的参考类别为高收入者；e 的参考类别为优势阶层；f 的参考类别为未婚者。

$^{+}$表示 $P<0.10$；*表示 $P<0.05$；**表示 $P<0.01$；***表示 $P<0.001$。

(一)性别与10个维度幸福感

在知足充裕体验和成长进步体验两个方面,男性的标准化回归系数(Beta)分别低于女性0.195和0.103,并分别在0.1%和5%的水平上呈现统计显著性,而在心理健康体验、社会信心体验、目标价值体验、自我接受体验、人际适应体验、身体健康体验、心态平衡体验和家庭氛围体验八个维度上,虽然男性的标准化回归系数(Beta)也分别高于或者低于女性,但并没有呈现统计显著性。上述统计发现说明:在知足充裕体验和成长进步体验两个维度的幸福感方面,男性低于女性,但是在心理健康体验、社会信心体验、目标价值体验、自我接受体验、人际适应体验、身体健康体验、心态平衡体验和家庭氛围体验八个维度的幸福感方面,男性与女性并不存在显著的差异。

(二)年龄与10个维度幸福感

在知足充裕体验方面,31—40周岁年龄层的居民的标准化回归系数(Beta)低于61—70周岁年龄层的居民0.333,并且在5%的水平上呈现统计显著性,而20—30周岁、41—50周岁、51—60周岁年龄层的居民的标准化回归系数(Beta),虽然也不同程度地低于61—70周岁年龄层的居民,但均没有呈现统计显著性。该统计发现可以说明,31—40周岁年龄层的居民的知足充裕体验维度上的幸福感显著低于61—70周岁年龄层的居民,但20—30周岁、31—40周岁、41—50周岁、51—60周岁的年龄层居民在知足充裕体验维度上的幸福感,并不存在显著的不同。

在心理健康体验方面,41—50周岁年龄层的居民的标准化回归系数(Beta)高于61—70周岁年龄层的居民0.224,并且在10%的水平上具有统计显著性,而20—30周岁、31—40周岁、51—60周岁三个年龄层居民的标准化回归系数(Beta),虽然也不同程度地低于或者高于61—70周岁年龄层的居民,但均没有呈现统计显著性。该统计发现可以说明,41—50周岁年龄层的居民的心理健康体验维度的幸福感比较显著地高于61—70周岁年龄层的居民,但20—30周岁、31—40周岁、51—60周岁和61—70周岁四个年龄层居民的心理健康体验维度的幸福感,并不具有显著的差异。

在成长进步体验方面,41—50周岁年龄层居民的标准化回归系数(Beta)比61—70周岁年龄层的居民低0.243,并且在5%的水平上具有统计显著性。而20—30周岁、31—40周岁、51—60周岁年龄层的居民的标准化回归系数(Beta)虽然分别低于61—70周岁的居民0.071、0.202和0.166,但均没有呈现统计显著性。该统计发现可以说明,41—50 周岁年龄层的居民的成长进步体验维度的幸福感显著地低于 61—70 周岁的居民,但 20—30 周岁、31—40 周岁、51—60 周岁与 61—70 周岁四个年龄层的居民并不存在显著的不同。

在社会信心体验方面,虽然 20—30 周岁、31—40 周岁、41—50 周岁、51—60 周岁年龄层的居民的标准化回归系数(Beta)比 61—70 周岁年龄层的居民分别低 0.109、0.175、0.116 和 0.030,但均没有呈现统计显著性。该统计发现可以说明,20—30 周岁、31—40 周岁、41—50 周岁、51—60 周岁和 61—70 周岁四个年龄层居民的社会信心体验维度的幸福感,并不存在显著的差异。

在目标价值体验方面,20—30 周岁、31—40 周岁年龄层的居民的标准化回归系数(Beta)分别比 61—70 周岁年龄层的居民低 0.387 和 0.364,并且均在 5%的水平上呈现统计显著性,而 41—50 周岁、51—60 周岁两个年龄层居民的标准化回归系数(Beta),虽然分别低于 61—70 周岁年龄层的居民 0.151 和 0.138,但均没有呈现统计显著性。该统计发现可以说明,20—30 周岁、31—40 周岁两个年龄层居民的目标价值体验维度的幸福感显著地低于 61—70 周岁年龄层的居民,但 41—50 周岁、51—60周岁、61—70 周岁三个年龄层居民的目标价值体验维度的幸福感,并不具有显著的不同。

在自我接受体验方面,20—30 周岁、31—40 周岁、41—50 周岁、51—60 周岁四个年龄层居民的标准化回归系数(Beta)分别低于 61—70 周岁年龄层的居民 0.361、0.436、0.339 和 0.225,并且在 5%或者 1%的水平上呈现统计显著性。该统计发现可以说明,20—30 周岁、31—40 周岁、41—50 周岁、51—60 周岁四个年龄层居民的自我接受体验维度的幸福感显著地低于 61—70 周岁年龄层的居民。

在人际适应体验、身体健康体验和家庭氛围体验三个维度的幸福感方面,虽然 20—30 周岁、31—40 周岁、41—50 周岁、51—60 周岁年龄层的居民的标准化回归系数(Beta)不同程度地低于或者高于 61—70 周岁年龄层的居民,但是均没有呈现统计显著性。该统计发现可以说明,在人际适应体验、身体健康体验和家庭氛围体验三个维度的幸福感方面,20—30 周岁、31—40 周岁、41—50 周岁、51—60周岁、61—70 周岁五个年龄层的居民,并不具有显著的不同。

在心态平衡体验方面,20—30 周岁年龄层的居民的标准化回归系数(Beta)比 61—70 周岁年龄层的居民低 0.363,并在 5%的水平上呈现统计显著性,而 31—40周岁、41—50 周岁、51—60 周岁三个年龄层居民的标准化回归系数(Beta)分别低于 61—70 周岁年龄层的居民 0.143、0.014 和 0.063,但均没有呈现统计显著性。该统计发现可以说明,20—30 周岁年龄层居民的心态平衡体验维度的幸福感显著地低于 61—70 周岁年龄层的居民,但 31—40 周岁、41—50 周岁、51—60周岁、61—70 周岁四个年龄层居民的心态平衡体验维度的幸福感,并不具有显著的不同。

(三)学历与 10 个维度幸福感

在知足充裕体验方面,初中学历、大专或本科学历的居民的标准化回归系数(Beta)分别低于研究生学历的居民 0.221 和 0.220,并且分别在 5%和 1%的水平上呈现统计显著性,而小学及以下学历、高中学历的居民的标准化回归系数(Beta),虽然分别低于研究生学历居民 0.095 和 0.144,但均没有呈现统计显著性。该统计发现可以说明,初中学历、大专或本科学历居民在知足充裕体验维度上的幸福感显著低于研究生学历的居民,但小学及以下学历、高中学历、研究生学历的居民在知足充裕体验维度上的幸福感,并不存在显著的不同。

在心理健康体验、成长进步体验、社会信心体验、目标价值体验、自我接受体验、人际适应体验、身体健康体验七个方面,虽然小学及以下学历者、初中学历者、高中学历者、大专或本科学历者的标准化回归系数(Beta)不同程度地高于或者低于研究生学历者,但均没有呈现统计显著性。该统计发现可以说明,在心理健康体验、成长进步体验、社会信心体验、目标价值体验、自我接受体验、人际适应体验、身体健康体验七个维度的幸福感方面,小学及以下学历者、初中学历者、高中学历者、大专或本科学历者、研究生学历者并不存在显著的不同。

在心态平衡体验和家庭氛围体验两个方面,大专或本科学历居民的标准化回归系数(Beta)分别比研究生学历的居民低 0.153 和 0.142,并分别在 5%和 10%的水平上具有统计显著性,而小学及以下学历、初中学历、高中学历的居民的标准化回归系数(Beta),虽然也不同程度地低于或者高于研究生学历的居民,但均没有呈现统计显著性。该统计发现可以说明,大专或本科学历居民在心态平衡体验和家庭氛围体验两个维度上的幸福感显著地低于研究生学历的居民,但是小学及以下学历、初中学历、高中学历、研究生学历的居民之间并不存在显著的不同。

(四)收入与 10 个维度幸福感

在知足充裕体验、心理健康体验、心态平衡体验、家庭氛围体验四个方面,低收入者的标准化回归系数(Beta)分别比高收入者低 0.277、0.204、0.253 和 0.198. 并且分别在 1%或者 5%的水平上呈现统计显著性,而中收入者的标准化回归系数（Beta）虽然也不同程度地低于高收入者，但均没有呈现统计显著性。该统计发现可以说明，在知足充裕体验、心理健康体验、心态平衡体验、家庭氛围体验四个维度的幸福感方面，低收入者显著地低于高收入者，而中收入者与高收入者并不存在显著的不同。

在成长进步体验、目标价值体验、自我接受体验、人际适应体验四个方面，低收入者、中收入者的标准化回归系数（Beta）均不同程度地低于高收入者，并在0.1%、1%、5%或者10%的水平上呈现统计显著性。该统计发现可以说明，在成长进步体验、目标价值体验、自我接受体验、人际适应体验四个维度的幸福感方面，低收入者与中收入者的幸福感水平显著地低于高收入者。

在社会信心体验和身体健康体验两个方面，虽然低收入者、中收入者的标准化回归系数（Beta）不同程度地低于或者高于高收入者，但均没有呈现统计显著性。该统计发现可以说明，在社会信心体验和身体健康体验两个维度的幸福感方面，低收入者、中收入者、高收入者三者之间并不存在显著的差异。

（五）职业阶层与10个维度幸福感

在知足充裕体验、心理健康体验、社会信心体验、自我接受体验、人际适应体验、心态平衡体验和家庭氛围体验七个方面，虽然基础阶层、中间阶层的标准化回归系数（Beta）不同程度地低于或者高于优势阶层，但均没有呈现统计显著性。该统计发现可以说明，在知足充裕体验、心理健康体验、社会信心体验、自我接受体验、人际适应体验、心态平衡体验和家庭氛围体验七个维度的幸福感方面，基础阶层、中间阶层、优势阶层三者之间并不具有显著的不同。

在成长进步体验方面，基础阶层、中间阶层的标准化回归系数（Beta）分别比优势阶层低0.245和0.153，并且均在5%的水平上呈现统计显著性。该统计发现可以说明，基础阶层、中间阶层的成长进步体验维度的幸福感显著地低于优势阶层，且具体的幸福感水平依照基础阶层、中间阶层和优势阶层的顺序依次提高。

在目标价值体验方面，基础阶层、中间阶层的标准化回归系数（Beta）分别低于优势阶层0.228和0.190，并且分别在5%的水平上具有统计显著性。该统计发现可以说明，基础阶层、中间阶层的目标价值体验维度的幸福感显著地低于优势阶层，且具体的幸福感水平依照基础阶层、中间阶层和优势阶层的顺序依次提高。

在身体健康体验方面，基础阶层、中间阶层的标准化回归系数（Beta）比优势阶层低0.287和0.174，并且在1%和5%的水平上具有统计显著性。该统计发现可以说明，在身体健康体验维度的幸福感方面，基础阶层、中间阶层均显著地低于优势阶层，且具体的幸福感水平依照基础阶层、中间阶层、优势阶层的顺序依次提高。

（六）婚姻状况与10个维度幸福感

在知足充裕体验、心理健康体验、成长进步体验、社会信心体验、目标价值体验、自我接受体验、人际适应体验和家庭氛围体验八个方面，虽然已婚者（有配偶）、离婚者（或丧偶）的标准化回归系数（Beta）不同程度地低于或者高于未婚者，但是均没有呈现统计显著性。该统计发现可以说明，未婚者、已婚者（有配偶）、离婚者（或丧偶）在上述八个方面的幸福感水平并不具有显著的不同。

在身体健康体验方面，已婚者（有配偶）的标准化回归系数（Beta）比未婚者低0.142，并且在10%的水平上具有统计显著性，而离婚者（或丧偶）的标准化回归系数（Beta），虽然也低于未婚者0.029，但并没有呈现统计显著性。该统计发现可以说明，已婚者（有配偶）的身体健康体验维度的幸福感水平比较显著地低于未婚者，而离婚者（或丧偶）和未婚者两者之间并不具有显著的不同。

在心态平衡体验方面，已婚者（有配偶）、离婚者（或丧偶）的标准化回归系数（Beta）分别比未婚者低0.158和0.223，并且分别在5%和0.1%的水平上具有统计显著性。该统计发现可以说明，已婚者（有配偶）与离婚者（或丧偶）的心态平衡体验维度的幸福感水平显著地低于未婚者。

第二节　社会宏观层面因素与幸福感

一、社会宏观层面因素与总体幸福感

如第一章第二节所述，本研究所说的社会宏观层面因素，具体是指能够体现社会整体特征的，并且对人们的心理及行为产生影响的社会公平、食品安全、社会冲突、环境污染、贫富差距、官僚腐败。表7-3表示的是，在控制个人的社会特征的情况下，社会宏观层面因素对总体幸福感的独立影响。

表 7-3 社会宏观层面因素与 10 个维度幸福感的回归分析

因变量:总体幸福感		模型 1 总体幸福感	模型 2 总体幸福感
个人的社会特征	性别[a]		
	男性	−0.048	−0.009
	年龄[b]		
	20—30 周岁	−0.391*	−0.249+
	31—40 周岁	−0.311*	−0.134+
	41—50 周岁	−0.141	−0.056
	51—60 周岁	−0.129	−0.068
	学历[c]		
	小学及以下学历者	−0.019	−0.015
	初中学历者	−0.082	−0.066
	高中学历者	−0.048	−0.047
	大专或本科学历者	−0.109	−0.113
	收入[d]		
	低收入者	−0.391***	−0.395***
	中收入者	−0.155*	−0.208*
	职业阶层[e]		
	基础阶层	−0.097	−0.049
	中间阶层	−0.052	−0.003
	婚姻状况[f]		
	未婚者	−0.084	−0.086
	已婚者(有配偶)	−0.023	−0.047
社会宏观层面因素	社会公平		0.105*
	食品安全		0.113*
	社会冲突		−0.120*
	环境污染		0.147**
	贫富差距		−0.097*
	官僚腐败		−0.130*
Adj. R^2		0.101	0.203
F		3.574***	5.161***

注:表中数值为标准化回归系数(Beta)。

a 的参考类别为女性;b 的参考类别为 61—70 周岁;c 的参考类别为研究生;d 的参考类别为高收入者;e 的参考类别为优势阶层;f 的参考类别为未婚者。

+表示 P<0.10; *表示 P<0.05; **表示 P<0.01; ***表示 P<0.001。

首先从模型 1 中可以发现,性别、学历、职业阶层、婚姻状况与总体幸福感并不存在显著的关系,而年龄、收入与总体幸福感却存在较为显著的关系,具体体现为:20—30 周岁和 31—40 周岁两个年龄层的居民的标准化回归系数(Beta)分别比 61—70 周岁年龄层的居民低 0.391 和 0.311，并且均在 5%的水平上具有统计显著性，而 41—50 周岁、51—60 周岁两个年龄层的居民的标准化回归系数(Beta)，虽然也分别比 61—70 周岁的居民低 0.141 和 0.129，但均没有呈现统计显著性。低收入者、中收入者的标准化回归系数(Beta)分别比高收入者低 0.391 和 0.155，并且分别在 0.1%和 5%的水平上具有统计显著性。

上述统计发现可以说明两个问题：其一，20—30 周岁和 31—40 周岁两个年龄层的居民的总体幸福感显著地低于 61—70 周岁的居民；而 41—50 周岁、51—60周岁两个年龄层的居民与 61—70 周岁的居民不存在显著的差异。其二，低收入者、中收入者的总体幸福感显著地低于高收入者，并且回归系数说明，总体幸福感的水平依照高收入者、中收入者、低收入者的顺序依次降低。另外，模型 1 调整后的判定系数(Adj. R^2)为 0.101，说明上述统计发现具有较强的解释力。

其次从模型 2 中可以发现，模型 1 所示的性别、年龄、学历、收入、职业阶层、婚姻状况与总体幸福感的关系仍然没有改变。而作为社会宏观层面因素的社会公平、食品安全、社会冲突、环境污染、贫富差距、官僚腐败对总体幸福感的影响，却呈现如下倾向。

第一，居民对社会公平的评价每增加一个分值，则总体幸福感提升 0.105 分，并且在 5%的水平上呈现统计显著性。

第二，居民对食品安全的评价每增加一个分值，则总体幸福感提升 0.113 分，并且在 5%的水平上呈现统计显著性。

第三，居民对社会冲突的评价每增加一个分值，则总体幸福感降低 0.120 分，并且在 5%的水平上呈现统计显著性。

第四，居民对环境污染的评价每减少一个分值(如第四章第二节第三部分所述，分值越高，环境污染的程度越小)，则总体幸福感提升 0.147 分，并且在 1%的水平上具有统计显著性。

第五，居民对贫富差距的评价每增加一个分值，则总体幸福感降低 0.097 分，并且在 5%的水平上呈现统计显著性。

第六，居民对官僚腐败的评价每增加一个分值，则总体幸福感降低 0.130 分，并且在 5%的水平上呈现统计显著性。

上述统计发现可以说明，社会公平、食品安全与总体幸福感存在显著的正向关系，而社会冲突、环境污染、贫富差距、官僚腐败与总体幸福感存在显著的负向关系。另外，模型 2 调整后的判定系数(Adj. R^2)为 0.203，说明上述统计结果具有相当强的解释力。

二、社会宏观层面因素与10个维度幸福感

表7-4表示的是，在控制个人的社会特征的情况下，作为社会宏观层面因素的社会公平、食品安全、社会冲突、环境污染、贫富差距、官僚腐败对10个维度幸福感的独立影响。相关的统计结果，可做如下表述。

（一）社会宏观层面因素与知足充裕体验维度的幸福感

模型1显示的是，社会宏观层面的六个因素与知足充裕体验维度的幸福感的关系。可以发现，居民对社会公平的评价每增加一个分值，知足充裕体验维度的幸福感的分值就会增加0.183分，并且在1%的水平上具有统计显著性。居民对食品安全的评价每增加一个分值，则知足充裕体验维度的幸福感的分值就会增加0.103分，并且在10%的水平上具有统计显著性。而居民对社会冲突、环境污染、贫富差距、官僚腐败的评价每增加一个分值，知足充裕体验维度的幸福感的分值虽然也呈现不同程度的增减，但是均不具有统计显著性。另外，模型1调整后的判定系数（Adj. R^2）为0.122，说明模型1所示的统计结果具有较强的解释力。该统计结果可以说明，社会公平、食品安全与知足充裕体验维度的幸福感均存在显著的正向关系，而社会冲突、环境污染、贫富差距、官僚腐败与知足充裕体验维度的幸福感均不具有显著的关系。

（二）社会宏观层面因素与心理健康体验维度的幸福感

社会宏观层面的六个因素对心理健康体验维度的幸福感的独立影响，如模型2所示。可以发现，居民对社会公平的评价每增加一个分值，则心理健康体验维度的幸福感的分值就会增加0.192分，并且在1%的水平上具有统计显著性。居民对社会冲突的评价每增加一个分值，则心理健康体验维度的幸福感就会降低0.189分，并且在1%的水平上呈现统计显著性，但是居民对食品安全、环境污染、贫富差距、官僚腐败的评价每增加一个分值，心理健康体验维度的幸福感的分值虽然也呈现不同程度的增减，但是均不具有统计显著性。另外，模型2调整后的判定系数（Adj. R^2）为0.129，说明模型2所示的统计结果具有较强的解释力。该统计结果可以说明，社会公平与心理健康体验维度的幸福感存在显著的正向关系，社会冲突与心理健康体验维度的幸福感存在显著的负向关系，而食品安全、环境污染、贫富差距、官僚腐败与心理健康体验维度的幸福感不存在显著的关系。

表 7-4 社会宏观层面因素与 10 个维度幸福感的回归分析

因变量:10 个维度幸福感		模型 1 知足充裕体验	模型 2 心理健康体验	模型 3 成长进步体验	模型 4 社会信心体验	模型 5 目标价值体验	模型 6 自我接受体验	模型 7 人际适应体验	模型 8 身体健康体验	模型 9 心态平衡体验	模型 10 家庭氛围体验
个人的社会特征	性别[a]										
	男性	−0.165**	0.061	−0.077	−0.011	0.073	0.007	0.071	0.042	−0.020	−0.058
	年龄[b]										
	20—30 周岁	−0.182	0.068	−0.013	0.049	−0.335*	−0.329*	−0.139	−0.099	−0.300*	−0.115
	31—40 周岁	−0.220	0.199	−0.118	0.043	−0.304*	−0.390*	−0.046	0.114	−0.065	−0.020
	41—50 周岁	−0.122	0.279*	−0.195	0.003	−0.129	−0.316*	−0.042	0.125	0.020	−0.023
	51—60 周岁	−0.097	0.149	−0.140	0.046	−0.133	−0.244*	−0.028	0.075	−0.039	−0.028
	学历[c]										
	小学及以下学历者	−0.099	0.009	−0.008	−0.026	0.040	0.013	0.040	−0.018	−0.032	−0.001
	初中学历者	−0.249**	−0.041	0.073	0.057	0.017	−0.009	0.095	−0.108	−0.118	−0.005
	高中学历者	−0.169*	0.009	0.031	0.072	0.012	0.061	0.114	−0.132	−0.113	−0.127
	大专或本科学历者	−0.224**	0.077	0.005	−0.083	0.001	−0.169*	0.070	−0.029	−0.158*	−0.148+
	收入[d]										
	低收入者	−0.256**	−0.198*	−0.417***	−0.049	−0.304**	−0.383***	−0.245*	0.001	−0.247**	−0.193*
	中收入者	−0.073	−0.083	−0.298**	0.030	−0.182*	−0.204*	−0.224*	0.006	−0.114	−0.075
	职业阶层[e]										
	基础阶层	0.119	0.126	−0.116	0.007	−0.202*	−0.019	−0.066	−0.169	−0.019	0.089
	中间阶层	0.113	0.086	−0.032	−0.065	−0.149	−0.003	0.005	−0.079	−0.016	0.155

续 表

因变量:10个维度幸福感		模型1 知足充裕体验	模型2 心理健康体验	模型3 成长进步体验	模型4 社会信心体验	模型5 目标价值体验	模型6 自我接受体验	模型7 人际适应体验	模型8 身体健康体验	模型9 心态平衡体验	模型10 家庭氛围体验
个人的社会特征	婚姻状况[f]										
	已婚者（有配偶）	−0.095	−0.015	0.104	−0.070	−0.058	−0.098	0.016	−0.140+	−0.157*	0.079
	离婚者（或丧偶）	−0.023	0.053	0.057	0.010	−0.062	0.068	−0.098+	−0.040	−0.238***	0.054
社会宏观层面因素	社会公平	0.183**	0.192**	0.146**	0.183**	−0.035	0.010	0.064	−0.006	0.149**	−0.013
	食品安全	0.103+	−0.034	0.038	0.115*	0.131*	−0.003	−0.005	0.134*	0.070	0.052
	社会冲突	−0.011	−0.189**	−0.022	−0.099*	−0.035	0.003	−0.122*	−0.047	−0.049	−0.086
	环境污染	0.038	−0.049	0.049	0.174**	0.031	0.034	−0.028	0.141**	0.048	0.018
	贫富差距	−0.011	−0.085	0.005	−0.098+	−0.114*	−0.033	−0.048	−0.046	−0.115*	0.030
	官僚腐败	−0.047	−0.049	−0.127*	−0.140*	−0.065	−0.098+	−0.098	−0.098	−0.113*	0.006
Adj. R^2		0.122	0.129	0.076	0.220	0.099	0.073	0.052	0.045	0.139	0.028
F		3.273***	3.422***	2.332**	5.606***	3.491***	2.292**	1.890*	1.775*	3.9623***	1.464+

注：表中数值为标准化回归系数（Beta）。

a 的参考类别为女性；b 的参考类别为 61—70 周岁；c 的参考类别为研究生；d 的参考类别为高收入者；e 的参考类别为优势阶层；f 的参考类别为未婚者。

+表示 $P<0.10$； *表示 $P<0.05$； **表示 $P<0.01$； ***表示 $P<0.001$。

（三）社会宏观层面因素与成长进步体验维度的幸福感

社会宏观层面的六个因素对成长进步体验维度的幸福感的独立影响，如模型3所示。可以发现，居民对社会公平的评价每增加一个分值，成长进步体验维度的幸福感的分值就会增加0.146分，并且在1%的水平上具有统计显著性。居民对官僚腐败的评价每增加一个分值，则成长进步体验维度的幸福感就会降低0.127分，并且在5%的水平上呈现统计显著性，但是居民对食品安全、社会冲突、环境污染、贫富差距的评价每增加一个分值，成长进步体验维度的幸福感的分值虽然也呈现不同程度的增减，但是均不具有统计显著性。另外，模型3调整后的判定系数（Adj. R^2）为0.076，说明模型3所示的统计结果具有一定的解释力。该统计结果可以说明，社会公平与成长进步体验维度的幸福感具有显著的正向关系，官僚腐败与成长进步体验维度的幸福感具有显著的负向关系，而食品安全、社会冲突、环境污染、贫富差距与成长进步体验维度的幸福感不存在显著的关系。

（四）社会宏观层面因素与社会信心体验维度的幸福感

模型4显示的是，社会宏观层面的六个因素与社会信心体验维度的幸福感的关系。可以发现，居民对社会公平的评价每增加一个分值，社会信心体验维度的幸福感的分值就会增加0.183分，并且在1%的水平上具有统计显著性。居民对食品安全的评价每增加一个分值，社会信心体验维度的幸福感就会增加0.115分，并且在5%的水平上呈现统计显著性。居民对社会冲突的评价每增加一个分值，社会信心体验维度的幸福感就会降低0.099分，并且在5%的水平上呈现统计显著性。居民对环境污染的评价每减少一个分值（如第四章第二节第三部分所述，分值越高，环境污染的程度越小），社会信心体验维度的幸福感就会提升0.174分，并且在1%的水平上具有统计显著性。居民对贫富差距的评价每增加一个分值，社会信心体验维度的幸福感的分值就会降低0.098分，并且在10%的水平上具有统计显著性。居民对官僚腐败的评价每增加一个分值，社会信心体验维度的幸福感就会降低0.140分，并且在5%的水平上呈现统计显著性。另外，模型4调整后的判定系数（Adj. R^2）为0.220，说明模型4所示的统计结果具有相当强的解释力。该统计结果可以说明，社会公平、食品安全与社会信心体验维度的幸福感具有显著的正向关系，而社会冲突、环境污染、贫富差距、官僚腐败与社会信心体验维度的幸福感均具有显著的负向关系。

（五）社会宏观层面因素与目标价值体验维度的幸福感

社会宏观层面的六个因素对目标价值体验维度的幸福感的独立影响，如模型 5 所示。可以发现，居民对食品安全的评价每增加一个分值，目标价值体验维度的幸福感就会增加 0.131 分，并且在 5%的水平上呈现统计显著性。居民对贫富差距的评价每增加一个分值，目标价值体验维度的幸福感的分值就会降低 0.114 分，并且在 5%的水平上具有统计显著性。而居民对社会公平、社会冲突、环境污染、官僚腐败的评价每增加一个分值，目标价值体验维度的幸福感的分值虽然也呈现不同程度的增减，但是均不具有统计显著性。另外，模型 5 调整后的判定系数（Adj. R^2）为 0.099，说明模型 5 所示的统计结果具有较强的解释力。该统计结果可以说明，食品安全与目标价值体验维度的幸福感具有显著的正向关系，贫富差距与目标价值体验维度的幸福感具有显著的负向关系，而社会公平、社会冲突、环境污染、官僚腐败与目标价值体验维度的幸福感不具有显著的影响。

（六）社会宏观层面因素与自我接受体验维度的幸福感

模型 6 显示的是，社会宏观层面的六个因素与自我接受体验维度的幸福感的关系。可以发现，居民对官僚腐败的评价每增加一个分值，自我接受体验维度的幸福感的分值就会降低 0.098 分，并且在 10%的水平上具有统计显著性。而居民对社会公平、食品安全、社会冲突、环境污染、贫富差距的评价每增加一个分值，自我接受体验维度的幸福感的分值虽然也呈现不同程度的增减，但是均不具有统计显著性。另外，模型 6 调整后的判定系数（Adj. R^2）为 0.073，说明模型 6 所示的统计结果具有一定的解释力。该统计结果可以说明，官僚腐败与自我接受体验维度的幸福感具有显著的负向关系，而社会公平、食品安全、社会冲突、环境污染、贫富差距五个因素与自我接受体验维度的幸福感不具有显著的影响。

（七）社会宏观层面因素与人际适应体验维度的幸福感

模型 7 显示的是，社会宏观层面的六个因素与人际适应体验维度的幸福感的关系。可以发现，居民对社会冲突的评价每增加一个分值，人际适应体验维度的幸福感的分值就会降低 0.122 分，并且在 5%的水平上具有统计显著性。而居民对社会公平、食品安全、环境污染、贫富差距、官僚腐败的评价每增加一个分值，人际适应体验维度的幸福感的分值虽然也呈现不同程度的增减，但是均不具有统计显著性。另外，模型 7 调整后的判定系数（Adj. R^2）为 0.052，说明模型 7 所示的统计结果具有一定的解释力。该统计结果可以说明，社会冲突与人际适应体验维度的幸福感具有显著的负向关系，而社会公平、食品安全、环境污染、贫富差距、官僚腐败与人际适应体验维度的幸福感均不具有显著的关系。

(八)社会宏观层面因素与身体健康体验维度的幸福感

模型8显示的是,社会宏观层面的六个因素与身体健康体验维度的幸福感的关系。可以发现,居民对食品安全的评价每增加一个分值,身体健康体验维度的幸福感的分值就会增加0.122分,并且在5%的水平上具有统计显著性。居民对环境污染的评价每减少一个分值(如第四章第二节第三部分所述,分值越高,环境污染的程度越小),身体健康体验维度的幸福感就会提升0.141分,并且在1%的水平上具有统计显著性。而居民对社会公平、社会冲突、贫富差距、官僚腐败的评价每增加一个分值,身体健康体验维度的幸福感的分值虽然也呈现不同程度的降低,但是均不具有统计显著性。另外,模型8调整后的判定系数(Adj. R^2)为0.045,说明模型8所示的统计结果具有一定的解释力。该统计结果可以说明,食品安全与身体健康体验维度的幸福感具有显著的正向关系,环境污染与身体健康体验维度的幸福感具有显著的负向关系,而社会公平、社会冲突、贫富差距、官僚腐败与身体健康体验维度的幸福感不存在显著的关系。

(九)社会宏观层面因素与心态平衡体验维度的幸福感

模型9显示的是,社会宏观层面的六个因素与心态平衡体验维度的幸福感的关系。可以发现,居民对社会公平的评价每增加一个分值,心态平衡体验维度的幸福感的分值就会增加0.149分,并且在1%的水平上具有统计显著性。居民对贫富差距的评价每增加一个分值,心态平衡体验维度的幸福感就会降低0.115分,并且在5%的水平上具有统计显著性。居民对官僚腐败的评价每增加一个分值,心态平衡体验维度的幸福感就会降低0.113分,并且在5%的水平上具有统计显著性。而居民对食品安全、社会冲突、环境污染的评价每增加一个分值,心态平衡体验维度的幸福感的分值虽然也呈现不同程度的增减,但是均不具有统计显著性。另外,模型9调整后的判定系数(Adj. R^2)为0.139,说明模型9所示的统计结果具有较强的解释力。该统计结果可以说明,社会公平与心态平衡体验维度的幸福感具有显著的正向关系,贫富差距与心态平衡体验维度的幸福感具有显著的负向关系,而食品安全、社会冲突、环境污染与心态平衡体验维度的幸福感不具有显著的关系。

(十)社会宏观层面因素与家庭氛围体验维度的幸福感

模型10显示的是,社会宏观层面的六个因素与家庭氛围体验维度的幸福感的关系。可以发现,居民对社会公平、食品安全、社会冲突、环境污染、贫富差距、官僚腐败的评价每增加一个分值,家庭氛围体验维度的幸福感的分值虽然也呈现不同程度的增减，但是均不具有统计显著性。另外，模型 10 调整后的判定系数（Adj. R^2）为 0.028，说明模型 10 所示统计结果的解释力比较弱。该统计结果在一定程度上说明，社会公平、食品安全、社会冲突、环境污染、贫富差距、官僚腐败对家庭氛围体验维度的幸福感均不具有显著的影响。

第三节　社会微观层面因素与幸福感

一、社会微观层面因素与总体幸福感

如第一章第二节所述，本研究所说的社会微观层面因素，具体是指受社会宏观层面因素的影响，与人们的心理及行为紧密相关，以人为主体产生的关系网络、社团参与、社会信任、规范遵守、居民互助及价值取向。表 7-5 表示的是，在控制个人的社会特征的情况下，上述社会微观层面的六个因素对总体幸福感的独立影响。

表 7-5　社会微观层面因素与总体幸福感的回归分析

因变量:总体幸福感		模型 1　总体幸福感	模型 2　总体幸福感
个人的社会特征	性别[a]		
	男性	−0.041	−0.005
	年龄[b]		
	20—30 周岁	−0.498*	−0.252*
	31—40 周岁	−0.387*	−0.182*
	41—50 周岁	−0.186	−0.117
	51—60 周岁	−0.135	−0.128
	学历[c]		
	小学及以下学历者	−0.006	−0.059
	初中学历者	−0.055	0.020
	高中学历者	−0.002	0.038
	大专或本科学历者	−0.075	−0.054
	收入[d]		
	低收入者	−0.383***	−0.309*

续　表

因变量:总体幸福感		模型 1　总体幸福感	模型 2　总体幸福感
个人的社会特征	中收入者	−0.383***	−0.309*
	职业阶层[e]		
	基础阶层	−0.134	−0.085
	中间阶层	−0.045	0.014
	婚姻状况[f]		
	已婚者(有配偶)	−0.123	−0.065
	离婚者(或丧偶)	−0.030	−0.036
社会微观层面因素	关系网络		0.129*
	社团参与		0.087
	社会信任		0.181**
	规范遵守		0.236***
	居民互助		0.186**
	价值取向		−0.165**
Adj. R^2		0.106	0.255
F		3.307***	5.732***

注：表中数值为标准化回归系数(Beta)。

a 的参考类别为女性；b 的参考类别为 61—70 周岁；c 的参考类别为研究生；d 的参考类别为高收入者；e 的参考类别为优势阶层；f 的参考类别为未婚者。

+ 表示 P<0.10；* 表示 P<0.05；** 表示 P<0.01；*** 表示 P<0.001。

首先从模型 1 中可以发现，性别、学历、职业阶层、婚姻状况与总体幸福感并不存在显著的关系，而年龄、收入与总体幸福感却存在较为显著的关系，具体体现为：20—30 周岁和 31—40 周岁两个年龄层的居民的标准化回归系数(Beta)分别比 61—70 周岁年龄层的居民低 0.498 和 0.387，并且均在 5%的水平上具有统计显著性，而 41—50 周岁、51—60 周岁两个年龄层的居民的标准化回归系数(Beta)，虽然也分别比 61—70 周岁居民低 0.186 和 0.135，但均没有呈现统计显著性。低收入者、中收入者的标准化回归系数(Beta)分别比高收入者低 0.383 和 0.158，并且分别在 0.1%和 10%的水平上具有统计显著性。上述统计发现可以说明以下两个问题：

其一，20—30 周岁和 31—40 周岁两个年龄层的居民的总体幸福感显著地低于 61—70 周岁的居民，而 41—50 周岁、51—60 周岁两个年龄层的居民与

61—70周岁的居民不存在显著的差异。

其二，低收入者、中收入者的总体幸福感显著地低于高收入者，并且回归系数说明，总体幸福感的水平依照高收入者、中收入者、低收入者的顺序依次降低。

另外，模型 1 调整后的判定系数（Adj. R^2）为 0.106，说明上述统计发现具有较强的解释力。

其次从模型 2 中可以发现，模型 1 所示的性别、年龄、学历、收入、职业阶层、婚姻状况与总体幸福感的关系仍然没有改变。而作为社会微观层面因素的关系网络、社团参与、社会信任、规范遵守、居民互助及价值取向对总体幸福感的影响呈现如下倾向。

第一，关系网络每增加一人，则总体幸福感的标准化回归系数提升 0.129 分，并且在 5%的水平上呈现统计显著性。

第二，社团参与每增加一个分值，则总体幸福感的标准化回归系数提升 0.087 分，但没有呈现统计显著性。

第三，社会信任每增加一个分值，则总体幸福感的标准化回归系数提升 0.181 分，并且在 1%的水平上呈现统计显著性。

第四，规范遵守每增加一个分值，则总体幸福感的标准化回归系数提升 0.236 分，并且在 0.1%的水平上呈现统计显著性。

第五，居民互助每增加一个分值，则总体幸福感的标准化回归系数提升 0.186 分，并且在 1%的水平上呈现统计显著性。

第六，价值取向每增加一个分值，则总体幸福感的标准化回归系数降低 0.165 分，并且在 1%的水平上呈现统计显著性。

上述统计发现可以说明，关系网络、社会信任、规范遵守、居民互助对总体幸福感均产生显著的正向影响，社团参与虽然对总体幸福感也会产生一定的正向影响，但并不显著，而个人主义价值取向对总体幸福感产生显著的负向影响。另外，模型 2 调整后的判定系数（Adj. R^2）为 0.255，说明上述统计结果具有相当强的解释力。

二、社会微观层面因素与 10 个维度幸福感

表 7-6 表示的是，在控制个人的社会特征的情况下，作为社会微观层面因素的关系网络、社团参与、社会信任、规范遵守、居民互助及价值取向对 10 个维度幸福感的独立影响。相关的统计结果，可做如下表述。

表 7-6　社会微观层面因素与 10 个维度幸福感的回归分析

因变量:10个维度幸福感		知足充裕体验	心理健康体验	成长进步体验	社会信心体验	目标价值体验	自我接受体验	人际适应体验	身体健康体验	心态平衡体验	家庭氛围体验
个人的社会特征	性别[a]										
	男性	−0.168**	0.059	−0.066	−0.049	0.100	0.015	0.084	0.033	−0.023	−0.044
	年龄[b]										
	20—30 周岁	−0.134	0.108	−0.093	0.026	−0.345^{+}	−0.408*	−0.087	−0.056	−0.311	−0.170
	31—40 周岁	−0.224	0.255	−0.297	−0.094	−0.323^{+}	−0.454*	0.002	0.144	−0.118	−0.062
	41—50 周岁	−0.139	0.244	−0.293	−0.103	0.151	−0.327*	−0.010	0.152	−0.074	−0.076
	51—60 周岁	−0.126	0.078	−0.180	−0.031	−0.142	−0.265*	−0.028	0.075	−0.081	−0.095
	学历[c]										
	小学及以下学历者	−0.011	0.085	0.041	0.039	0.067	−0.019	0.065	−0.017	0.050	0.028
	初中学历者	−0.157	0.049	0.064	0.096	0.101	−0.122	0.088	−0.052	0.010	0.025
	高中学历者	−0.094	0.069	0.037	0.160^{+}	0.065	0.061	0.100	−0.081	−0.034	−0.064
	大专或本科学历者	−0.192*	0.123	0.024	−0.066	0.072	−0.185*	0.079	0.013	−0.115	−0.100
	收入[d]										
	低收入者	−0.240*	−0.153	−0.355***	0.000	−0.239*	−0.369***	−0.164	0.009	−0.172^{+}	−0.138
	中收入者	−0.095	−0.067	−0.235*	0.053	−0.149^{+}	−0.165^{+}	−0.178*	0.017	−0.089	−0.067

续 表

因变量:10个维度幸福感		知足充裕体验	心理健康体验	成长进步体验	社会信心体验	目标价值体验	自我接受体验	人际适应体验	身体健康体验	心态平衡体验	家庭氛围体验
个人的社会特征	职业阶层[e]										
	基础阶层	0.079	0.087	0.127	−0.030	−0.218*	0.080	−0.080	−0.154	−0.134	0.052
	中间阶层	0.119	0.081	−0.064	−0.030	−0.114	0.065	0.008	−0.058	−0.047	0.141
	婚姻状况[f]										
	已婚者（有配偶）	−0.078	0.003	0.158+	−0.012	−0.082	−0.128	0.028	−0.139	−0.123	0.049
	离婚者（或丧偶）	−0.034	0.083	0.056	0.029	−0.074	0.076	−0.070	−0.028	−0.273***	0.076
社会微观层面因素	关系网络	−0.031	0.125*	−0.115+	0.069	0.064	−0.006	0.169**	0.142*	0.103+	0.151*
	社团参与	0.108+	0.089	0.063	0.064	0.077	−0.015	0.061	0.017	0.050	−0.047
	社会信任	0.022	0.010	0.044	0.127*	0.025	0.106+	0.112*	0.033	−0.084	0.068
	规范遵守	0.284***	0.041	0.123*	0.265***	0.167**	0.064	0.007	0.106+	0.181**	0.071
	居民互助	0.057	0.116*	0.121*	0.108*	0.135*	0.020	0.166**	0.035	0.106*	0.183**
	价值取向	−0.046	−0.270***	0.078	−0.139*	0.124	0.043	−0.161**	−0.081	−0.156**	−0.035
Adj. R^2		0.131	0.154	0.076	0.151	0.162	0.089	0.111	0.055	0.171	0.077
F		3.096***	3.530***	2.332**	3.473***	3.683***	2.353**	2.728***	1.811*	3.860***	2.153**

注:表中数值为标准化回归系数(Beta)。

a 的参考类别为女性;b 的参考类别为 61—70 周岁;c 的参考类别为研究生;d 的参考类别为高收入者;e 的参考类别为优势阶层;f 的参考类别为未婚者。

+表示 $P<0.10$; *表示 $P<0.05$; **表示 $P<0.01$; ***表示 $P<0.001$。

(一)社会微观层面因素与知足充裕体验维度的幸福感

模型 1 显示的是,社会微观层面的六个因素与知足充裕体验维度的幸福感的关系。可以发现,居民的社团参与每增加一个,则知足充裕体验维度的幸福感的分值增加 0.108 分,并且在 10%的水平上具有统计显著性。居民的规范遵守每增加一个分值,则知足充裕体验维度的幸福感的分值增加 0.284,并且在 0.1%的水平上具有统计显著性。而关系网络每增加一个,知足充裕体验维度的幸福感降低 0.031 分,但并没有呈现统计显著性,另外,社会信任、居民互助、价值取向每增加一个分值,知足充裕体验维度的幸福感分值也发生不同程度的增减,但均不具有统计显著性。另外,模型 1 调整后的判定系数(Adj. R^2)为 0.131,说明模型 1 所示的统计结果具有较强的解释力。该统计结果可以说明,社团参与对知足充裕体验维度的幸福感产生较为显著的正向影响,规范遵守对知足充裕体验维度的幸福感产生十分显著的正向影响,而关系网络、社会信任、居民互助、价值取向对知足充裕体验维度的幸福感均不具有显著的影响。

(二)社会微观层面因素与心理健康体验维度的幸福感

社会微观层面的六个因素对心理健康体验维度的幸福感的独立影响,如模型 2 所示。可以发现,关系网络每增加一个人,则心理健康体验维度的幸福感的分值增加 0.125 分,并且在 5%的水平上具有统计显著性。居民互助每增加一个分值,则心理健康体验维度的幸福感的分值增加 0.116 分,并且在 5%的水平上具有统计显著性。价值取向每增加一个分值,则心理健康体验维度的幸福感降低 0.270 分,并且在 0.1%的水平上呈现统计显著性。而标准化回归系数(Beta)说明,社团参与、社会信任及规范遵守对心理健康体验维度的幸福感也具有不同程度的影响,但均没有呈现统计显著性。另外,模型 2 调整后的判定系数(Adj. R^2)为 0.154,说明模型 2 所示的统计结果具有较强的解释力。上述统计结果可以说明,关系网络、居民互助与心理健康体验维度的幸福感具有显著的正向关系,价值取向与心理健康体验维度的幸福感存在显著的负向关系,而社团参与、社会信任及规范遵守与心理健康体验维度的幸福感不存在显著的关系。

(三)社会微观层面因素与成长进步体验维度的幸福感

社会微观层面的六个因素对成长进步体验维度的幸福感的独立影响,如模型 3 所示。可以发现,关系网络每增加一个人,成长进步体验维度的幸福感就会降低 0.115 分,并且在 10%的水平上具有统计显著性。规范遵守及居民互助每增加一个分值,成长进步体验维度的幸福感就会分别增加 0.123 分和0.121分,并且均在5%的水平上具有统计显著性。而社团参与、社会信任、价值取向对成长进步体验维度的幸福感虽然也产生不同程度的影响，但均不具有统计显著性。另外，模型3调整后的判定系数(Adj. R^2)为0.076，说明模型3所示的统计结果具有一定的解释力。该统计结果可以说明，关系网络与成长进步体验维度的幸福感具有较为显著的负向关系，规范遵守、居民互助与成长进步体验维度的幸福感具有显著的正向关系，而社团参与、社会信任、价值取向与成长进步体验维度的幸福感不存在显著的关系。

(四)社会微观层面因素与社会信心体验维度的幸福感

模型4显示的是，社会微观层面的六个因素与社会信心体验维度的幸福感的关系。可以发现，社会信任每增加一个分值，则社会信心体验维度的幸福感就会提升0.127分，并且在5%的水平上具有统计显著性。规范遵守每增加一个分值，则社会信心体验维度的幸福感就会增加0.265分，并且在0.1%的水平上具有统计显著性。居民互助每增加一个分值，则社会信心体验维度的幸福感就会提升0.108分。价值取向每增加一个分值，则社会信心体验维度的幸福感就会降低0.139分，并且在5%的水平上具有统计显著性。而关系网络与社团参与虽然对社会信心体验维度的幸福感也产生不同程度的影响，但均没有呈现统计显著性。另外，模型4调整后的判定系数(Adj. R^2)为0.151，说明模型4所示的统计结果具有相当强的解释力。该统计结果可以说明，社会信任、规范遵守与居民互助对社会信心体验维度的幸福感产生显著的正向影响，价值取向对社会信心体验维度的幸福感产生显著的负向影响，而关系网络及社团参与对社会信心体验维度的幸福感均不具有显著的影响。

(五)社会微观层面因素与目标价值体验维度的幸福感

社会微观层面的六个因素对目标价值体验维度的幸福感的独立影响，如模型5所示。可以发现，规范遵守每增加一个分值，则目标价值体验维度的幸福感就会提升0.167分，并且在1%的水平上具有统计显著性，居民互助每增加一个分值，则目标价值体验维度的幸福感就会提升0.135分，并且在5%的水平上呈现统计显著性。而关系网络、社团参与、社会信任、价值取向虽然对目标价值体验维度的幸福感也产生不同程度的影响，但均不具有统计显著性。另外，模型5调整后的判定系数(Adj. R^2)为0.162，说明模型5所示的统计结果具有相当强的解释力。该统计结果可以说明，规范遵守、居民互助对目标价值体验维度的幸福感均产生显著的正向影响，而关系网络、社团参与、社会信任、价值取向对目标价值体验维度的幸福感均不具有显著的影响。

（六）社会微观层面因素与自我接受体验维度的幸福感

模型6显示的是，社会微观层面的六个因素与自我接受体验维度的幸福感的关系。可以发现，社会信任每增加一个分值，则自我接受体验维度的幸福感的分值就会增加0.106分，并且在10%的水平上具有统计显著性。而关系网络、社团参与、规范遵守、居民互助及价值取向虽然对自我接受体验维度的幸福感也产生不同程度的影响，但是均不具有统计显著性。另外，模型6调整后的判定系数（Adj. R^2）为0.089，说明模型6所示的统计结果具有较强的解释力。该统计结果可以说明，社会信任对自我接受体验维度的幸福感具有显著的正向影响，而关系网络、社团参与、规范遵守、居民互助及价值取向五个因素对自我接受体验维度的幸福感不具有显著的影响。

（七）社会微观层面因素与人际适应体验维度的幸福感

模型7显示的是，社会微观层面的六个因素与人际适应体验维度的幸福感的关系。可以发现，关系网络每增加一个人，则人际适应体验维度的幸福感的分值就会提升0.169分，并且在1%的水平上具有统计显著性。社会信任与居民互助每增加一个分值，则人际适应体验维度的幸福感的分值就会分别增加0.112分和0.166分，并且分别在5%和1%的水平上具有统计显著性。价值取向每增加一个分值，则人际适应体验维度的幸福感就会降低0.161分，并且在1%的水平上具有统计显著性。而社团参与、规范遵守虽然对人际适应体验维度的幸福感也产生不同程度的影响，但均不具有统计显著性。另外，模型7调整后的判定系数（Adj. R^2）分别为0.111，说明模型7所示的统计结果具有较强的解释力。该统计结果可以说明，关系网络、社会信任、居民互助对人际适应体验维度的幸福感均具有显著的正向影响，价值取向对人际适应体验维度的幸福感产生显著的负向影响，而社团参与、规范遵守对人际适应体验维度的幸福感均不具有显著的影响。

（八）社会微观层面因素与身体健康体验维度的幸福感

模型8显示的是，社会微观层面的六个因素与身体健康体验维度的幸福感的关系。可以发现，关系网络每增加一个人，则身体健康体验维度的幸福感的分值就会增加0.142分，并且在5%的水平上具有统计显著性。规范遵守每增加一个分值，则身体健康体验维度的幸福感就会提升0.106分，并且在10%的水平上具有统计显著性。而社团参与、社会信任、居民互助、价值取向虽然对身体健康体验维度的幸福感也产生不同程度的影响，但是均不具有统计显著性。另外，模型 8 调整后的判定系数（Adj. R^2）为 0.055，说明模型 8 所示的统计结果具有一定的解释力。该统计结果可以说明，关系网络、规范遵守对身体健康体验维度的幸福感产生显著的正向影响，而社团参与、社会信任、居民互助、个人主义价值取向对身体健康体验维度的幸福感均具有显著的影响。

（九）社会微观层面因素与心态平衡体验维度的幸福感

模型 9 显示的是，社会微观层面的六个因素与心态平衡体验维度的幸福感的关系。可以发现，关系网络每增加一个人，则心态平衡体验维度的幸福感的分值就会增加 0.103 分，并且在 10%的水平上具有统计显著性。规范遵守与居民互助每增加一个分值，则心态平衡体验维度的幸福感的分值就会分别增加0.181 分和 0.106 分，并且分别在 1%和 5%的水平上具有统计显著性。价值取向每增加一个分值，则心态平衡体验维度的幸福感就会降低 0.156 分，并且在 1%的水平上呈现统计显著性。而社团参与、社会信任虽然对心态平衡体验维度的幸福感也产生不同程度的影响，但均不具有统计显著性。另外，模型 9 调整后的判定系数（Adj. R^2）为 0.171，说明模型 9 所示的统计结果具有相当强的解释力。该统计结果可以说明，关系网络、规范遵守、居民互助对心态平衡体验维度的幸福感均具有显著的正向影响，价值取向对心态平衡体验维度的幸福感具有显著的负向影响，而社团参与、社会信任对心态平衡体验维度的幸福感不具有显著的影响。

（十）社会微观层面因素与家庭氛围体验维度的幸福感

模型 10 显示的是，社会微观层面的六个因素与家庭氛围体验维度的幸福感的关系。可以发现，关系网络每增加一个人，则家庭氛围体验维度的幸福感的分值就会增加 0.151 分，并且在 5%的水平上具有统计显著性。居民互助每增加一个分值，则家庭氛围体验维度的幸福感的分值就会增加 0.183 分，并且在 1%的水平上具有统计显著性。但是社团参与、社会信任、规范遵守、价值取向虽然也对家庭氛围体验维度的幸福感产生不同程度的影响，但是均不具有统计显著性。另外，模型 10 调整后的判定系数（Adj. R^2）为 0.077，说明模型 10 所示的统计结果具有一定的解释力。该统计结果可以说明，关系网络、社团参与对家庭氛围体验维度的幸福感均产生显著的正向影响，而社团参与、社会信任、规范遵守、价值取向与家庭氛围体验维度的幸福感均不存在显著的关系。

第八章　城市的社会资本与居民的幸福感

第一节　研究背景与问题的提出

一、研究背景

2000年以来，随着幸福感研究的不断深入，国外学者开始分析社会资本与幸福感的关系问题。尽管测量指标不尽相同，但几乎所有的实证研究均发现，社会资本的建立有助于提升人们的幸福感。比如，哈利维尔(John F. Helliwell)和帕特南(Robert D. Putnam)对世界价值观调查中加拿大和美国的数据进行分析后发现，关系网络、社团参与、社会信任这样的社会资本对两国居民的幸福感具有显著的正向影响。[①] 巴尔托里尼(Stefano Bartolini)、比兰茨尼(Ennio Bilancini)等学者运用美国综合社会调查的数据分析了近30年来美国居民的幸福感状况，发现关系网络、社会信任等社会资本的建立能够显著地增强人们的幸福感，并将这一时期美国居民的幸福感下降归因为社会资本的缺乏。[②] 另外，萨拉齐诺(Jaylene Sarracino)研究了英国、德国、荷兰等11个欧洲国家的社会资本与幸福感的关系，同样发现：社会信任、关系网络等社会资本的建立对11个国家居民的幸福感具有显著的正向作用。[③] 再者，德田(Yasuharu Tokuda)和藤井(Seiji Fujii)等学者以社会信任作为社会资本的指标，分析了日本、越南、韩国、印

---

① J. F. Helliwell, R. D. Putnam: The social context of well-being, *Philosophical Transactions*, 2004,359(1449),pp. 1435—1446.

② S. Bartolini, E. Bilancini, M. Pugno: Did the Decline in Social Capital Depress Americans'Happiness? , *Department of Economics*, University of Siena,2008,p. 540.

③ F. Sarracino: Social Capital and Subjective Well-Being trends: Evidence from 11 European countries, *Economics University of Siena*,2009.

度、新加坡及我国台湾等29个亚洲国家和地区的社会资本与幸福感的关系，发现社会信任对于不同国家居民的幸福感均会产生显著的正向影响。[①]

近几年来，我国居民的幸福感也成为国内学术界的研究热点，并已经从国家层面的经济增长[②]、官僚腐败[③]、宏观税负与政府公共支出[④]、社会质量[⑤]，以及个人层面的身心健康[⑥]、阶层位置[⑦]与不确定性防范[⑧]等维度分析了幸福感产生的原因。但是，有关社会资本与幸福感关系的研究，却相当缺乏。在能够检索到的文献中，发现该问题的最早研究，来自一批国外学者。温妮(W. Yip)、萨勃拉曼尼亚(S. V. Subramanian)等学者采用山东省农村的调查数据，通过社会信任、社团参与两个指标测量社会资本，考察其与幸福感的关系，结果发现：农村居民的社会信任与幸福感存在显著的正向关系，但社团参与与幸福感却不存在显著的关联。[⑨] 而国内学者的相关研究，仅发现以下三例。

其中一例是裴志军的浙江省西部农村的社会调查，他在分析相对收入与幸福感关系的同时，以人际信任、制度信任、社会网络和共同愿景四个指标测量家庭的社会资本，以生活满意度和情感体验两个指标测量幸福感，考察了家庭社会资本对幸福感的影响，发现人际信任、社会网络、共同愿景对生活满意度和情感体验均具有显著影响，而制度信任对生活满意度具有显著影响，但对情感体验不具有显著影响。[⑩] 另外一例是温晓亮等学者有关社会资本与幸福感的分析，他

---

① Tokuda, Yasuharu, Seiji Fujii, etc.: Individual and Country-Level Effects of Social Trust on Happiness: The Asia Barometer Survey, *Journal of Applied Social Psychology*, 2010, 40(10), pp. 2574—2593.

② 刘军强、熊谋林、苏阳:《经济增长时期的国民幸福感——基于CGSS数据的追踪调查》,《中国社会科学》2012年第12期。

③ 陈刚、李树:《管制、腐败与幸福感——来自CGSS(2006)的经验证据》,《世界经济文汇》2013年第4期。

④ 谢舜、魏万青、周少君:《宏观税负、公共支出结构与个人主观幸福感》,《社会》2012年第6期。

⑤ 袁浩、马丹:《社会质量视野下的主观幸福感——基于上海的经验研究》,《吉林大学社会科学学报》2011年第4期。

⑥ 唐丹、邹君、申继亮、张凌:《老年人主观幸福感的影响因素》,《中国心理卫生杂志》2006年第3期。

⑦ 邢占军:《我国居民收入与幸福感关系的研究》,《社会学研究》2011年第1期。 刘军强、熊谋林、苏阳:《经济增长时期的国民幸福感——基于CGSS数据的追踪调查》,《中国社会科学》2012年第12期。

⑧ 李后建:《不确定性防范与城市务工人员主观幸福感》,《社会》2014年第2期。

⑨ W. Yip, S. V. Subramanian, A. D. Mitchell, etc.: Does social capital enhance health and well-being? Evidence from rural China, *Social Science and Medicine*, 2007, 64(1), pp. 35—49.

⑩ 裴志军:《家庭社会资本、相对收入与主观幸福感——一个浙西农村的实证研究》,《农业经济问题》2010年第7期。

们运用世界价值观调查数据中的中国数据，在分析绝对收入、相对收入、社会失范对幸福感影响的同时，以人际信任测量社会资本，分析了社会资本对幸福感的影响，发现在1990年与1995年两个年度，社会资本对幸福感的影响并不显著，而在2001年与2007年两个年度，社会资本对幸福感均产生显著的负向影响。[①] 最后一例是李平、朱国军运用2006年中国综合社会调查的数据，以人际网络测量社会资本，考察其与幸福感的关系，结果发现：人际网络对居民的幸福感具有显著的提升作用。[②]

由此可见，国内学者的研究具有四个特点。第一，大多是在考察其他变量对幸福感影响的同时，分析社会资本与幸福感的关系，而缺乏探究两者关系的专门研究。第二，有的研究发现不仅与国外学者的研究发现截然相反，而且在国内学术界的内部，不同学者的研究发现也存在很大差异。第三，有关社会资本的变量设计缺乏一定的规范性。比如，裴志军研究中的社会资本的变量设计，就显得过于随意，其中的共同愿景能否被称为社会资本，很值得质疑。而在温晓亮、李平等学者的研究中，社会资本的变量设计显得过于单一，缺乏测量社会资本的某些核心指标。当前学术界公认的测量社会资本的核心指标主要有三个，分别是：关系网络、社团参与和社会信任。[③] 第四，到目前为止，主要研究了我国居民整体或者农村居民的社会资本与幸福感的关系，缺乏针对城市居民的社会资本与幸福感关系的专门研究。

另外，上述国内外学者为了使不同国家或者地区居民的幸福感具有可比性，抑或为了调查的简便性，幸福感的测量工具均采用单项目自陈主观幸福感量表。该量表由一个项目组成，测量幸福感的层次，有的采用三分法、四分法，也有的采用五分法。[④] 但是，仅仅通过一个项目测量人们的幸福感，研究结论的有效性，也受到学术界广泛质疑。迪纳、陆洛（Luo Lu）等学者都认为：运用单项目测量

---

① 温晓亮、米健、朱立志：《1990—2007年中国居民主观幸福感的影响因素研究》，《财贸研究》2011年第3期。

② 李平、朱国军：《社会资本、身份特征与居民幸福感——基于中国居民社会网络变迁的视角》，《经济评论》2014年第6期。

③ S. Durlauf, M. Fafchamps, *Empirical Studies of Social Capital: A Critical Survey*. Wisconsin: University of Wisconsin, 2003.

④ 比如：世界价值观调查中的问卷设计是“考虑到所有因素，您觉得自己有多幸福?”，要求样本在“非常幸福、相当幸福、不太幸福、很不幸福”四个选项中做出回答，而美国综合社会调查中的问卷设计是“总的来说，你觉得你的生活如何?”，要求样本在“很幸福、还可以、不幸福”三个选项中做出回答。再比如：2010年中国综合社会调查中的问卷设计是“总体而言，您对自己所过的生活的感觉是怎么样的呢?”，要求样本在“非常不幸福、不幸福、一般、幸福、非常幸福”五个选项中做出回答。

人们的幸福感，虽然操作简单，但这种方法很容易受到随机误差的影响。[①] 另外，笔者也认为，在人们的生活方式与价值标准趋于多元化的当今社会，就一个人的生活来说，包括家庭生活、工作生活、业余生活、精神生活等多个方面，而任何一个方面都不可能做到尽善尽美，通过一个项目测量一个内涵丰富的社会问题，也不符合学术规范。

二、研究问题

幸福感作为人们对自身生活质量的心理体验，当然受多种因素的影响。与国内学者明确的国家层面的经济增长、官僚腐败、宏观税负与公共支出、社会质量，以及个人层面的身心健康、阶层位置等因素相比，社会资本在多种因果变量中也许不占重要位置，但是即便如此，如果能够发现在我国工业化、城镇化的进程中，社会资本对幸福感也将产生某种自律性结果，或者发现在某些方面，我国的社会资本与幸福感的关系不同于欧美社会，那么有关社会资本与幸福感关系的研究，无疑具有重要的理论意义。另外，在中央日益重视国民生活质量的现阶段，研究社会资本与幸福感的关系，从中发现影响人们幸福感的主要因素，无疑具有重要的决策价值。

基于此，本研究将通过问卷调查的数据，运用邢占军设计的《中国城市居民的幸福感量表简本》(SWBS-CC20)，以杭州市为例，较为规范、细致地分析我国城市的社会资本与居民的幸福感的关系，具体分析的问题包括四个方面。

第一，社会资本的总体层面与总体幸福感存在怎样的关系？

第二，社会资本的总体层面与不同维度的幸福感存在怎样的关系？

第三，不同类别的社会资本与总体幸福感存在怎样的关系？

第四，社会资本拥有量不同的居民，幸福感存在多大程度的差异？

---

① R. Diener, R. A. Emmons, R. J. Larsen: The satisfaction with life scale, *Journal of Personality Assessment*, 1985, 49(1), pp. 71—75. L. Luo: The meaning, measure, and correlates of happiness among Chinese people, *humanities and social sciences*, 1998, 8, pp. 115—137.

第二节 社会资本的操作化设计

一、社会资本的核心要素

社会资本的概念最早由布迪厄(Pierre Bourdieu)提出的,具体是指当一个人拥有某种持续性的关系网络时,这个由相互熟悉的人组成的关系网络就意味着他实际或潜在所拥有的资源,关系网络的规模越大,则社会资本的拥有量越大。[①] 其后,科尔曼继承和吸收了布迪厄的观点,指出,在复杂的行动系统中,人们建立了各种关系网络,这种关系网络为获得最大利益提供资源,即成为社会资本,它是一种表现为相互关心、相互信任的无形资本。[②] 由此可见,布迪厄和科尔曼均将人际关系网络视作社会资本。在此基础上,帕特南(Robert D. Putnam)进一步将社会资本的内涵扩大化,其对社会资本的定义是:社会资本是社会组织的某些特征,例如信任、规范和网络,它们可以通过促进合作而提高社会效率。[③] 另外,福山(Francis Fukuyama)、林南(Nan Lin)分别从社会信任和社会网络的角度,也对社会资本做过定义,[④]但均没有超出帕特南的定义范围。

目前,尽管学术界对社会资本的操作化测量存在很大分歧,但学术界普遍认为,网络资源、相互信任、依据互惠规范产生的合作行为是社会资本的三个核心要素,并且它们的生产者是现实生活中的个体,具体通过人与人之间、人与群体之间的相互作用而产生。[⑤] 在前述国外学者的幸福感研究中,关系网络、社团参与、社会信任等社会资本的测量指标,无疑就是根据社会资本的三个核心要素设计的。

二、社会资本的操作化测量

本研究也通过关系网络、社团参与、人际信任三个指标测量社会资本。另

---

① P. Bourdieu: *The Forms of Capital*, *in John Richardson*, *ed*, *Handbook of Theory and Research for the Sociology of Education*, New York: Greenwood Press, 1986, pp. 241—258.

② J. S. Coleman: *Foundations of Social Theory*, Cambridge: Harvard University Press, 1994.

③ Putnam, D. Robert: *Making Democracy Work*: *Civic Traditions in Modern Italy*. Princeton, New Jersey: Princeton University Press, 1993.

④ Fukuyama, Francis: *The Great Disruption*: *Human Nature and the Reconstitution of Social Order*. New York: Free Press, 1999. N. Lin: *Social Capital*, Cambridge: Cambridge University Press, 2001.

⑤ S. Durlauf, M. Fafchamps: *Empirical Studies of Social Capital*: *A Critical Survey*, Wisconsin: University of Wisconsin, 2003.

外，考虑到现实生活中它们的内部又可以划分为多种类别，因此为了更为细致地考察社会资本与幸福感的关系，将关系网络细分为关系网络总量，以及亲戚关系、邻居关系、同事关系、同学关系、朋友关系；将社团参与细分为社团参与总量，以及娱乐性团体参与和专业性团体参与；将人际信任细分为人际总体信任，以及特殊关系信任、一般关系信任、普遍关系信任。它们的操作化测量分别如下。

第一，关系网络。在家庭成员以外，包括邻居、同学、同事、朋友等各种关系在内，平时与您保持亲密交往的人，大约有多少？其中，亲戚、邻居、同事、同学、朋友分别大约有多少？

第二，社团参与。包括各种趣味小组、行业协会、党派、宗教团体、学术团体在内，目前您参加的社会团体一共有几个？其中舞蹈、钓鱼、围棋等娱乐性团体大约有多少？行业协会、宗教团体、学术团体、党派团体等专业性团体大约有多少？

第三，人际信任。人际信任的测量方式与国内学者的已有研究相同。[①] 首先将信任对象概括为 13 种社会成员，即家庭成员、直系亲属、其他亲属、单位领导、单位同事、邻居、亲密朋友、一般朋友、一般熟人、社会上多数人、生产商、网友、销售商，信任水平分为“非常信任、比较信任、一般信任、比较不信任、很不信任”五个尺度，并分别赋予 5，4，3，2，1 的分值。其次通过因子分析将人际信任划分为特殊关系信任、一般关系信任、普遍关系信任，其中特殊关系信任就是对亲情性强的家庭成员、直系亲属、其他亲属、亲密朋友的信任；一般关系信任就是对工作上具有依赖关系的单位领导、单位同事以及交往频率较低的邻居和一般朋友的信任；普遍关系信任就是对既无浓重亲情，又无密切交往的一般熟人、社会上多数人、生产商、网友、销售商的信任。另外，人际总体信任是指对 13 种社会成员的总体信任，信任度采用对 13 种社会成员信任度的平均值。

第三节　分析结果

一、社会资本的总体层面与总体幸福感及 10 个维度幸福感的回归分析

图 8-1、图 8-2 和图 8-3 分别表示的是，在控制个人的社会特征之后，关系网

---

① 李伟民、梁玉成：《特殊信任与普遍信任：中国人信任的结构与特征》，《社会学研究》2002 年第 3 期。 胡荣、李静雅：《城市居民的信任构成及影响因素》，《社会》2006 年第 6 期。

络总量、社团参与总量、人际总体信任水平与总体幸福感及 10 个维度幸福感的回归分析结果。其中图 8-1 显示，关系网络总量与总体幸福感及心理健康体验、成长进步体验、身体健康体验、人际适应体验的标准化回归系数(Beta)分别为 0.118、0.126、－0.116、0.131 和 0.175，并且在 10%、5%或者 1%的水平上呈现统计显著性，而与知足充裕体验、社会信心体验、目标价值体验、自我接受体验、心态平衡体验、家庭氛围体验的系数分别为－0.055、0.046、0.063、－0.003、0.090 和 0.162，均没有呈现统计显著性。

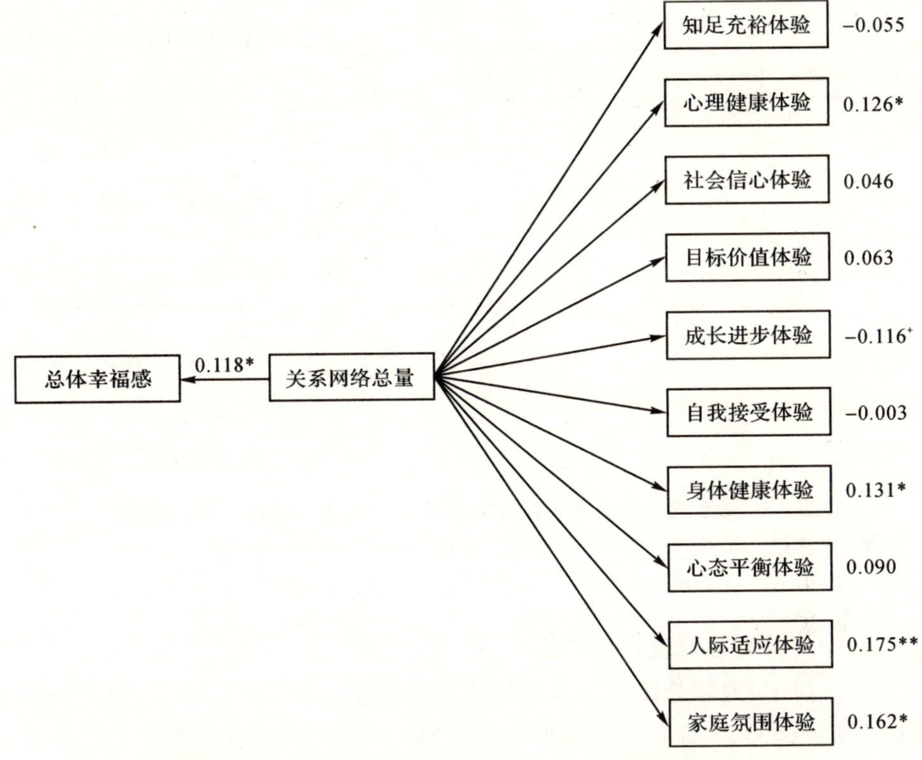

图 8-1　关系网络总量与总体幸福感及 10 个维度幸福感的回归分析

注：数值为多元回归方程中的标准化回归系数(Beta)。

+表示 P＜0.10，*表示 P＜0.05，**表示 P＜0.01。

图 8-2 显示，社团参与总量与总体幸福感及知足充裕体验的标准化回归系数(Beta)分别为 0.101 和 0.124，且分别在 10%和 5%的水平上呈现统计显著性，而与心理健康体验、社会信心体验、目标价值体验、成长进步体验、自我接受体验、身体健康体验、心态平衡体验、人际适应体验、家庭氛围体验的标准化回归

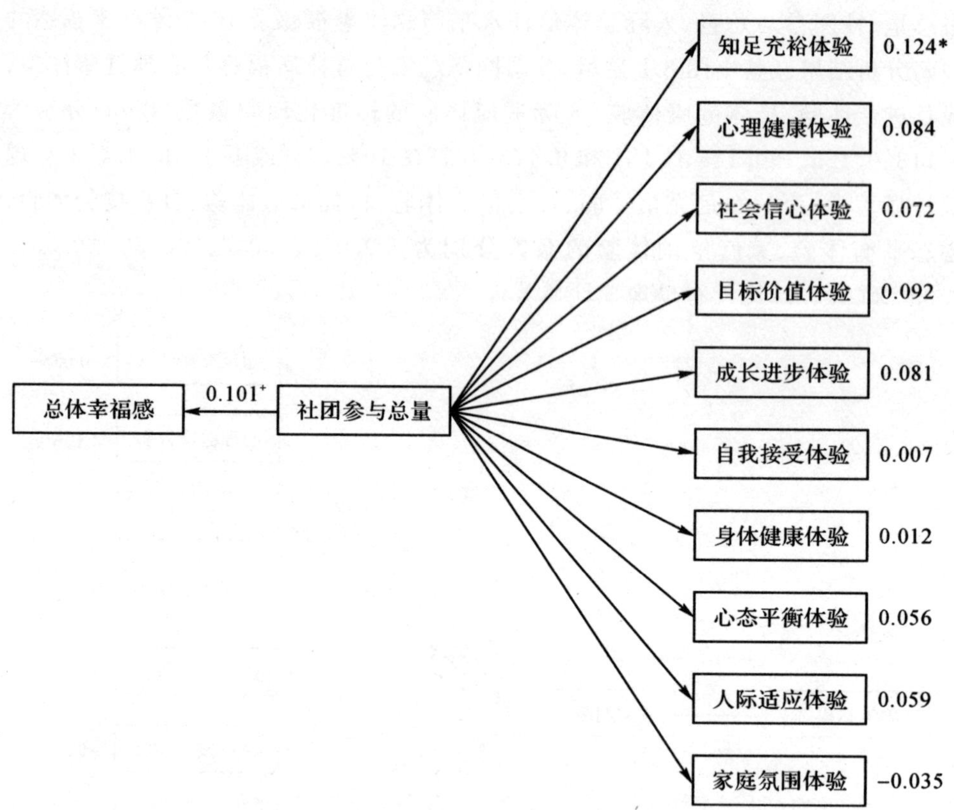

图 8-2　社团参与总量与总体幸福感及 10 个维度幸福感的回归分析

注:数值为多元回归方程中的标准化回归系数(Beta)。

+表示 P<0.10,*表示 P<0.05。

系数(Beta)均没有呈现统计显著性。

图 8-3 显示,人际总体信任水平与总体幸福感及知足充裕体验、社会信心体验、自我接受体验、人际适应体验的标准化回归系数(Beta)分别为 0.159、0.115、0.229、0.116 和 0.120,并且在 5%、1%和 0.1%的水平上呈现统计显著性,而与心理健康体验、目标价值体验、成长进步体验、身体健康体验、心态平衡体验和家庭氛围体验的标准化回归系数(Beta)均没有呈现统计显著性。

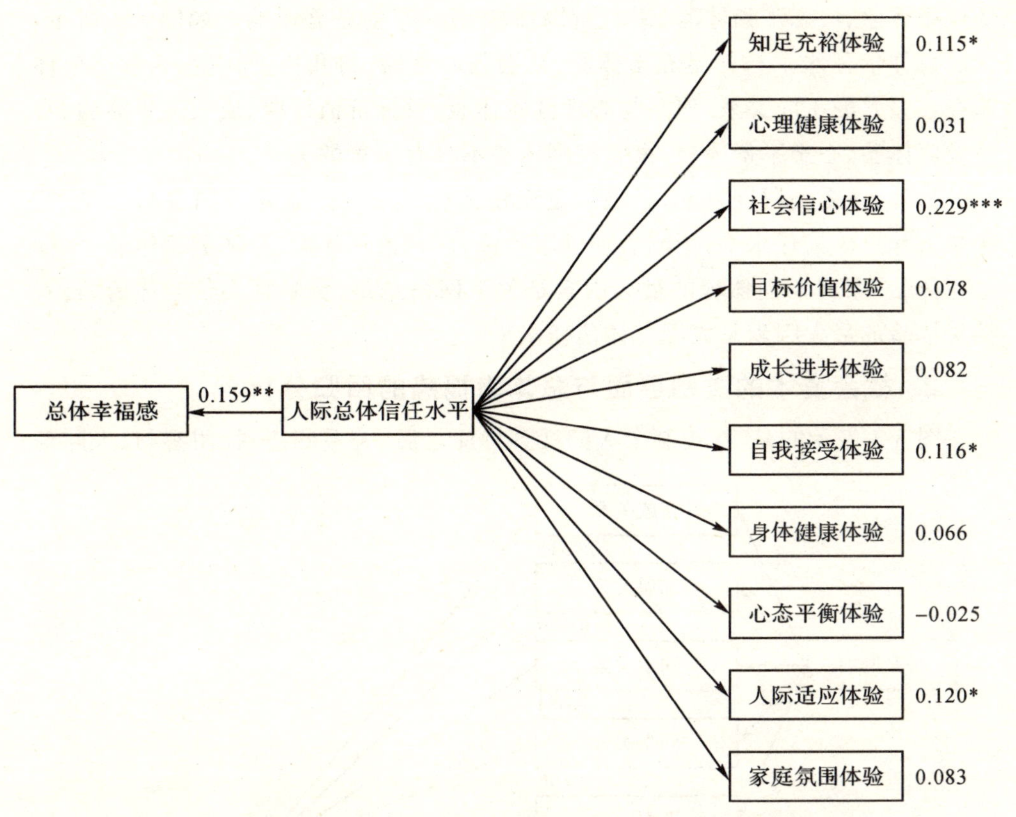

图 8-3　人际总体信任水平与总体幸福感及 10 个维度幸福感的回归分析

注：数值为多元回归方程中的标准化回归系数(Beta)。

* 表示 P＜0.05，** 表示 P＜0.01，*** 表示 P＜0.001。

图 8-1、图 8-2、图 8-3 的结果说明以下两个问题。

第一，关系网络总量、社团参与总量、人际总体信任水平对总体幸福感会产生显著的正向影响，但影响程度存在显著差异。其中人际总体信任水平的影响最大，关系网络的影响居中，社团参与的影响较小。

第二，关系网络总量、社团参与总量、人际总体信任水平与 10 个维度幸福感存在三种关系，即正向关系、负向关系和无显著关系。如图 8-1 所示，关系网络总量与知足充裕体验、社会信心体验、目标价值体验、自我接受体验、心态平衡体验不存在显著关联，与心理健康体验、身体健康体验、人际适应体验、家庭氛围体验存在显著正向关系，而与成长进步体验存在比较显著的负向关系。如图 8-2 所示，社团参与总量与知足充裕体验存在显著的正向关系，而与心理健康体验、成长进步体验、社会信心体验、目标价值体验、自我接受体验、人际适应体验、身体健康体验、心态平衡体验、家庭氛围体验都不产生显著影响。如图 8-3 所示，人际总体信任水平与知足充裕体验、社会信心体验、自我接受体验、人际适应体验存在显著的正向关系，但是与心理健康体验、目标价值体验、成长进步体验、身体健康体验、心态平衡体验、家庭氛围体验不具有显著的关联。

另外，在影响程度方面，影响知足充裕体验的最大因素是社团参与总量，其次是人际总体信任水平；影响心理健康体验、成长进步体验、身体健康体验、人际适应体验、家庭氛围体验的最大因素是关系网络总量；影响社会信心体验、自我接受体验的最大因素是人际总体信任水平。

二、社会资本的类别层面与总体幸福感的回归分析

图 8-4 表示的是，在控制个人的社会特征之后，关系网络、社团参与、人际信

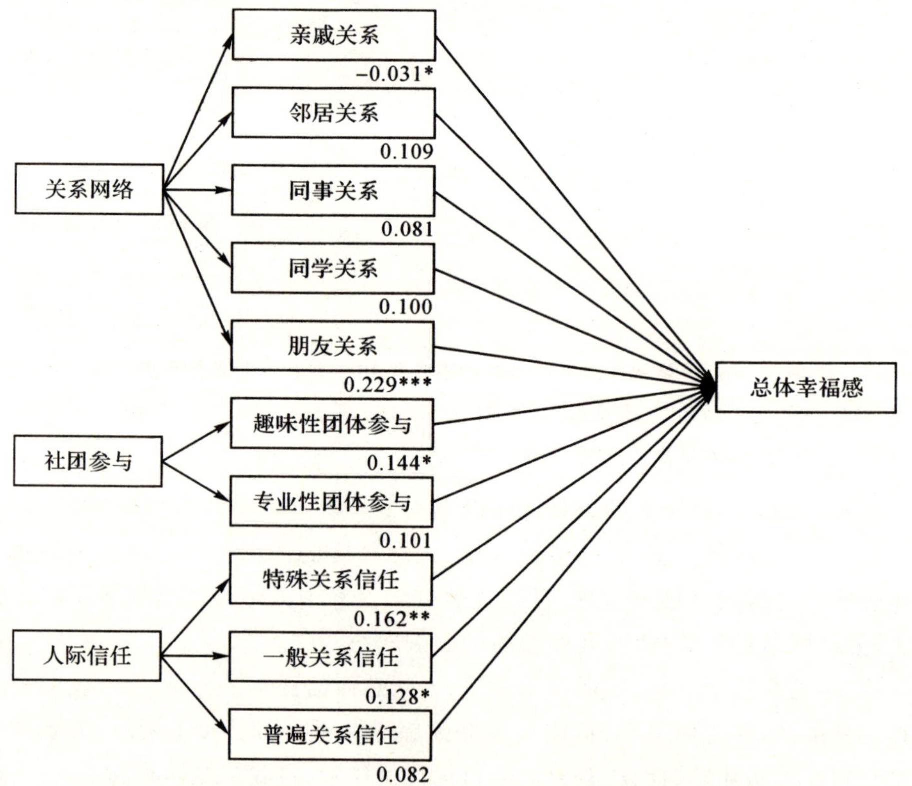

图 8-4 不同形式关系网络、社团参与、人际信任与总体幸福感的回归分析

注：数值为多元回归方程中的标准化回归系数(Beta)

* 表示 P＜0.05、** 表示 P＜0.01、*** 表示 P＜0.001。

任的类别与总体幸福感的回归分析结果。可以发现,关系网络中的亲戚关系、朋友关系与总体幸福感的标准化回归系数(Beta)分别为－0.031 和 0.229,且分别在 5%和 0.1%的水平上呈现统计显著性,而邻居关系、同事关系、同学关系与总体幸福感的标准化回归系数(Beta)分别为 0.109、0.081、0.100,都没有呈现统计显著性。社团参与中的趣味性团体参与总体幸福感的标准化回归系数(Beta)为 0.144,且在 5%的水平上呈现统计显著性,而专业性团体参与与总体幸福感的标准化回归系数(Beta)为 0.101,没有呈现统计显著性。人际信任中的特殊关系信任、一般关系信任与总体幸福感的标准化回归系数(Beta)分别为 0.162 和 0.128,并且分别在 1%和 5%的水平上呈现统计显著性,而普遍关系信任与总体幸福感的标准化回归系数(Beta)为 0.082,并不具有统计显著性。

图 8-4 的结果说明以下三个问题。

第一,在关系网络、社团参与、人际信任各自的内部,并不是所有形式的关系网络、社团参与和人际信任都会对总体幸福感产生显著的正向影响。在关系网络中,只有朋友关系对总体幸福感具有显著的正向影响,而邻居关系、同事关系、同学关系与总体幸福感不具有显著关联,然亲戚关系对总体幸福感却产生了显著的负向影响。在社团参与方面,趣味性团体参与对总体幸福感具有显著的正向影响,而专业性团体参与与总体幸福感不具有显著关联。人际信任中,特殊关系信任与一般关系信任对总体幸福感具有显著的正向影响,而普遍关系信任与总体幸福感不具有显著关联。

第二,不同形式的关系网络、社团参与、人际信任对总体幸福感的影响程度存在很大差异。关系网络中最大的影响因素是朋友关系,其次是亲戚关系;社团参与中最大的影响因素是趣味性团体参与;人际信任中最大的影响因素是特殊关系信任,其次是一般关系信任。

第三,图 8-4 的结果进一步说明:图 8-1 中关系网络总量对总体幸福感的正向影响主要由其中的朋友关系所致,图 8-2 中社团参与总量对总体幸福感的正向影响主要由其中的趣味性社团参与所致,图 8-3 中人际总体信任水平对总体幸福感的正向影响主要由其中的特殊关系信任与一般关系信任所致。

三、社会资本拥有量不同居民的幸福感状况

通过分析得知,关系网络总量、社团参与总量与人际总体信任水平的均值分别为 20.68、0.83 和 3.45。本研究将关系网络总量、社团参与总量及人际总体信任水平在均值以上(含均值)的,分别界定为关系网络总量多、社团参与总量多和人际总体信任水平高;反之,则界定为关系网络总量少、社团参与总量少和人

际总体信任水平低。表 8-1 表示的是，关系网络总量、社团参与总量以及人际总体信任水平不同居民的总体幸福感以及 10 个维度幸福感的状况。

表 8-1 关系网络总量、社团参与总量、人际总体信任水平不同居民的幸福感均值

	关系网络总量			社团参与总量			人际总体信任水平		
	多	少	F	多	少	F	高	低	F
总体幸福感	4.43 (0.512)	3.99 (0.557)	11.843**	4.22 (0.482)	4.03 (0.062)	2.048	4.11 (0.547)	3.95 (0.557)	6.515*
知足充裕体验	3.71 (1.067)	3.59 (1.052)	0.276	3.89 (0.906)	3.59 (1.073)	1.447	4.70 (1.057)	3.49 (1.070)	3.448**
心理健康体验	4.31 (1.199)	3.55 (1.025)	10.333**	3.97 (1.020)	3.61 (1.029)	2.268	3.65 (0.979)	3.60 (1.093)	0.242
社会信心体验	3.93 (1.110)	3.61 (1.040)	1.803	3.89 (1.100)	3.65 (1.043)	1.007	4.81 (0.996)	3.45 (1.075)	10.453**
成长进步体验	4.48 (0.858)	3.90 (1.094)	0.245	4.11 (1.150)	3.97 (1.112)	0.347	4.07 (1.045)	3.85 (1.184)	0.154
目标价值体验	4.45 (1.011)	3.57 (0.828)	6.940**	4.68 (0.749)	4.57 (0.822)	0.269	4.59 (0.771)	3.56 (0.885)	3.326**
自我接受体验	4.33 (0.885)	4.34 (0.844)	0.002	4.37 (0.676)	4.33 (0.853)	0.553	4.39 (0.811)	4.26 (0.871)	1.909
身体健康体验	4.69 (1.006)	3.84 (1.133)	11.147**	3.92 (1.004)	3.90 (1.138)	0.006	3.97 (1.115)	3.82 (1.131)	1.460
心态平衡体验	4.76 (0.800)	3.20 (1.005)	6.260**	4.34 (0.708)	4.25 (1.009)	0.170	4.23 (1.038)	4.27 (0.923)	0.176
人际适应体验	4.79 (0.874)	3.98 (1.081)	11.042**	4.34 (0.914)	4.04 (1.070)	1.444	4.15 (1.026)	3.92 (1.086)	3.955*
家庭氛围体验	4.74 (0.903)	3.38 (0.900)	3.086**	4.58 (0.870)	4.43 (0.882)	0.547	4.52 (0.832)	3.32 (0.948)	3.983**

注：括号内数值为标准差(Std. Deviation)。

* 表示 P<0.05，** 表示 P<0.01。

第一，在总体幸福感方面，关系网络总量多的居民的均值为 4.43，而关系网络总量少的居民的均值为 3.99。社团参与总量多的居民的均值为 4.22，而社团参与总量少的居民的均值为 4.03。人际总体信任水平高的居民的均值为 4.11，而人际总体信任水平低的居民的均值为 3.95。但是方差分析中的 F 值显示：除社团参与总量多与少的居民的总体幸福感的均值差异不具有统计显著性之外，关系网络总量多与少、人际总体信任水平高与低的居民的总体幸福感差异分别在 1%和 5%的水平上呈现统计显著性。

第二，在 10 个维度幸福感方面，关系网络总量、社团参与总量、人际总体信任水平不同居民的幸福感均值，呈现如下倾向。

(1)关系网络总量与 10 个维度幸福感。在知足充裕体验、社会信心体验、成长进步体验、自我接受体验四个方面，虽然关系网络总量多与少的居民的均值存在不同程度的差异，但方差分析中的 F 值均没有呈现统计显著性，而在心理健康体验、目标价值体验、身体健康体验、心态平衡体验、人际适应体验、家庭氛围体验六个方面，方差分析中的 F 值均在 1%的水平上呈现统计显著性。其中，在心理健康体验方面，关系网络总量多与少的居民的均值分别为 4.31 和 3.55；在目标价值体验方面，关系网络总量多与少的居民的均值分别为 4.45 和 3.57；在身体健康体验方面，关系网络总量多与少的居民的均值分别为 4.69 和 3.84。另外，在心态平衡体验、人际适应体验、家庭氛围体验三个方面，关系网络总量多的居民的均值分别为 4.76、4.79 和 4.74，而关系网络总量少的居民的均值分别为 3.20、3.98 和 3.38。

(2)社团参与总量与 10 个维度幸福感。在 10 个维度幸福感方面，社团参与总量多的居民的均值均不同程度地高于社团参与总量少的居民，但是，方差分析中的 F 值均没有呈现统计显著性。

(3)人际总体信任水平与 10 个维度幸福感。虽然人际总体信任水平高与低的居民在心理健康体验、成长进步体验、自我接受体验、身体健康体验、心态平衡体验五个方面的均值存在不同程度的差异，但方差分析中的 F 值均没有呈现统计显著性，而在知足充裕体验、社会信心体验、目标价值体验、人际适应体验、家庭氛围体验五个方面的均值差异，方差分析中的 F 值在 1%或者 5%的水平上呈现统计显著性。其中，人际总体信任水平高与低的居民的知足充裕体验均值分别为 4.70 和 3.49，社会信心体验均值分别为 4.81 和 3.45，目标价值体验均值分别为 4.59 和 3.56，人际适应体验均值分别为 4.15 和 3.92，家庭氛围体验均值分别为 4.52 和 3.32。

表 8-1 的结果说明：虽然在多个维度上，关系网络总量多、社团参与总量多、

人际总体信任水平高的居民的幸福感高于关系网络总量少、社团参与总量少、人际总体信任水平低的居民，但关系网络总量多、社团参与总量多、人际总体信任水平高并非就一定拥有幸福，而是因幸福感的维度不同存在很大差异。

首先，关系网络总量多与少的居民在知足充裕体验、社会信心体验、成长进步体验、自我接受体验四个方面的幸福感不存在显著差异，而在总体幸福感及心理健康体验、身体健康体验、人际适应体验四个方面，关系网络总量多的居民处于“有点幸福”和“幸福”之间，而关系网络总量少的居民却处于“有点不幸福”和“有点幸福”之间。

其次，无论总体幸福感，还是10个维度幸福感，社团参与总量多与少的居民均不存在显著差异。

最后，人际总体信任水平高与低的居民在自我接受体验、身体健康体验、心态平衡体验三个方面的幸福感均不存在显著差异，而在总体幸福感及知足充裕体验、社会信心体验、目标价值体验、人际适应体验、家庭氛围体验六个方面，人际总体信任水平高与低的居民的幸福感存在显著差异。具体可以指出：在总体幸福感及人际适应体验方面，人际总体信任水平高的居民处于“有点幸福”和“幸福”之间，而在知足充裕体验、社会信心体验、目标价值体验、家庭氛围体验四个方面，人际总体信任水平高与低的居民均处于“有点不幸福”和“有点幸福”之间。

第四节 研究发现

一、社会资本与幸福感的关系

根据上述统计结果，有关城市的社会资本与人们的幸福感提炼出如下结论。

第一，在总体层面上，社会资本对总体幸福感产生显著的正向影响，但不同类别的社会资本的影响程度存在差异。人际总体信任的影响最大，关系网络的影响居中，而社团参与的影响较小。

第二，在总体层面上，社会资本对不同维度幸福感的影响存在相当大的差异。其中，关系网络总量与心理健康体验、身体健康体验、人际适应体验和家庭氛围体验存在显著的正向关系，而与成长进步体验存在一定的负向关系；社团参与总量仅仅与知足充裕体验存在显著的正向关系；人际总体信任水平与知足充裕体验、社会信心体验、自我接受体验和人际适应体验存在显著的正向关系。

第三，在类别层面上，并不是所有形式的社会资本与总体幸福感均存在显著的正向关系。关系网络中仅有朋友关系，社团参与中仅有趣味性团体参与，人际信任中仅有特殊关系信任和一般关系信任，对总体幸福感产生了显著的正向影响，而关系网络中的亲戚关系对总体幸福感则产生了显著的负向影响。

第四，在多个维度上，社会资本丰富的居民的幸福感高于社会资本缺乏的居民。前者的幸福感处于"有点幸福"和"幸福"之间，而后者的幸福感处于"有点不幸福"和"有点幸福"之间。但是，拥有社会资本并非就一定拥有幸福，而是因社会资本形式和幸福感维度的不同而不同。

二、研究发现与已有研究的异同

本研究的发现与前述国外学者的研究发现不尽相同。国外学者的研究均发现，关系网络、社团参与、社会信任这样的社会资本与幸福感存在显著的正向关系。但是本研究发现，在总体层面上，社会资本对幸福感的影响确实如此，但在类别层面上，并不是所有形式的社会资本对幸福感都具有显著的正向影响，有的形式的社会资本甚至产生了显著的负向影响。因此，与国外学者的研究相比，本研究更为细致、准确地揭示了社会资本与幸福感的关系。这无疑说明：在工业化、城市化导致阶层结构显著分化的当今社会，仅仅从社会资本的总体层面考察其与幸福感的关系并不能够准确、充分地揭示两者的相关性。

另外，本研究发现与前述国内外学者有关我国社会资本与幸福感关系的研究发现也并不完全一致。首先，本研究与温妮、萨勃拉曼尼亚等学者的研究[①]都发现，社会信任与城乡居民的幸福感存在显著的正向关系，但是社团参与对农村居民的幸福感不具有显著影响，而对城市居民的幸福感却产生显著的正向影响。这说明在我国现阶段，社会信任对人们幸福感的增强作用在城市和农村普遍存在，而社团参与对幸福感的增强作用主要体现在城市。其次，本研究与温晓亮等学者在社会信任与幸福感关系方面的研究发现[②]截然相反。这可能源自幸福感的测量工具、分析对象及分析变量的差异。温晓亮等学者有关社会资本与幸福感的研究并不是一项专门研究，并且该研究中仅仅运用了一个项目测量幸福感，分析的对象是我国居民的整体，而分析变量中除个人的社会特征之外，还包含绝

---

① W. Yip, S. V. Subramanian, A. D. Mitchell, etc.: Does social capital enhance health and well-being? Evidence from rural China, *Social Science and Medicine*, 2007, 64(1), pp. 35—49.

② 温晓亮、米健、朱立志：《1990—2007 年中国居民主观幸福感的影响因素研究》，《财贸研究》2011 年第 3 期。

对收入、相对收入、社会失范。另外,本研究的发现与裴志军的研究发现[①]也不尽相同,其中的原因恐怕也与上述分析一致。但是笔者认为,与幸福感的测量工具、分析对象或者分析变量等方面的差异相比,在我国工业化、城镇化快速发展的背景下,不同年代的社会结构变迁,以及由此导致的社会资本的表现形式和作用的不同,才是导致不同的研究产生不同研究发现的根本原因。

需要说明的是,本研究与上述学者的研究由于社会资本和幸福感的测量指标及调查时间各不相同,其研究发现当然不能进行有效的对比,但研究发现的差异至少可以说明:现实生活中,尽管社会资本是影响幸福感产生的一个重要因素,但并不是唯一的,除此之外,国内学者已经明确的国家层面的经济增长、官僚腐败、宏观税负与政府公共支出、社会质量,以及个人层面的身心健康、阶层位置与不确定性防范等,均是影响幸福感产生的不可忽略的变量。因此,提升人们的幸福感是一个复杂的社会工程,需要国家与个人的共同努力才能实现。

不同类别的社会资本对不同维度的幸福感会产生不同的影响。该发现澄清了一个更为重要的学术问题,即幸福感不是由认知、情感、价值实现三者中的一种因素组成的单一结构,而是一个由它们三者所组成的三因素结构。因此,通过单项目自陈主观幸福感量表测量幸福感,虽然已被多数学者用于实证研究,但并不能够全面、准确地揭示社会资本与幸福感的关系。这里便产生了对幸福感如何理解、如何测量的问题。如前所述,迄今学术界对幸福感有三种理解,即认知层面幸福感、情感层面幸福感和价值实现层面幸福感。本研究的发现说明,如果仅从认知层面、情感层面、价值实现层面三者中的某一方面来理解幸福感,将幸福感等同于对自己生活质量的评价、欲望满足时产生的快乐感以及自我潜能实现时产生的成就感,那么这样的幸福感可能是短暂的、片面的、表面的,甚至是虚假的。比如,如果将幸福感简单地定义为欲望满足时产生的快乐感,并据此设计测量幸福感的指标,则很可能会得出诸如"刚刚吃顿饱饭的乞丐的幸福感高于平时衣食无忧的富人"之类与现实相去甚远的结论。只有将幸福感视作由认知、情感、价值实现三者构成的有机整体,才能全面、准确地把握某一时期内人们的幸福感状况。在这一方面,邢占军设计的《中国城市居民的幸福感量表简本》,可谓较为充分地体现了幸福感作为一种复杂的社会心理现象,是满意感、快乐感和价值感的有机统一体,能较为全面地体现我国工业化、城镇化背景下城市居民的每

① 裴志军:《家庭社会资本、相对收入与主观幸福感——一个浙西农村的实证研究》,《农业经济问题》2010年第7期。

一个生活侧面、每一个因素,值得推广运用。

虽然在多个维度上,社会资本拥有量多的居民的幸福感高于社会资本拥有量少的居民,但并非绝对如此。该发现说明了两个问题:其一,呼应了上述第二、第三与第四的研究发现,进一步说明了虽然社会资本对幸福感具有强化作用,但因社会资本的类别和幸福感的维度而不同;其二,更为有力地说明了虽然社会资本对幸福感能产生显著的正向影响,但这种影响是有限的,在众多的因果变量中,仅仅是其中之一。

最后,在本研究中,有两个发现与国外学者的研究发现显著不同,很值得学术界进行更为细致、规范的研究,也很值得政府相关部门思考。

一个是社团参与与幸福感的关系问题。社团参与不仅对总体幸福感及 10 个维度幸福感的影响比较弱,而且社团参与多与社团参与少的居民,在总体幸福感及 10 个维度幸福感方面均不具有显著差异。社团是在工业化、城市化的快速发展导致人们的生活方式、价值取向显著分化的背景下,具有相同生活方式和价值取向的人们结成的,具有志愿性、非营利性的社会团体。帕特南指出,志愿性社团是促进公民之间合作的重要机制,并且提供了相互信任的平台,在团体活动中结成的关系网络又使得人们产生了友情和相互支持,因此社团参与是幸福感的重要来源。[①] 自 1978 年改革开放以来,随着工业化、城镇化的发展,我国居民的生活方式、价值取向已发生了深刻的社会变迁,社团组织的建立也逐渐增多。根据国家统计局的数据,2000 年全国性社团仅为 13 万个,每万人拥有的社团数量仅为 1.03 个,而至 2013 年,全国性社团数量已达 28.9 万个,[②]每万人拥有的社团数量增加为 2.12 个,13 年间翻了一倍之多。但是,即便如此,仍然与发达国家不可相比。有数据表明,早在 20 世纪 90 年代,法国每万人拥有的社团数量高达 110.45 个,日本为 97.17 个,美国为 51.79 个,德国为 26.2 个。[③] 另外,本研究的调查数据显示,城市居民的社团参与的平均数量为 0.83,每一个居民平均还不到一个。这说明:当前城市居民的社团参与的主动性比较弱。因此,与我国工业化、城镇化背景下人们的生活方式、价值取向的社会变迁速度之快相比,

① Putnam, D. Robert: *Making Democracy Work: Civic Traditions in Modern Italy*. Princeton, New Jersey: Princeton University Press, 1993.

② 国家统计局:《中国统计年鉴》(2014),中国统计出版社 2014 年版,第 717 页。

③ Salamon, M. Laster: *Global Civil Society: Dimensions of the Nonprofit Sector*, Maryland: The Johns Hopkins University, 1999. 王绍光:《多元与统一:第三部门的国际比较研究》,浙江人民出版社 1999 年版,第 139 页。

社团建设滞后以及人们社团参与的主动性缺乏，可能是导致两者的相关性弱的一个原因。

另一个是关系网络中的亲戚关系与幸福感的负向关系问题。在我国，亲戚关系是一种感情性、闭合性较强的关系，在差序格局式的关系网络中处于中心位置。科尔曼分析了具有闭合特征的关系网络与人际互动的关系，指出，闭合性强的关系网络能够给个人带来更多的社会支持，但在帮助个人克服困难的同时，也可能给个人带来更多的心理束缚，使得个人感受到他人的压力，从而在心理上产生负面情绪。[①] 另外，受儒家文化的影响，亲戚之间的相互支持往往具有一定的义务性，也正因为如此，现实生活中亲戚之间频频产生"杀熟"现象。因此，亲戚关系多的人们，可能感到更不幸福，也就不难理解了。

① James S. Coleman：Social Capital in the Creation of Human Capital，*American Journal of Sociology*，1988，(94)，pp. 95—121.

第九章　不同职业阶层的幸福感获得路径及演变趋势

从第七章第一节有关个人的社会特征与幸福感的关系中可以发现，不同职业阶层的总体幸福感水平存在显著差异，具体体现为：幸福感水平依照基础阶层、中间阶层、优势阶层的顺序依次提高。那么，不同职业阶层具体通过何种路径获得幸福感？随着职业地位的提升，幸福感的获得路径发生了怎样的演变？这些却还是一个尚未明确的课题。本章将更为细致地分析不同职业阶层的幸福感获得路径，以及随着职业地位的提升，幸福感获得路径的演变趋势。对于这一问题的研究，不仅可以弥补已有研究的不足，其研究成果还可以在中央政府重视国民生活质量的现实下，为政府相关部门制定政策提供参考。

第一节　研究缘起

一、理论背景

自20世纪60年代幸福感成为学术界的研究课题以来，有关经济发展背景下人们获得幸福感的路径，经济学、心理学、社会学已从不同视角进行了深入分析。尽管研究发现不尽相同，但总体而言，可以归纳为以下三种观点。

（一）经济学的收入决定论

该观点基于收入的增加能够满足人们的物质生活需求，进而产生积极情绪的理论假设，主张拥有收入即意味着拥有幸福的论断。

首先，这一观点获得了国外学者经验研究的有力支撑。哈林、迪纳等学者分析了英国、美国等欧美发达国家居民的收入与幸福感的关系，发现个人收入与幸福感存在显著的正向关系。[①] 另外，韦胡文、哈伊等学者分析了印度、巴西、东欧等国家居民的收入与幸福感的关系，发现在发展中国家，个人收入对幸福感的正向影响更为显著。[②]

其次，这一观点更是获得了国内学者经验研究的有力支撑。罗楚亮通过分析 2002 年全国城乡住户调查的数据，发现绝对收入与幸福感具有显著的正向关联，即便控制了相对收入效应，这种影响仍然显著。[③] 刘军强、熊谋林等学者分析了中国综合社会调查的数据，发现个人收入的增加对幸福感具有显著的促进作用，并且在控制通胀水平(CPI)之后，个人收入的增长与幸福感之间的正向关系仍然显著。[④] 邢占军采用政府统计数据及不同城市的调查数据，深入分析了城市居民的收入与幸福感的关系，发现收入与城市居民的幸福感之间存在显著的正相关，高收入群体的幸福感水平明显高于低收入群体。[⑤]

但是，收入决定论也受到学术界的强烈质疑。一些学者同样分析了欧美发达国家居民的收入与幸福感的关系，发现个人收入的增加对幸福感的正向影响是有限的，有时两者甚至存在显著的负向关系。其中，伊斯特林于 1974 年分析了多个国家的数据后发现，就个人而言，虽然收入的增加对于幸福感具有提升作用，但当收入增加到一定程度后，这种作用便不再显著，而就国家而言，经济发达的国家与经济欠发达的国家，居民之间的幸福感并不存在显著的差异。[⑥] 奥斯瓦尔德分析了欧洲九个国家居民的幸福感状况，发现在比利时、爱尔兰和英国三个国家中，人们的幸福感随着收入的增加，反而呈现下降的倾向。[⑦]

---

① M. J. Haring, W. A. Stock, M. A. Okum: A Research Synthesis of Gender and Social Class as Correlates of Subjective Well-being, *Human Relations*, 1984, 37(8), pp. 645—657. E. Diener, E. Sandvik, L. Seidlitz, etc.: The Relationship Between Income and Subjective Well-being: Relative or Absolute?, *Social Indictors Research*, 1993(28), pp. 195—223.

② R. Veenhoven: Is Happiness Relative?, *Social Indicators Research*, 1991(24), pp. 1—34. E. Diener, S. Oishi: Money and happiness: Income and subjective well-being across nations, *Culture and subjective well-being*, Cambridge: The MIT Press, 2000, pp. 185—218.

③ 罗楚亮:《绝对收入、相对收入与主观幸福感——来自中国城乡住户调查数据的经验分析》,《财经研究》2009 年第 11 期，第 79 页。

④ 刘军强、熊谋林、苏阳:《经济增长时期的国民幸福感——基于 CGSS 数据的追踪研究》,《中国社会科学》2012 年第 12 期，第 97-98 页。

⑤ 邢占军:《我国居民收入与幸福感关系的研究》,《社会学研究》2011 年第 1 期，第 214-215 页。

⑥ R. A. Easterlin: Does Economic Growth Improve the Human Lot? Some Empirical Evidence, *Nations and Households in Economic Growth: Essays in Honor of Moses Abramowitz*, New York: Academic Press, 1974.

⑦ A. J. Oswald: Happiness and economic performance, *The Economic Journal*, 1997, 107(445), pp. 1815—1831.

由此可见，在欧美发达国家，人们的幸福感是否产生于个人收入的增加，还有待进一步检验。但是，在东欧、印度、巴西、中国等发展中国家，个人收入的增加对幸福感具有显著的增强作用，已基本获得了学术界的共识。这说明，当经济发展水平较低，社会仍然处于“以物的依赖性为基础的人的独立性”[①]阶段时，收入作为能够满足人们基本生活需求（衣食住）的第一要件，是幸福感产生的重要源泉，是不容置疑的基本事实。

（二）心理学的身心健康决定论

该观点基于身心疾患能够给人们带来痛苦，进而产生消极情绪的理论假设，主张人们的幸福感产生于健康的身体及健康的心理。伯林、莱文、唐丹、孙庆洲等国内外学者在分析了身体健康状况与幸福感的关系后，发现自评的身体状况越健康，则幸福感越强一些。[②] 另外，迪奈乌、徐维东、李中权等国内外学者在分析了心理健康状况与幸福感的关系后，发现乐观、自尊和外向性格与幸福感存在稳定的正相关，而神经质与幸福感则有稳定的负相关。[③] 因此，国内外学者的研究一致说明，身心健康状况良好的个体拥有较强的幸福感。另外，这一发现也比较符合我们的经验观察。

（三）社会学的社会关系决定论

该观点基于社会关系的建立有助于人们减轻生活压力且获得社会支持的理论假设，主张人们的幸福感产生于丰富的社会关系。这里所说的社会关系，是指不同个体与其他社会成员（个体、群体、组织）的社会结合，具体分为人际关系、社团参与两个层面。在现实生活中，人际关系丰富、社团参与广泛的个体，与社会的结合越紧密。在阶层结构显著分化的当代社会，由于社会经济地位与兴趣爱好的不同，不同个体的社会关系状况是存在明显差异的。德希（E. L. Deci）和瑞恩（R. M. Ryan）两位学者在分析了人际关系对于幸福感的影响在，发现稳定和

---

① 马克思、恩格斯：《马克思恩格斯全集》（第 30 卷），人民出版社 1998 年版，第 107 页。

② A. Bowling, P. D. Browne: Social Networks, Health, and Emotional Well-Being among the Oldest Old in London, *Journal of Gerontology*, 1991, 46(1), pp. 22—32.　J. S. Levin, L. M. Chatters: Religion, Health and Psychological Well-Being in Older Adults. *Aging Health*, 1998, 10(4), pp. 504—531. 唐丹、邹君、申继亮、张凌：《老年人主观幸福感的影响因素》，《中国心理卫生杂志》2006 年第 3 期，第 162 页。孙庆洲、王军：《身体健康状况、幸福感和生活质量的关系研究》，《文教资料》2012 年第 3 期，第 190 页。

③ K. M. DeNeve, H. Cooper: The happy personality: A meta-analysis of 137 personality traits and subjective well-being, *Psycho-logy Bulletin*, 1998(2), pp. 197—229.　徐维东、吴明证、邱扶东：《自尊与主观幸福感关系研究》，《心理科学》2005 年第 3 期，第 563 页。　李中权、王力、张厚粲、柳恒超：《人格特质与主观幸福感：情绪调节的中介作用》，《心理科学》2010 年第 1 期，第 166—167 页。

谐的人际关系是提升幸福感的重要因素。① 葛鲁塔特(C. Grootaert)、克罗斯利(A. Crossley)、严标宾等国内外学者在分析了人际关系数量与幸福感的相关性后,发现两者存在显著的正向关系。② 但是,甘雄、李承宗同样分析了人际关系数量与幸福感的关系,却发现人际关系的增多反而增加了人际困扰,因而人际关系的数量与幸福感具有显著的负向关系。③ 另外,阿盖尔(M. Argyle)、刘明前等国内外学者在分析了社团参与状况对幸福感的影响后,发现积极主动地参与各种社会团体,能够从中享受到快乐,是幸福感提升的重要来源。④ 因此,社会关系状况影响着人们的幸福感,但两者不一定存在正向关系。

上述三种观点,无疑充分说明了在经济发展背景下,幸福感影响因素的复杂性,以及不同个体的幸福感差异的根源。另外,三种观点均获得了大量的经验研究的验证,说明它们在现实生活中是确实存在的。但是我们还是发现,已有研究存在着两个不可忽略的缺陷。

第一,幸福感作为人们对自身某一阶段生活质量的心理体验,当然受个人的经济收入、身心健康与社会关系状况的影响。但是,迄今,经济学、心理学、社会学基于各自学科的研究取向,分别独立分析了收入、身心健康、社会关系对幸福感的影响,其结果可能是两个变量关系的虚假反映,不仅降低研究结论的可信度,甚至会产生两种截然相反的结论。因此,为了准确把握当代居民的幸福感获得路径,在设计幸福感获得路径的解释模型时,应该同时考虑到收入、身心健康、社会关系这三种效应,更应该考虑到它们三者之间可能存在的交互效应。

第二,上述三种观点只是从居民总体层面明确了经济发展背景下人们的幸福感可以通过增加收入、保持身心健康、建立社会关系三种路径获得,但是对于不同职业状态下的个体来说,由于社会经济地位与生活需求的不同,具体通过何

---

① E. L. Deci, R. M. Ryan: A motivational approach to self, *Nebraska Sympo-sium on Motivation*: *Vol*. 38. *Perspectives on Motivation*, Lin-coln: University of Nebraskapress, 1991, pp. 237—288.

② C. Grootaert: Social Capital, Household Welfare and Poverty in Indonesia, *World Bank Policy Research Working Paper*, 1999(2148). A. Crossley, D. Langdridge: Perceived Sources of Happiness: A Network Analysis, *Journal of Happiness Studies*, 2005, 6(2), pp. 107—135. 严标宾、郑雪、邱林:《大学生主观幸福感的影响因素研究》,《华南师范大学学报》(自然科学版)2003 年第 2 期,第 141 页。

③ 甘雄、李承宗:《大学生人际关系与主观幸福感的关系》,《医学研究与教育》2010 年第 4 期,第 56 页。

④ M. Argyle: *The psychology of Happiness*, New York: Routedge, 1987. 刘明前、胡三嫚:《大学生社团参与状况对其主观幸福感的影响》,《重庆文理学院学报》(社会科学版)2012 年第 4 期,第 66—67 页。

种路径获得幸福,还是一个尚未明确的课题。另外,对于同一职业状态下的个体来说,在某一特定时期内也不可能同时通过三种路径获得幸福,即使存在这种可能,也一定是三种路径中的某一种起着主导作用。因此,不同职业阶层的个体具体通过(或者主要通过)何种路径获得幸福,已有的研究成果尚不能给予充分合理的解释。

二、现实背景

1978 年至 2012 年的 34 年间,我国经济的平均增长速度为 9.8%,其中 2001 年至 2012 年的 11 年间更是高达 10.2%①,可谓正处于经济快速增长期。其间在职业阶层的分化、收入分配以及职业流动三个方面发生了深刻的社会变迁。

(一)职业阶层显著分化

1978 年我国还是一个城镇化率仅为 17.9%②的农业社会,仅存在工人、农民和知识分子三个职业阶层,而 2012 年城镇化率已升至 52.57%③,并且职业阶层趋于多样化。陆学艺课题组根据经济资源、组织资源、文化资源的占有状况,将我国居民划分为十大职业阶层,即城乡无业失业半失业者、农业劳动者、产业工人、商业服务业员工、个体工商户、办事人员、专业技术人员、私营企业主、经理人员、国家与社会管理者。④

(二)居民收入普遍增加,但不同职业阶层的收入分配很不平衡

1978 年人均可支配收入仅为 343.4 元,而 2012 年上升至 24564.7 元⑤,增长了 70.5 倍。但是,自 2003 年以来,反映居民收入差距的基尼系数均在 0.47 以上,说明当前不同职业阶层的贫富差距较大,已接近 0.5 的国际警戒线。另外,自 2000 年以来,反映居民购买生活品与价格水平的消费物价指数(CPI)居高不下。比如,2007 年、2008 年的消费物价指数分别比上一年度增加 4.8%和 5.9%,而 2011 年比上一年度增加 5.4%。⑥ 消费物价指数的提升,即意味着生活品价格的提高,而居民的实际收入下降。但是,这种影响对职业地位低的阶层较大,而对职业地位高的阶层较小。因为前者主要是固定的工资性收入,而后者

---

① 国家统计局:《中国统计年鉴》(2013),中国统计出版社 2013 年版,第 5 页。

② 同上,第 95 页

③ 同上,第 95 页。

④ 陆学艺主编:《当代中国社会阶层研究报告》,社会科学文献出版社 2002 年版,第 9 页。

⑤ 同①,第 378 页。

⑥ 同①,第 347 页。

不仅拥有工资性收入，还往往持有各种资产，消费物价指数的提升甚至会使得这些资产获得升值。因此，消费物价指数的提升，将会进一步导致穷者更穷、富者更富的两极分化。

（三）职业间流动人口庞大，且向上流动率较高

2000年我国流动人口为1.21亿人，而2012年已达2.36亿人[①]，12年间将近翻了一倍。早在2004年就有学者研究发现，流动人口中，初职与现职没有发生变化的比率为61.8%，发生变化的比率为38.2%，其中向上流动的比率为22.6%，而下降流动的比率为15.6%。[②] 另外，杨建华于2011年分析了浙江省的人口流动状况，发现人口的总流动率为65.07%，其中向上流动率高达57.55%。[③] 由此可见，在我国现阶段，人口的职业间流动率高，并且大多数流动者实现了职业地位的向上流动。

迄今，许多国内学者分析了我国居民总体层面的幸福感状况，但研究发现却存在较大差异。其中，孙立平认为，由于存在民生和社会正义等问题，目前中国人并不幸福。[④] 郎咸平更是指出，目前中国人自感幸福感的比例不会超过4%。[⑤] 与孙立平、郎咸平两位学者的观点相悖，官皓、罗楚亮、刘军强、赖晓飞等学者的实证分析发现，我国居民较为幸福，幸福感介于"一般幸福"和"比较幸福"之间。[⑥] 但是在上述现实背景下，有关当前居民不幸福或者较为幸福的研究发现，是否同时适用于每一个职业阶层，或者不同职业阶层的幸福感水平存在怎样的差异，还是一些尚未明确的问题。

---

① 国家统计局：《中国统计年鉴》(2013)，中国统计出版社2013年版，第96页。

② 陆学艺主编：《当代中国社会流动》，社会科学文献出版社2004年版，第176页。

③ 罗凰凤：《省社科院发布首份社会流动报告》，《钱江晚报》2011年12月7日，第B11版。

④ 孙立平在接受《南方日报》专访时认为，中国人生活并不幸福，民生和社会正义问题是造成不幸福的主要原因。赵杨等：《对话社会学专家孙立平："中国需要一场社会进步运动"》，《南方日报》2011年4月18日，第A04版。

⑤ 郎咸平基于对通货膨胀等经济问题的分析，也认为当前中国绝大多数人感觉不幸福，并推测中国人自感幸福的比例不超过4%。郎咸平：《序言：我们的幸福与无奈》，《郎咸平说：我们的生活为什么这么无奈》，东方出版社2011年版，第1页。

⑥ 官皓、刘军强、赖晓飞均是将人们的幸福感分为由很不幸福到非常幸福的五个层次，并依次赋予1、2、3、4、5的分值。其中，官皓发现的幸福感的平均得分为3.416，刘军强等学者发现的幸福感的平均得分为3.77，而赖晓飞发现的农村居民与城市居民的幸福感的平均得分别为3.39和3.47。 官皓：《收入对幸福感的影响研究：绝对水平和相对地位》，《南开经济研究》2010年第5期，第67页。 刘军强、熊谋林、苏阳：《经济增长时期的国民幸福感——基于CGSS数据的追踪调查》，《中国社会科学》2012年第12期，第91页。 赖晓飞：《影响城乡居民主观幸福感的路径分析——对农村人口流动的文化解释》，《贵州大学学报》(社会科学版)2012年第5期，第33页。

三、研究问题

基于上述理论及现实背景，本研究将不同职业阶层的幸福感作为研究主题。首先将经济学强调的收入因素、心理学强调的身心健康因素、社会学强调的社会关系因素纳入同一个分析框架，分析不同职业阶层的幸福感获得路径，以及随着职业地位的提升，幸福感获得路径的演变趋势；其次，作为一个必要的研究环节，将根据研究发现并结合已有的研究成果，就如何提升每一个阶层的幸福感提出本书的研究启示。

在已有研究明确的收入、身心健康、社会关系三种幸福感获得路径，以及我国居民总体层面幸福感状况的基础上，更为细致地分析不同职业阶层的幸福感获得路径及演变趋势，不仅是一个理论课题，而且更是一个很值得探讨的经验问题。另外，在中央政府日益关注国民生活质量的现实下，明确上述研究问题，对于政府部门制定准确、有效地提升居民幸福感的对策，还具有较为重要的参考意义。

第二节　研究假设与研究设计

一、研究假设

与研究问题相关的变量有五个：幸福感、职业阶层、收入、身心健康、社会关系。

幸福感即主观幸福感，就是人们根据自身标准对一定时期内自身生活质量进行整体性评估而产生的快乐情感。如前所述，陆学艺课题组根据经济资源、组织资源、文化资源的占有状况，将我国居民划分为十大职业阶层。① 其后该课题组根据十大职业阶层的来源与流向，进一步归类为基础阶层、中间阶层和优势阶层。其中，基础阶层包括城乡无业失业半失业者、农业劳动者、产业工人、商业服务业员工，中间阶层包括个体工商户、办事人员、专业技术人员，优势阶层包括私营企业主、经理人员、国家与社会管理者。② 显然，职业地位依照基础阶层、中间阶层、优势阶层的顺序提升。本书具体以基础阶层、中间阶层、优势阶层为对象

---

① 陆学艺主编：《当代中国社会阶层研究报告》，社会科学文献出版社 2002 年版，第 9 页。

② 陆学艺主编：《当代中国社会流动》，社会科学文献出版社 2004 年版，第 138—165 页。

分析不同职业阶层的幸福感问题。

如前所述，当前不同职业阶层的收入存在较大差距。根据李春玲的分析，十大职业阶层中，私营企业主的收入是农业劳动者收入的27倍，是产业工人和商业服务业员工收入的6至9倍，而国家与社会管理者和经理人员的收入是农业劳动者收入的6至9倍，是产业工人和商业服务业员工收入的2倍。[①] 这说明，职业地位高的阶层的收入大大高于职业地位低的阶层。另外，消费物价指数的提升，将会进一步扩大两个不同职业阶层的收入差距。

有关职业阶层与身心健康的关系，学术界一般认为，在工作环境、接受医疗服务、抵御健康风险等方面，职业地位高的阶层要好于职业地位低的阶层，因此前者的健康状况要好于后者。[②] 布莱克、王甫勤等学者的实证研究也确实发现，阶层地位高的群体的健康状况明显优于阶层地位低的群体，并且阶层地位与健康状况的这种关系具有相当的稳健性。[③]

在不同职业阶层的社会关系建立方面，劳曼(E. O. Laumann)于1965年提出了威望假设(prestige hypothesis)，即现实生活中一个人不论自身职业地位的高低，总是希望与职业地位高的人交往，另一方面职业地位高的人，由于基本的生活需求得到满足，因而将以参加各种社团的方式丰富自己的生活。[④] 依照此假设，职业地位高的阶层将比职业地位低的阶层拥有更多的人际关系，会参与更多的社会团体。威望假设已获得了许多经验研究的验证。其中，阿克塞尔罗德(A. Axelrod)分析了美国工业化阶段居民的社会关系状况，发现白领阶层的人际关系与社团参与的数量明显多于蓝领阶层。[⑤] 另外，张云武分析了职业流动与关系网络、社团参与的关系，发现随着阶层地位的提升，关系网络总量及社团

---

① 李春玲:《当前中国的社会分层与生活方式的新趋势》,《科学社会主义》2004年第1期,第13页。

② Espen Dahl: Social Mobility and Health: Cause or Effect?, *British Medical Journal*, 1996(313): 435—436.

③ Douglas Black, Jerry Morris, Cyril Smith, etc.: Inequalities in Health: Report of a Research Working Group, *Health and Social Security*, 1980. 王甫勤:《社会流动有助于降低健康不平等吗》,《社会学研究》2011年第2期,第98页。

④ E. O. Laumann: Subjective Social Distance and Urban Occupational Stratification, *American Journal of Sociology*, 1965:71(1).

⑤ A. Axelrod: Urban Structure and Social Participation, *American Sociological Review*, 1956, 21(1), pp. 13—18.

参与数量均呈现增加倾向。[①]

因此，基于上述国内外学者的相关研究，以及现阶段我国的社会现实，围绕研究的两个具体问题，提出如下理论假设，以待进一步验证。

假设1：不同职业阶层的幸福感获得路径会存在差异。职业地位低的阶层，将主要通过收入增加的路径获得幸福，而职业地位高的阶层，将主要通过保持身心健康或者建立社会关系的路径获得幸福。

假设2：随着职业阶层地位的提升，幸福感的获得路径将会从增加收入向着保持身心健康或者建立社会关系的方向演变。

二、变量的操作化设计

（一）职业阶层

本研究采用前述陆学艺课题组的职业阶层分类进行了问卷调查，让调查对象回答自己的所属阶层，并在统计分析时，依照陆学艺课题组的职业归类，将十大职业阶层归类为基础阶层、中间阶层、优势阶层。

（二）幸福感

迄今学术界主要使用了单项目自陈主观幸福感量表对其进行了测量。该量表由一个项目组成，即“总的来看，我是一个幸福的人”，要求被调查者根据自己的生活感受做出判断，按照六个等级计分，分值越高，说明生活越幸福。官皓、罗楚亮、刘军强、赖晓飞等国内学者均根据该量表，并结合我国居民对幸福感的理解进行问卷设计。[②] 但是，为了更为准确、全面地分析不同职业阶层的幸福感状况及获得路径，如第四章的第二节研究设计中所述，本书采用邢占军设计的《中国城市居民的幸福感量表简本（SWBS-CC20）》测量人们的幸福感。统计分析时，幸福感具体采用10个维度幸福感的平均值。

---

① 张云武：《中国的城市化与社会关系网络——以大庆市和上海浦东新区为例》，社会科学文献出版社2008年版，第117、163页。 张云武：《当代城乡居民的生活结构》，《厦门大学学报》（哲学社会科学版）2007年第2期，第102页。

② 官皓测量幸福感的方式是：你对你的生活的满意程度如何？答案分为“很不满意、不满意、一般、比较满意、非常满意”五个层次，并依次赋予1，2，3，4，5的分值。 罗楚亮测量幸福感的方式是：总体而言，您对自己所过的生活的感觉是怎么样的呢？答案分为“非常不幸福、不幸福、一般、幸福、非常幸福”五个等级，并依次赋予1，2，3，4，5的分值。 刘军强、熊谋林等学者测量幸福感的方式是：总的来说，您现在幸福吗？答案分为“很不幸福、不幸福、不好也不坏、比较幸福、非常幸福”五个层次，并依次赋予1，2，3，4，5的分值。 赖晓飞测量幸福感的方式是：总体而言，您对自己所过的生活的感觉是怎么样的呢？答案分为“非常不幸福、不幸福、一般、幸福、非常幸福”五个等级，并依次赋予1，2，3，4，5的分值。

(三)个人收入

个人收入与幸福感的关系,是学术界研究的重要课题,但以往学者对收入概念的把握并不一致。有学者仅从个人层面把握收入状况,将个人在一段时期内通过各种途径获得的总收入作为自变量[①],也有学者考虑到个人的幸福感与家庭整体的收入状况密切相关,因此从家庭层面把握收入状况,将整个家庭在一段时期内通过各种途径获得的总收入作为自变量[②],分别分析它们对个人幸福感的影响。

本研究将个人收入作为分析变量。在个人独立性增强的现实下,该指标更能够直接体现个人的消费水平及满足生活需要的能力。具体测量方式是:包括工资、奖金或者其他各种福利在内,过去一年内,您每月的收入大概有多少?分为无收入、1—2000 元、2001—3000 元、3001—4000 元、4001—5000 元、5001—6000 元、6001—7000 元、7001 元以上八个层次,并依次赋值 1,2,3,4,5,6,7,8。分值越高,说明月收入越高。根据周宅村、中余乡、浦江县、金华市、杭州市五个调查地区居民的收入状况,具体分析时,将无收入、1—2000 元、2001—3000 元归类为低收入者,将 3001—4000 元、4001—5000 元、5001—6000 元归类为中收入者,而将 6001—7000 元、7001 元以上归类为高收入者。

(四)身心健康

该变量具体包括身体健康和心理健康两个指标。其中,身体健康是指身体器官是否患有某些病症,具体从七个方面进行了测量,分别是:高血压、高血糖、颈椎病、胃病、头疼腰疼、失眠、其他疾病。健康状况通过样本自我报告进行测评,分为“一点也没有、轻微有一些、一般、比较严重、非常严重”五个层次,并依次赋予 5,4,3,2,1 的分值。分值越高,说明身体健康状况越好。统计分析时,身体健康状况具体是取七个指标合并后的平均值。

心理健康具体采用“简要症状量表”(Brief Symptoms Inventory, BSI)[③]进行测量。量表由九个指标构成,分别是:躯体化、强迫、人际敏感、抑郁、焦虑、敌对、恐怖、偏执和精神病性。欧阳丹、何雪松、黄富强等学者运用这一量表研究了

---

① 邢占军:《我国居民收入与幸福感关系的研究》,《社会学研究》2011 年第 1 期,第 199 页。

② 朱建芳、杨晓兰:《中国转型期收入与幸福的实证研究》,《统计研究》2009 年第 4 期,第 10 页。

③ L. Derogatis, N. Melisaratos: The Brief Symptom Inventory: An Introductory Report, *Psychological Medicine*, 1983, 13(3), 595—605.

我国居民的精神状况[①]，信度很好。本研究也采用这一量表测量不同职业阶层的心理健康，询问受访者是否具有相应的症状。选项采用“一点也没有、有一些、一般、比较严重、非常严重”五个层次，并依次赋予 5，4，3，2，1 的分值。分值越高，说明心理越健康。统计分析时，心理健康状况具体是取九个因子合并后的平均值。

（五）社会关系

如前所述，社会关系是指不同个体与其他社会成员的社会结合。1978 年以来，经济快速发展导致社会结构的宏观层面（阶层、组织、群体）与微观层面（趣味爱好、交往方式、价值取向）发生显著分化。阶层的分化这里不做赘述，在组织分化方面，诸如搬家、保洁、婚庆等专业化组织大量产生，致使人们只要付出金钱就可解决各种生活问题，并最终导致人们对组织的依赖性增强，而对人际关系的依赖性减弱；兴趣爱好的多元化致使各种功能的社团大量产生，从而增加了人们参与社团的机会。另外，社会交往的功利化，以及价值取向的个人主义，也无疑使得人际关系的感情性与持续性弱化。

因此，本研究具体以人际关系和社团参与来测量人们的社会关系状况。在问卷调查时，人际关系与社团参与均设计为数值型变量，询问调查样本拥有的人际关系数量及社团参与的数量。其中人际关系数量的测量方式是：包括邻居、同学、同事、朋友等各种关系在内，平时与您保持亲密交往的人，大约有多少？社团参与数量的测量方式是：包括各种趣味小组、俱乐部、协会、党派、宗教团体、学术团体在内，目前您参加的社会团体一共有几个？

三、分析方法

为了更为精确地明确基础阶层、中间阶层、优势阶层的幸福感获得路径、幸福感获得路径的演变趋势，本书将使用逐步线性回归分析的统计方法，在分析每一个问题时，首先在回归分析的第一步将所需的自变量加入回归方程，其后在第二步再加入个人社会特征的性别、年龄、学历、婚姻状况四个变量，以期观察结果的稳健性。

最后需要说明的是，虽然性别、年龄、学历、婚姻状况作为控制变量用于回归分析，但有关它们对幸福感的影响，并不是本书的研究问题，因此对此将不做分析。

---

① 欧阳丹：《社会支持对大学生心理健康的影响》，《青年研究》2003 年第 3 期，第 30 页。何雪松、黄富强、曾守锤：《城乡迁移与精神健康——基于上海的实证研究》，《社会学研究》2010 年第 1 期，第 115 页。

第三节 调查发现

一、职业阶层与幸福感获得路径

表 9-1 表示的是，收入、身心健康与社会关系的状况与基础阶层、中间阶层、优势阶层的幸福感的回归分析结果。

其中，模型 1、模型 2 表示的是有关基础阶层的统计结果。模型 1 显示，在引入性别、年龄、学历、婚姻状况的变量之前，低收入者、中收入者与幸福感的标准化回归系数(Beta)分别比高收入者低 0.446 和 0.333，且均在 0.1%的水平上呈现统计显著性，身体健康与幸福感的标准化回归系数(Beta)为 0.077，且在 10%的边际水平上呈现统计显著性，而心理健康、人际关系、社团参与与幸福感的标准化回归系数(Beta)分别为 0.061、0.060、−0.032，但均没有呈现统计显著性。模型 2 显示，在引入性别、年龄、学历、婚姻状况的变量之后，低收入者、中收入者与幸福感的标准化回归系数(Beta)变得比高收入者更低，具体分别低于高收入者 0.492 和 0.369，且仍然在 0.1%的水平上呈现统计显著性，而身体健康与幸福感的标准化回归系数(Beta)也有所降低，变化为 0.051，且已不具有统计显著性。另外，心理健康、人际关系、社团参与与幸福感的标准化回归系数(Beta)分别变化为 0.033、0.046、−0.027，仍然不具有统计显著性。

表 9-1 职业阶层与幸福感获得路径的回归分析

因变量：幸福感		基础阶层		中间阶层		优势阶层	
		模型 1	模型 2	模型 3	模型 4	模型 5	模型 6
收入状况[a]	低收入者	−0.446***	−0.492***	−0.166*	−0.189*	−0.001	0.003
	中收入者	−0.333***	−0.369***	−0.095	−0.081	−0.016	0.006
身心健康状况	身体健康	0.077+	0.051	0.131*	0.128*	0.274***	0.272***
	心理健康	0.061	0.033	0.014	0.023	0.277**	0.275**
社会关系状况	人际关系	0.060	0.046	0.461***	0.454***	0.174**	0.218**
	社团参与	−0.032	−0.027	0.043	0.039	0.193**	0.168**
性别[b]	男性		−0.018		−0.070		0.120*
年龄			−0.123*		−0.063		−0.046
学历[c]	低学历者		0.105*		0.076		−0.108+

续　表

因变量:幸福感		基础阶层		中间阶层		优势阶层	
		模型 1	模型 2	模型 3	模型 4	模型 5	模型 6
婚姻状况[d]	已婚		−0.008		−0.035		0.158*
	离婚		−0.006		−0.037		0.120
Adj. R^2		0.055	0.079	0.266	0.262	0.373	0.394

注:表中数值为标准化回归系数(Beta)。

+表示 P<0.10,* 表示 P<0.05,** 表示 P<0.01,*** 表示 P<0.001。

a,b,c,d 的参考类别分别为高收入者、女性、高学历者、未婚。

上述结果说明,有关基础阶层的幸福感获得:(1)收入具有显著的正向影响,且具有相当的稳健性;(2)虽然身体健康也具有一定的正向影响,但稳健性较差;(3)心理健康、人际关系、社团参与不产生显著影响;(4)标准化回归系数(Beta)说明,在对于基础阶层产生显著影响的收入、身体健康两个自变量中,收入的影响力最为强烈,而身体健康的影响力甚为一般。另外,调整后的判定系数(Adj. R^2)由模型 1 的 0.055 变化为模型 2 的 0.079,说明模型 2 的结果具有更强的解释力。

模型 3、模型 4 表示的是有关中间阶层的统计结果。模型 3 显示,在引入性别、年龄、学历、婚姻状况的变量之前,低收入者与幸福感的标准化回归系数(Beta)比高收入者低 0.166,且在 5%的水平上呈现统计显著性,中收入者与幸福感的标准化回归系数(Beta)虽然也比高收入者低 0.095,但并不具有统计显著性。身体健康与幸福感的标准化回归系数(Beta)为 0.131,且在 5%的水平上呈现统计显著性,而心理健康与幸福感的标准化回归系数(Beta)为 0.014,但不具有统计显著性。人际关系与幸福感的标准化回归系数(Beta)为 0.461,且在 0.1%的水平上呈现统计显著性,而社团参与与幸福感的标准化回归系数(Beta)为 0.043,但并没有呈现统计显著性。模型 4 显示,在引入性别、年龄、学历、婚姻状况的变量之后,低收入者与幸福感的标准化回归系数(Beta)比高收入者变得更低,具体低于高收入者 0.189,且仍然在 5%的水平上呈现统计显著性,而中收入者与幸福感的标准化回归系数(Beta)变得低于高收入者 0.081,但仍然不具有统计显著性。身体健康与幸福感的标准化回归系数(Beta)为 0.128,且在 5%的水平上呈现统计显著性,而心理健康与幸福感的标准化回归系数(Beta)为 0.023,但不具有统计显著性。人际关系与幸福感的标准化回归系数(Beta)为 0.454,且在 0.1%的水平上呈现统计显著性,而社团参与与幸福感的标准化回归系数(Beta)为 0.039,但并没有呈现统计显著性。

上述结果说明，有关中间阶层的幸福感获得：(1)收入不具有正向影响，具体体现为低收入者的幸福感低于高收入者，而中收入者与高收入者的幸福感不存在显著差异；(2)身体健康具有显著的正向影响，并且稳健性较强，而心理健康对幸福感不具有显著影响；(3)人际关系具有显著的正向影响，且具有相当强的稳健性，而社团参与则不具有显著影响；(4)标准化回归系数(Beta)说明，在对中间阶层的幸福感产生显著影响的收入、身体健康、人际关系三个自变量中，人际关系的影响力最强，收入的影响力居中，身体健康的影响力较弱。另外，模型 3、模型 4 调整后的判定系数分别高达 0.266、0.262，两者相差无几，说明它们的结果均具有很强的解释力。

模型 5、模型 6 表示的是有关优势阶层的统计结果。模型 5 显示，在引入性别、年龄、学历、婚姻状况的变量之前，低收入者、中收入者与幸福感的标准化回归系数(Beta)比高收入者分别低 0.001 和 0.016，但都不具有统计显著性。身体健康、心理健康、人际关系、社团参与与幸福感的标准化回归系数(Beta)分别为 0.274、0.277、0.174、0.193，并且在 0.1%或者 1%的水平上呈现统计显著性。模型 6 显示，在引入性别、年龄、学历、婚姻状况的变量之后，低收入者、中收入者与幸福感的标准化回归系数(Beta)比高收入者高 0.003 和 0.006，但仍然不具有统计显著性，而身体健康、心理健康、人际关系、社团参与与幸福感的标准化回归系数(Beta)分别变化为 0.272、0.275、0.218、0.168，并且仍然在 0.1%或者 1%的水平上呈现统计显著性。

上述结果说明，有关优势阶层的幸福感获得：(1)低收入者、中收入者、高收入者的幸福感不具有显著差异，即收入不产生显著影响；(2)身体健康、心理健康、人际关系、社团参与均产生了显著的正向影响，且具有相当强的稳健性；(3)标准化回归系数说明，在对优势阶层的幸福感产生显著影响的身体健康、心理健康、人际关系、社团参与四个自变量中，就影响力而言，心理健康最强，身体健康次之，其他依次是社团参与与人际关系。另外，模型 5、模型 6 调整后的判定系数分别高达 0.373、0.394，说明它们所示结果均具有很强的解释力，但模型 6 的系数比模型 5 高 0.021，说明模型 6 的结果具有更强的解释力。

二、职业阶层与幸福感获得路径的演变趋势

因此，表 9-1 的结果说明，基础阶层、中间阶层、优势阶层的幸福感获得路径存在显著差异。基础阶层主要通过收入增加的路径获得幸福感；中间阶层首先通过建立人际关系，其次通过增加收入，再次通过身体健康的路径获得幸福感；而优势阶层首先通过心理健康，其次通过身体健康，再次通过建立人际关系和社

团参与的路径获得幸福感。另外，从表 9-1 的结果中可以发现，基础阶层、中间阶层、优势阶层三个职业阶层，随着职业地位的提高，幸福感的获得路径越来越多样化，并且从收入增加逐渐向着身心健康及社会关系的方向演变。

第四节　研究发现及研究启示

一、研究发现

根据统计结果，有关研究的三个具体问题，提炼出如下结论。

第一，不同职业阶层的幸福感水平存在显著差异，具体的幸福感水平依照基础阶层、中间阶层和优势阶层的顺序依次提高。

第二，不同职业阶层的幸福感获得路径并不一致。职业地位低的阶层的幸福感主要产生于收入增加，而职业地位高的阶层的幸福感主要产生于身心健康与社会关系。具体而言，基础阶层的幸福感主要产生于收入增加，其次产生于身体健康；中间阶层的幸福感主要产生于人际关系，其次产生于收入增加和身体健康；而优势阶层的幸福感主要产生于心理健康，其次产生于身体健康，再次产生于人际关系，最后产生于社团参与。因此，无论职业地位的高低，任何阶层均通过多种路径获得幸福感，但每一种路径的影响程度存在显著不同。

第三，每一个职业阶层的幸福感获得路径不是固定不变的，而是随着职业地位的提升发生两个方面的变化：其一，幸福感的获得路径趋于多元化；其二，幸福感获得的路径从收入增加逐渐向着身心健康及社会关系的方向演变。

二、研究发现的讨论

由此可见，有关不同职业阶层的幸福感的获得路径及演变趋势的研究发现，基本与假设 1、假设 2 和假设 3 的理论分析一致。那么，为什么职业地位越高的阶层，幸福感越强呢？依照收入决定论、身心健康决定论、社会关系决定论，在经济快速发展的背景下，收入越高，身心健康与社会关系的状况越好的个体，则幸福感水平越高。如前所述，1978 年以来，我国居民的人均可支配收入在 1978 年至 2012 年的 34 年间增长了 70.5 倍，但是自 2003 年以来，反映居民收入差距的基尼系数均保持在 0.47 以上，说明不同职业阶层的贫富分化较为严重。另外，布莱克、王甫勤等学者研究发现，经济地位越高的群体，身心健康状况越好[①]，而劳曼、阿克塞尔罗德、张云武等学者研究发现，阶层地位越高的个体，人际关系与社团参与的数量越多。[②]

由此可见，上述研究发现可能起因于现阶段不同职业阶层的收入、身心健康与社会关系状况的差异。这一观点可通过本研究的调查数据获得进一步验证。如表 9-2 所示，基础阶层、中间阶层、优势阶层的月收入平均值分别为 3.39 分、5.18 分、7.48 分，身体健康状况的平均值分别为 2.66 分、3.56 分、4.17 分，心理健康状况的平均值分别为 3.20 分、3.58 分、4.20 分，而人际关系的平均值分别为 14.14 个、15.33 个、31.94 个，社团参与的平均值分别为 0.33 个、0.92 个、1.25 个。该结果说明：(1)基础阶层、中间阶层的月收入分别介于 2001—4000 元、4001—6000 元之间，而优势阶层的月收入则在 6001 元以上；(2)在身心健康方面，基础阶层较差，中间阶层较好，而优势阶层更好，其中基础阶层的身体健康状况更差一些；(3)在社会关系方面，基础阶层较少，中间阶层居中，而优势阶层较多。另外与人际关系相比，无论哪一个阶层，参与社团的数量都较少，基础阶层、中间阶层的参与数量甚至不到一个。

表 9-2　不同职业阶层的月收入、身心健康、社会关系状况的平均值

	月收入	身心健康		社会关系	
		身体健康	心理健康	人际关系	社团参与
基础阶层	3.39(1.61)	2.66(1.34)	3.20(1.24)	14.14(2.86)	0.33(0.26)
中间阶层	5.18(1.79)	3.56(1.28)	3.58(1.14)	15.33(3.87)	0.92(0.90)
优势阶层	7.48(1.17)	4.17(1.16)	4.20(1.00)	31.94(2.31)	1.25(0.92)
合计	4.44(2.18)	3.10(1.43)	3.44(1.24)	20.68(2.77)	0.83(0.74)
F	597.929***	138.518***	62.300***	42.944***	128.065***

注：表中括号内数值为标准差。

*** 表示 P<0.001。

① Douglas Black, Jerry Morris, Cyril Smith, etc.: Inequalities in Health: Report of a Research Working Group, *Health and Social Security*, 1980.　王甫勤：《社会流动有助于降低健康不平等吗》，《社会学研究》2011 年第 2 期，第 98 页。

② E. O. Laumann: Subjective Social Distance and Urban Occupational Stratification, *American Journal of Sociology*, 1965: 71(1).　A. Axelrod: Urban Structure and Social Participation, *American Sociological Review*, 1956, 21(1), pp. 13—18.　张云武：《中国的城市化与社会关系网络——以大庆市和上海浦东新区为例》，社会科学文献出版社 2008 年版，第 117、163 页。　张云武：《当代城乡居民的生活结构》，《厦门大学学报》(哲学社会科学版)2007 年第 2 期，第 102 页。

因此，上述发现是由于职业地位越高的阶层，收入越高，身心健康与社会关系的状况越好所致。另外，上述发现一方面说明，幸福感的获得并不是收入、身心健康、社会关系三者中的某一单独因素所致，而是三者共同作用的结果；另一方面说明，迄今经济学、心理学、社会学仅从收入、身心健康、社会关系中的一个方面分析幸福感获得路径的分析视角存在一定的片面性，要准确把握人们的幸福感获得路径，应该同时考虑到收入、身心健康、社会关系的三种效应。另外该发现更是说明，幸福感的获得路径不应是某一学科单独研究的问题，而应该进行多学科视角下的综合研究。

那么，为什么不同职业阶层的幸福感获得路径不同，并且随着职业地位的提升，幸福感的获得路径趋于多元化，具体从收入增加向着身心健康及社会关系的方向演变呢？笔者认为，根本原因在于在不同职业阶层的收入差距过大和消费物价指数过高的社会现实下，不同职业阶层的生活需求差异，以及由于生活需求差异导致的不同职业阶层对经济收入的需求程度、身心健康与社会关系状况的不同。

（一）不同职业阶层的生活需求差异

消费结构是指在一定社会经济条件下，人们消费的各种生活品的比例关系，可以测量人们的生活需求状况。最近几年，国内一些学者分析了不同职业阶层的消费结构。比如，李春玲的研究发现：基础阶层、中间阶层、优势阶层用于食品的消费支出比例分别为 53.85%、49.40% 和 47.43%，而用于体育、娱乐方面的消费支出比例分别为 1.90%、1.97%、1.28%。[①] 而田丰的研究发现：居住、食品、衣着、医疗四个方面的消费支出依照基础阶层、中间阶层、优势阶层的顺序减少；而交通通信、文教娱乐、人情三个方面的消费支出却依照上述顺序增多。[②] 上述学者的研究发现说明，职业地位低的阶层的生活需求主要是衣、食、住、医疗的满足，而职业地位高的阶层的生活需求主要是交通通信、文教娱乐、人情交往的满足。

（二）不同职业阶层对经济收入的需求存在差异

对于职业地位低的阶层来说，大多为固定的工资性收入，经济收入低，这就决定了他们的经济收入首先要保障衣、食、住、医疗这些最基本的生活需求，而没有剩余收入用于其他消费，因此如何增加收入，保障基本的生活需求，便成为这

① 李春玲：《断裂与碎片：当代中国社会分层分化实证分析》，社会科学文献出版社 2005 年版。
② 田丰：《消费、生活方式和社会分层》，《黑龙江社会科学》2011 年第 1 期，第 93 页。

一阶层的最大渴求；而对于职业地位高的阶层来说，不仅有固定的工资性收入，而且还往往拥有各种资产，经济收入高，衣、食、住、医疗的生活需求已充分满足，因而还可以进行人际交往、健身娱乐等方面的消费，因此增加收入已不是这一阶层的最大需求。前述伊斯特林的研究发现，即虽然收入的增加对幸福感具有提升作用，但当收入增加到一定程度后，这种作用不再显著，①其中的原因，恐怕正在于此。

（三）不同职业阶层的身心健康与社会关系状况存在差异

医疗消费与身心健康状况密切相关，医疗的消费支出小，无疑说明身心健康状况好；而交通通信、文教娱乐、人情方面的消费与人们的社会交往、业余生活有着紧密关系，这些方面的消费支出小，则说明人际交往少、所拥有的社会关系较为缺乏，生活方式较为单一。因此，职业地位高的阶层比职业地位低的阶层的医疗消费小，而在交通通信、文教娱乐和人情方面的消费大，说明前者的身心健康与社会关系的状况好于后者。表 9-2 的统计发现就充分地说明了这一点。如表 9-2 所示，依照基础阶层、中间位置阶层、优势地位阶层的顺序，身心健康水平依次提高，而社会关系的数量也依次增多。另外，布莱克、王甫勤、劳曼、阿克塞尔罗德、张云武等国内外学者的研究发现，②其实也说明了这一点。

通过上述分析，可以说，虽然 1978 年以来我国经济获得快速发展，人们的经济收入有了大幅度提高，但是由于不同职业阶层的收入差距过大和消费物价指数过高，职业地位、经济收入、身心健康与社会关系四者之间存在显著的正向关系，并最终导致了本书的研究发现。另外，可以预测：不同职业阶层的收入差距越大，消费物价指数越高，职业地位、经济收入、身心健康与社会关系四者之间的正向关系越显著，不同职业阶层的幸福感水平差异也会越大。另外，还可以预测，由于职业地位、经济收入、身心健康与社会关系四者之间的正向关系，以及对

---

① R. A. Easterlin：Does Economic Growth Improve the Human Lot? Some Empirical Evidence，*Nations and Households in Economic Growth：Essays in Honor of Moses Abramowitz*，New York：Academic Press，1974.

② Douglas Black，Jerry Morris，Cyril Smith，etc.：Inequalities in Health：Report of a Research Working Group，*Health and Social Security*，1980. 王甫勤：《社会流动有助于降低健康不平等吗》，《社会学研究》2011 年第 2 期，第 98 页。 E. O. Laumann：Subjective Social Distance and Urban Occupational Stratification，*American Journal of Sociology*，1965，71(1). A. Axelrod：Urban Structure and Social Participation，*American Sociological Review*，1956，21(1)，pp. 13—18. 张云武：《中国的城市化与社会关系网络——以大庆市和上海浦东新区为例》，社会科学文献出版社 2008 年版，第 117、163 页。 张云武：《当代城乡居民的生活结构》，《厦门大学学报》(哲学社会科学版)2007 年第 2 期，第 102 页。

人们幸福感的正向影响，因此在今后一段时间，职业间流动的人口会更加庞大，并且努力实现职业地位向上流动的人口将会更多。

三、研究启示

2012年我国的工业化率和城镇化率分别为40.6%和52.57%[①]，可谓正处于工业化、城镇化进程的中期。因此可以预测，在今后相当长的时期内，我国的经济仍将保持快速稳定的发展。那么，在中央政府日益关注国民生活质量的现实下，如何使得不同职业阶层的幸福感随着经济发展而获得同步提升？从本研究的发现中，我们得到四点启示，可供政府部门参考。

第一，努力缩小不同职业阶层的收入差距和降低消费物价指数，是解决不同职业阶层幸福感差异的根本对策。在如何缩小不同职业阶层的收入差距方面，迄今学术界在收入分配、法律制度、社会保障等方面已提出了大量的可操作性建议，诸如个人收入与劳动贡献匹配，根治权钱交易、偷税漏税与贪污受贿现象，破除行业垄断，对富裕群体设立遗产税、赠与税等。政府部门应认真思考这些建议，并制定切实措施落实。另外最新调查显示，物价、房价是当前居民最为关注的两个热点问题，且两者与幸福感指数具有显著的负相关。[②] 因此，政府应坚决落实好"米袋子"与"菜篮子"负责制，增强生产、供应、流通等各个领域的调控能力，不遗余力地降低消费物价指数，并保持物价的稳定性。

第二，如何提升中间阶层，特别是基础阶层的幸福感，是目前政府部门应该认真思考的问题。尽管每一个职业阶层中都存在缺乏幸福感的个体，但中间阶层，尤其是基础阶层无疑是最大的群体。最近研究显示，十大职业阶层的结构仍然呈现"金字塔形"，其中基础阶层的比例为57.7%，中间阶层的比例为35.1%，而优势阶层的比例仅为7.2%。[③] 不仅如此，2000年以来，职业阶层的向上流动率呈下降趋势，"金字塔形"的阶层结构已基本定型化。[④] 国内学者的研究，[⑤]以及我们的经验观察均可说明，在当前职业流动过程中，关系网络仍然发挥着重要作用，而一些社会制度，如户籍制度、人事制度和劳动就业制度等，仍然阻碍着一

---

① 国家统计局：《中国统计年鉴》(2013)，中国统计出版社2013年版，第55、95页。

② 李松：《调查称城市居民幸福指数下降，物价问题最受关注》，http://www.sina.com.cn，2010年12月18日。

③ 陆学艺主编：《当代中国社会建设》，社会科学文献出版社2013年版，第258页。

④ 李强：《社会分层与制度变迁》，李培林主编：《中国社会》，社会科学文献出版社2011年版，第222—223页。

⑤ 边燕杰、张文宏：《经济体制、社会网络与职业流动》，《中国社会科学》2001年第2期，第87—88页。

部分人(比如:拥有户籍的劳动者与没有户籍的劳动者,同一单位的编制内劳动者与编制外劳动者)的向上流动机会。因此,在我国,若要真正实现如帕累托的精英循环论[①]所说的仅凭个人能力,就可实现职业间流动的阶层结构开放型社会,消除影响职业间流动的各种制度性障碍,是当前最为紧要的问题。

第三,身体健康能够增强人们的幸福感,这是不言自明的事实。但在本书分析的三个职业阶层中,基础阶层的身体健康状况最差,有研究显示,与2008年相比,2009年低收入群体(离退休人员、农林牧渔与水利从业者、失业无业者、生产与运输业的工人)中仅有53.3%的人认为自己的身体健康状况没有发生变化,而认为更差的占38.2%,其中过去六个月内患过病的人占16.5%。[②] 其中原因,固然有前述国外学者所说的工作环境差、接受医疗服务少、抵御健康风险弱,[③]但是由于这一阶层本身的文化资本与社会资本较为缺乏,因此为了提升基础阶层的身体健康水平,目前政府部门应该在以下三个方面进一步做好工作:(1)落实针对这一阶层的社会保障制度,比如社会救助制度、社会保险制度等。(2)保障体制内工人,尤其是体制外农民工的劳动权益。有研究显示,农民工较为普遍地存在着被拖欠工资、强迫加班、冒险作业等劳动权益受到侵害的现象。[④] (3)在职业地位方面,切实保障这一阶层有更多向上流动的机会,因为国内外学者的研究已经说明,职业流动有助于解决不同职业阶层的健康不平等问题,职业地位的向上流动有助于提升健康水平。[⑤]

第四,社团数量增加的同时,人们的积极参与更为重要。已有研究[⑥]以及本研究均发现,社团参与有助于提升人们的幸福感。2000年我国的社团组织为

---

① 维弗雷多·帕累托:《精英的兴衰》,上海人民出版社2003年版,第18页。

② 李友梅主编:《上海调查:2010年上海居民的经济与社会生活》,社会科学文献出版社2011年版,第278页。

③ Espen Dahl: Social Mobility and Health: Cause or Effect?, *British Medical Journal*, 1996(313), pp. 435—436.

④ 刘林平、郑广怀、孙中伟:《劳动权益与精神健康——基于对长三角与珠三角的问卷调查》,《社会学研究》2011年第4期,第177—178页。

⑤ Espen Dahl: Social Mobility and Health: Cause or Effect?, *British Medical Journal*, 1996(313), pp. 435—436. Douglas Black, Jerry Morris, Cyril Smith, etc.: Inequalities in Health: Report of a Research Working Group, *Health and Social Security*, 1980. 王甫勤:《社会流动有助于降低健康不平等吗》,《社会学研究》2011年第2期,第98页。

⑥ M. Argyle: *The psychology of Happiness*, New York: Routedge, 1987. 刘明前、胡三嫚:《大学生社团参与状况对其主观幸福感的影响》,《重庆文理学院学报》(社会科学版)2012年第4期,第66—67页。

153322 个，2010 年增加到 445631 个，而 2012 年进一步增加到 499268 个，[①]12 年间竟然增了 2.26 倍。社团组织数量的增加不仅是社会发展进步的标志[②]，增加了社会资本的存量[③]，而且能够使得人们的生活方式变得更加多元化。但是，已有研究[④]以及本研究均发现，当前我国居民的社团参与数量普遍不多，尤其是基础阶层与中间阶层更为少一些。因此，如何在社团数量增加的同时，促进人们更为积极主动地参与社团，使人们在集体组织中享受生活快乐，而不是“一个人独自打保龄球”[⑤]，是一个很重要的现实问题。

---

① 国家统计局：《中国统计年鉴》(2013)，中国统计出版社 2013 年版，第 783 页。

② 托克维尔著，董果良译：《论美国的民主》，商务印书馆 1991 年版，第 67—105 页。

③ 罗伯特·帕特南著，王列、赖海榕译：《使民主运转起来——现代意大利的公民传统》，江西人民出版社 2006 年版，第 195 页。

④ 胡荣：《中国农村居民的社团参与》，《中共福建省委党校学报》2004 年第 2 期，第 27 页。

⑤ 罗伯特·帕特南著，燕继荣等译：《独自打保龄：美国社区的衰落与复兴》，北京大学出版社 2011 年版。

第十章　研究结论

在前面的第六章、第七章，我们分别实证分析了五个地区居民的幸福感现状与影响因素，发现现阶段人们的幸福感较低，并且影响因素复杂，涉及个人的社会特征、社会结构的宏观层面与微观层面。那么，相关的研究发现因何而生？作为研究的一个必要环节，必须结合我国的社会现实，准确充分地做出回答。为此，本章第一节，将首先根据第六章的研究发现提炼出有关人们幸福感状况的研究结论，以及研究结论与已有研究的相同与不同之处；而第二节将根据第七章的研究发现，提炼出当前对人们幸福感的影响因素。

第一节　当前人们的幸福感状况

一、居民总体的幸福感状况

就全部居民而言，对于目前的生活状况感到幸福的居民的比例为 73.8%，而感到不幸福的居民的比例为 26.2%，前者多于后者 47.6 个百分点。但是，幸福感的平均得分为 4.00。在“很不幸福、不幸福、有点不幸福、有点幸福、幸福、非常幸福”六个层次中，幸福感水平仅仅处于“有点幸福”的层次。

另外，不同维度的幸福感水平是存在显著差异的。在本书分析的 10 个维度的幸福感中，幸福感水平依照成长进步体验、家庭氛围体验、自我接受体验、心态平衡体验、人际适应体验、目标价值体验、身体健康体验、社会信心体验、心理健康体验、知足充裕体验的顺序，依次降低。

二、不同地区居民的幸福感状况

当前，我国城乡居民的幸福感水平存在显著差异。总体而言，城市居民的幸福感高于农村居民的幸福感。根据幸福感的平均得分，在乡村、乡镇、县城、地级城市和省级城市五个地区中，幸福感水平依照乡村、乡镇、县城、地级城市和省级城市的顺序依次提升。

但是，城乡居民在10个维度的幸福感方面存在相当的复杂性，并不是每一个维度的幸福感都存在显著差异，而是在某些维度上，幸福感水平大致相同。具体而言，城乡居民在知足充裕体验、自我接受体验、身体健康体验三个维度的幸福感方面是存在差异的。其中，在知足充裕体验维度的幸福感方面，省级城市居民的幸福感水平处于"有点幸福"的层次，而乡村、乡镇、县城和地级城市四个地区居民的幸福感水平介于"有点不幸福"和"有点幸福"之间。在自我接受体验维度的幸福感方面，尽管城乡居民的幸福感水平均介于"有点幸福"和"幸福"之间，但具体的幸福感水平依照县城、省级城市、乡村、乡镇和地级城市的顺序依次降低。在身体健康体验维度的幸福感方面，尽管省级城市和地级城市的居民的幸福感水平介于"有点幸福"和"幸福"之间，而乡村、乡镇和县城的居民的幸福感水平介于"有点不幸福"和"有点幸福"之间，但具体的幸福感水平依照乡镇、县城、乡村、地级城市、省级城市的顺序依次提升。

另外，在心理健康体验、成长进步体验、社会信心体验、目标价值体验、人际适应体验、心态平衡体验、家庭氛围体验七个维度的幸福感方面，尽管城乡居民的幸福感水平也存在一定程度的差异，但这种差异并不显著。也就是说，城乡居民在上述六个维度的幸福感方面，幸福感水平是基本相同的。

三、不同特征居民的总体幸福感状况

根据第六章第四节的统计发现，有关不同社会特征居民的幸福感状况，提炼出如下结论。

第一，男性与女性在总体幸福感方面，并不存在显著的差异。

第二，不同年龄层居民的幸福感存在较为显著的差异，具体而言，依照61—70周岁居民、41—50周岁居民、51—60周岁居民、31—40周岁和20—30周岁的顺序，幸福感水平依次降低。

第三，尽管不同学历者的总体幸福感水平存在一定程度的差异，但是这种差异并不十分显著。

第四，收入越高的居民，总体幸福感的水平也越高。

第五，职业阶层地位越高的居民，总体幸福感的水平也越高。

第六，不同婚姻状况居民的幸福感存在较为显著的差异，具体而言，已婚者(有配偶)的总体幸福感水平最高，其次是未婚者和离婚者(或丧偶)。

四、不同特征居民的10个维度幸福感状况

根据第六章第五节的统计发现，不同社会特征的居民在10个维度的幸福感方面，可以提炼出如下结论。

（一）性别与10个维度幸福感

在成长进步体验、社会信心体验、自我接受体验、身体健康体验和心态平衡体验五个维度上的幸福感，男性与女性并没有呈现显著的差异，而在知足充裕体验、心理健康体验、目标价值体验、人际适应体验和家庭氛围体验五个维度上的幸福感，男性与女性存在较大的差异。具体而言，在知足充裕体验和家庭氛围体验两个维度上，女性的幸福感均高于男性，而在心理健康体验、目标价值体验、人际适应体验三个维度上，男性的幸福感均高于女性。

（二）年龄与10个维度幸福感

在知足充裕体验维度的幸福感方面，不同年龄层的居民的幸福感水平均处于“有点不幸福”和“有点幸福”之间。也就是说，不同年龄层的居民在知足充裕体验维度的幸福感并不存在显著的差异。

在心理健康体验维度的幸福感方面，41—50周岁年龄层的居民的幸福感水平处于“有点幸福”和“幸福”之间，而20—30周岁、31—40周岁、51—60周岁、61—70周岁四个年龄层的居民，尽管在心理健康体验维度的幸福感上存在一定程度的差异，但具体的幸福感水平均处于“有点不幸福”和“有点幸福”之间，即上述四个年龄层的居民在心理健康体验维度的幸福感上并不存在显著的差异。

在成长进步体验维度的幸福感方面，尽管不同年龄层的幸福感水平存在一定的差异，但是在“很不幸福、不幸福、有点不幸福、有点幸福、幸福和非常幸福”六个层次上，幸福感水平均处于“有点幸福”和“幸福”之间。也就是说，不同年龄层的居民在成长进步体验维度的幸福感上并不存在显著的差异。

在社会信心体验维度的幸福感方面，尽管不同年龄层居民的社会信心体验维度的幸福感存在不同程度的差异，但是在“很不幸福、不幸福、有点不幸福、有点幸福、幸福和非常幸福”六个层次上，幸福感水平均处于“有点不幸福”和“有点幸福”之间。

在目标价值体验维度的幸福感方面，不同年龄层的幸福感水平存在较为显著的不同。具体可以指出：61—70周岁、41—50周岁、51—60周岁三个年龄层的幸福感水平均处于“有点幸福”和“幸福”之间，而20—30周岁、31—40周岁两个年龄层的幸福感水平均处于“有点不幸福”和“有点幸福”之间。

在自我接受体验维度的幸福感方面，尽管不同年龄层居民的幸福感水平存在不同程度的差异，但均处于“有点不幸福”和“有点幸福”之间。也就是说，不同年龄层的居民在自我接受体验维度的幸福感上并不存在显著的差异。

在人际适应体验维度的幸福感方面，61—70 周岁、51—60 周岁、41—50 周岁、31—40 周岁四个年龄层的幸福感水平，尽管存在一定程度的不同，但均处于“有点幸福”和“幸福”之间，而 20—30 周岁年龄层的幸福感水平却处于“有点不幸福”和“有点幸福”之间。

在身体健康体验维度的幸福感方面，41—50 周岁、51—60 周岁两个年龄层的居民的幸福感水平均处于“有点幸福”和“幸福”之间，而 51—60 周岁、20—30 周岁和 61—70 周岁三个年龄层的居民的幸福感水平均处于“有点不幸福”和“有点幸福”之间。也就是说，不同年龄层的居民在身体健康体验维度的幸福感上是存在显著差异的。

在心态适应体验维度的幸福感方面，41—50 周岁、61—70 周岁、31—40 周岁、51—60周岁四个年龄层的居民在心态适应体验维度的幸福感上，尽管存在不同程度的差异，但具体的幸福感水平均处于“有点幸福”和“幸福”之间，而 20—30 周岁年龄层的居民的幸福感水平却处于“有点不幸福”和“有点幸福”之间。

在家庭氛围体验维度的幸福感方面，不同年龄层的幸福感水平并不存在显著的差异。

(三)学历与 10 个维度幸福感

在知足充裕体验维度的幸福感方面，研究生学历者的幸福感水平处于“有点幸福”的层次。而小学及以下学历者、初中学历者、高中学历者、大专或本科学历者的幸福感水平均处于“有点不幸福”和“有点幸福”之间。

在心理健康体验维度的幸福感方面，虽然不同学历者的幸福感水平存在不同程度的差异，但是具体的幸福感水平均处于“有点不幸福”和“有点幸福”之间。也就是说，在心理健康体验维度的幸福感方面，不同学历者的幸福感水平并不存在显著的差异。

在成长进步体验维度的幸福感方面，虽然不同学历者的幸福感水平存在不同程度的差异，但是具体的幸福感水平均处于“有点幸福”和“幸福”之间。也就是说，在成长进步体验维度的幸福感方面，不同学历者的幸福感水平并不存在显著的差异。

在社会信心体验维度的幸福感方面，不同学历者的幸福感水平均处于“有点不幸福”和“有点幸福”之间。也就是说，在社会信心体验维度的幸福感方面，不同学历者的幸福感水平并不存在显著的差异。

在目标价值体验维度的幸福感方面，小学及以下学历者和研究生学历者最高，幸福感水平处于“有点幸福”和“幸福”之间，而初中学历者、高中学历者、大专或本科学历者的幸福感水平均处于“有点不幸福”和“有点幸福”之间。

在自我接受体验维度的幸福感方面，不同学历者的幸福感水平均处于“有点幸福”和“幸福”之间。也就是说，在心理健康体验维度的幸福感方面，不同学历者的幸福感水平并不存在显著的差异。

在人际适应体验维度的幸福感方面，不同学历者的幸福感水平均处于“有点幸福”和“幸福”之间。也就是说，在心理健康体验维度的幸福感方面，不同学历者的幸福感水平并不存在显著的差异。

在身体健康体验维度的幸福感方面，小学及以下学历者、初中学历者、高中学历者的幸福感水平均处于“有点不幸福”和“有点幸福”之间，而大专或本科学历者、研究生学历者的幸福感水平均处于“有点幸福”和“幸福”之间。

在心态平衡体验维度的幸福感方面，不同学历者的幸福感水平均处于“有点幸福”和“幸福”之间。也就是说，在心态平衡体验维度的幸福感方面，不同学历者的幸福感水平并不存在显著的差异。

在家庭氛围体验的幸福感方面，不同学历者的幸福感水平均处于“有点幸福”和“幸福”之间。也就是说，在家庭氛围体验维度的幸福感方面，不同学历者的幸福感水平并不存在显著的差异。

(四)收入与10个维度幸福感

在知足充裕体验维度的幸福感方面，低收入者、中收入者、高收入者的幸福感水平均处于“有点不幸福”和“有点幸福”之间。也就是说，在知足充裕体验维度的幸福感方面，不同收入居民的幸福感水平并不存在显著的差异。

在心理健康体验维度的幸福感方面，低收入者、中收入者的幸福感水平均处于“有点不幸福”和“有点幸福”之间。而高收入者的幸福感水平处于“有点幸福”和“幸福”之间。

在成长进步体验维度的幸福感方面，低收入者、中收入者的幸福感水平均处于“有点幸福”和“幸福”之间。而高收入者的幸福感水平处于“幸福”和“非常幸福”之间。

在社会信心体验维度的幸福感方面，低收入者、中收入者、高收入者的幸福感水平均处于“有点不幸福”和“有点幸福”之间。也就是说，在社会信心体验维度的幸福感方面，不同收入居民的幸福感水平并不存在显著的差异。

在目标价值体验维度的幸福感方面，低收入者的幸福感水平处于“有点不幸福”和“有点幸福”之间，而中收入者、高收入者的幸福感水平均处于“有点幸福”和“幸福”之间。

在自我接受体验维度的幸福感方面，低收入者、中收入者、高收入者的幸福感水平均处于“有点幸福”和“幸福”之间，即在自我接受体验维度的幸福感方面，不同收入居民的幸福感水平并不存在显著的差异。

在人际适应体验维度的幸福感方面，低收入者的幸福感水平处于“有点不幸福”和“有点幸福”之间，而中收入者、高收入者的幸福感水平均处于“有点幸福”和“幸福”之间。

在身体健康体验维度的幸福感方面，低收入者、中收入者的幸福感水平均处于“有点不幸福”和“有点幸福”之间，而高收入者的幸福感水平处于“有点幸福”和“幸福”之间。

在心态平衡体验维度的幸福感方面，低收入者的幸福感水平处于“有点不幸福”和“有点幸福”之间，而中收入者、高收入者的幸福感水平均处于“有点幸福”和“幸福”之间。

在家庭氛围体验维度的幸福感方面，低收入者、中收入者、高收入者的幸福感水平均处于“有点不幸福”和“有点幸福”之间，即在家庭氛围体验维度的幸福感方面，低收入者、中收入者、高收入者的幸福感水平并不存在显著的差异。

（五）职业阶层与10个维度幸福感

在知足充裕体验维度的幸福感方面，基础阶层、中间阶层、优势阶层的幸福感水平均处于“有点不幸福”和“有点幸福”之间。也就是说，在知足充裕体验维度的幸福感方面，基础阶层、中间阶层、优势阶层的幸福感水平并不存在显著的差异。

在心理健康体验维度的幸福感方面，基础阶层、中间阶层、优势阶层的幸福感水平均处于“有点不幸福”和“有点幸福”之间，即在心理健康体验维度的幸福感方面，基础阶层、中间阶层、优势阶层的幸福感水平并不存在显著的差异。

在成长进步体验维度的幸福感方面，基础阶层、中间阶层的幸福感水平处于“有点幸福”和“幸福”之间，而优势阶层的幸福感水平处于“幸福”和“非常幸福”之间。

在社会信心体验维度的幸福感方面，基础阶层、中间阶层的幸福感水平均处于“有点不幸福”和“有点幸福”之间，而优势阶层的幸福感水平处于“有点幸福”的层次。

在目标价值体验维度的幸福感方面，基础阶层的幸福感水平处于“有点不幸福”和“有点幸福”之间，而中间阶层、优势阶层的幸福感水平均处于“有点幸福”和“幸福”之间。

在自我接受体验维度的幸福感方面，基础阶层、中间阶层、优势阶层的幸福感水平均处于“有点幸福”和“幸福”之间，即在自我接受体验维度的幸福感方面，基础阶层、中间阶层、优势阶层的幸福感水平并不存在显著的差异。

在人际适应体验维度的幸福感方面，基础阶层的幸福感水平处于“有点不幸福”和“有点幸福”之间，而中间阶层、优势阶层的幸福感水平均处于“有点幸福”和“幸福”之间。

在身体健康体验维度的幸福感方面，基础阶层的幸福感水平处于“有点不幸福”和“有点幸福”之间，而中间阶层、优势阶层的幸福感水平均处于“有点幸福”和“幸福”之间。

在心态平衡体验维度的幸福感方面，基础阶层的幸福感水平处于“有点不幸福”和“有点幸福”之间，而中间阶层、优势阶层的幸福感水平均处于“有点幸福”和“幸福”之间。

在家庭氛围体验维度的幸福感方面，基础阶层、中间阶层、优势阶层的幸福感水平均处于“有点幸福”和“幸福”之间，即在家庭氛围体验维度的幸福感方面，基础阶层、中间阶层、优势阶层的幸福感水平并不存在显著的差异。

（六）婚姻状况与10个维度幸福感

在知足充裕体验维度的幸福感方面，未婚者、已婚者（有配偶）幸福感水平均处于“有点不幸福”和“有点幸福”之间，而离婚者（或丧偶）的幸福感水平处于“不幸福”和“有点不幸福”之间。

在心理健康体验维度的幸福感方面，未婚者、已婚者（有配偶）、离婚者（或丧偶）的幸福感水平均处于“有点不幸福”和“有点幸福”之间。也就是说，在心理健康体验维度的幸福感方面，未婚者、已婚者（有配偶）、离婚者（或丧偶）的幸福感水平并不存在显著的差异。

在成长进步体验维度的幸福感方面，未婚者、已婚者（有配偶）的幸福感水平均处于“有点幸福”和“幸福”之间，而离婚者（或丧偶）的幸福感水平处于“有点不幸福”和“有点幸福”之间。

在社会信心体验维度的幸福感方面，未婚者、已婚者（有配偶）的幸福感水平均处于“有点不幸福”和“有点幸福”之间，而离婚者（或丧偶）的幸福感水平处于“不幸福”和“有点不幸福”之间。

在目标价值体验维度的幸福感方面，已婚者（有配偶）的幸福感水平处于“有点幸福”和“幸福”之间，而未婚者、离婚者（或丧偶）的幸福感水平均处于“有点不幸福”和“有点幸福”之间。

在自我接受体验维度的幸福感方面，未婚者、已婚者（有配偶）的幸福感水平均处于“有点幸福”和“幸福”之间，而离婚者（或丧偶）的幸福感水平处于“有点不幸福”和“有点幸福”之间。

在人际适应体验维度的幸福感方面，已婚者（有配偶）的幸福感水平处于“有点幸福”和“幸福”之间，而未婚者、离婚者（或丧偶）的幸福感水平均处于“有点不幸福”和“有点幸福”之间。

在身体健康体验维度的幸福感方面，未婚者、已婚者（有配偶）、离婚者（或丧偶）的幸福感水平均处于“有点不幸福”和“有点幸福”之间，即在心理健康体验维度的幸福感方面，未婚者、已婚者（有配偶）、离婚者（或丧偶）的幸福感水平并不存在显著的差异。

在心态平衡体验维度的幸福感方面，未婚者、已婚者（有配偶）的幸福感水平均处于“有点幸福”和“幸福”之间，而离婚者（或丧偶）的幸福感水平处于“有点不幸福”和“有点幸福”之间。

在家庭氛围体验维度的幸福感方面，未婚者、已婚者（有配偶）的幸福感水平均处于“有点幸福”和“幸福”之间，而离婚者（或丧偶）的幸福感水平处于“有点不幸福”和“有点幸福”之间。

第二节 幸福感的影响因素

一、居民的社会特征对幸福感的影响

（一）居民的社会特征对总体幸福感的影响

经回归分析得知，居民的社会特征对总体幸福感的影响，可做如下整理。

第一，性别、学历、婚姻状况对总体幸福感不产生显著的影响。

第二，年龄对总体幸福感产生显著影响，具体体现为：20—30 周岁和 31—40 周岁年龄层的居民的总体幸福感都低于 61—70 周岁年龄层的居民，而41—50周岁和 51—60 周岁年龄层的居民与 61—70 周岁年龄层的居民并不存在显著的差异。

第三，收入与总体幸福感存在显著的正向关系，即收入越高的居民，总体幸福感越强。

第四，职业地位与总体幸福感存在显著的正向关系，具体体现为：总体幸福感水平依照基础阶层、中间阶层、优势阶层的顺序依次提高。

（二）居民的社会特征对10个维度幸福感的影响

第一，性别对10个维度幸福感的影响。

性别对知足充裕体验和成长进步体验两个维度的幸福感会产生显著影响，具体体现为：男性低于女性。但是，性别对心理健康体验、社会信心体验、目标价值体验、自我接受体验、人际适应体验、身体健康体验、心态平衡体验和家庭氛围体验八个维度的幸福感却不产生显著的影响。

第二，年龄对10个维度幸福感的影响。

年龄对10个维度幸福感的影响极其复杂。其中，在知足充裕体验维度的幸福感方面，31—40周岁年龄层的居民显著低于61—70周岁年龄层的居民，但20—30周岁、31—40周岁、41—50周岁、51—60周岁年龄层的居民并不存在显著的不同。在心理健康体验和成长进步体验两个维度的幸福感方面，41—50周岁年龄层的居民比较显著地高于61—70周岁年龄层的居民，但20—30周岁、31—40周岁、51—60周岁和61—70周岁四个年龄层居民并不具有显著的差异。在目标价值体验维度的幸福感方面，20—30周岁、31—40周岁两个年龄层的居民显著地低于61—70周岁年龄层的居民，但41—50周岁、51—60周岁、61—70周岁三个年龄层的居民并不具有显著的不同。在自我接受体验维度的幸福感方面，20—30周岁、31—40周岁、41—50周岁、51—60周岁四个年龄层的居民均显著地低于61—70周岁年龄层的居民。在心态平衡体验维度的幸福感方面，20—30周岁年龄层的居民显著地低于61—70周岁年龄层的居民，但31—40周岁、41—50周岁、51—60周岁、61—70周岁四个年龄层的居民并不具有显著的不同。另外，在人际适应体验、社会信心体验、身体健康体验和家庭氛围体验四个维度的幸福感方面，20—30周岁、31—40周岁、41—50周岁、51—60周岁、61—70周岁五个年龄层的居民，并不具有显著的不同。

第三，学历对10个维度幸福感的影响。

学历对10个维度幸福感并没有产生普遍性影响。其中，在知足充裕体验维度的幸福感方面，初中学历、大专或本科学历的居民显著低于研究生学历的居民，但小学及以下学历、高中学历、研究生学历的居民并不存在显著的不同。在心理健康体验、成长进步体验、社会信心体验、目标价值体验、自我接受体验、人际适应体验、身体健康体验七个维度的幸福感方面，小学及以下学历、初中学历、高中学历、大专或本科学历、研究生学历的居民之间并不存在显著的不同。另外，在心态平衡体验和家庭氛围体验两个维度的幸福感方面，大专或本科学历的居民显著地低于研究生学历的居民，但是小学及以下学历、初中学历、高中学历、研究生学历的居民之间并不存在显著的不同。

第四，收入对 10 个维度幸福感的影响。

收入对 10 个维度幸福感产生了较为普遍的影响。具体体现为：在知足充裕体验、心理健康体验、心态平衡体验、家庭氛围体验四个维度的幸福感方面，低收入者显著地低于高收入者，而中收入者与高收入者并不存在显著的不同。在成长进步体验、目标价值体验、自我接受体验、人际适应体验四个维度的幸福感方面，低收入者与中收入者的幸福感水平显著地低于高收入者。另外，在社会信心体验和身体健康体验两个维度的幸福感方面，低收入者、中收入者、高收入者三者之间并不存在显著的差异。

第五，职业地位对 10 个维度幸福感的影响。

职业地位对 10 个维度幸福感的影响比较有限。具体体现为：在知足充裕体验、心理健康体验、社会信心体验、自我接受体验、人际适应体验、心态平衡体验和家庭氛围体验七个维度的幸福感方面，基础阶层、中间阶层、优势阶层三者之间并不具有显著的不同，而在成长进步体验、目标价值体验和身体健康体验三个维度的幸福感方面，幸福感水平依照基础阶层、中间阶层和优势阶层的顺序依次提高。

第六，婚姻状况对 10 个维度幸福感的影响。

婚姻状况对 10 个维度幸福感的影响十分有限。具体体现为：在知足充裕体验、心理健康体验、成长进步体验、社会信心体验、目标价值体验、自我接受体验、人际适应体验和家庭氛围体验八个维度的幸福感方面，未婚者、已婚者（有配偶）、离婚者（或丧偶）并不具有显著的不同。而在身体健康体验维度的幸福感方面，已婚者（有配偶）的幸福感水平比较显著地低于未婚者，而离婚者（或丧偶）和未婚者两者之间并不具有显著的不同。另外，在心态平衡体验维度的幸福感方面，已婚者（有配偶）与离婚者（或丧偶）的幸福感水平显著地低于未婚者。

二、社会宏观层面因素对幸福感的影响

在第七章的第二节，本书分析了在排除个人的社会特征的影响之后，作为社会宏观层面因素的社会公平、食品安全、社会冲突、环境污染、贫富差距、官僚腐败对幸福感的独立影响。根据统计发现，相关的研究结论，可做如下表述。

(一)社会宏观层面因素对总体幸福感的影响

社会公平以及食品安全的程度越高,则人们的总体幸福感越强,即社会公平、食品安全与总体幸福感存在显著的正向关系,而社会冲突越多、环境污染越严重、贫富差距越大、官僚腐败越普遍,则人们的总体幸福感越弱,即社会冲突、环境污染、贫富差距、官僚腐败与总体幸福感存在显著的负向关系。

(二)社会宏观层面因素对10个维度幸福感的影响

作为社会宏观层面因素的社会公平、食品安全、社会冲突、环境污染、贫富差距、官僚腐败对10个维度幸福感的影响存在很大不同,呈现出相当的复杂性。

第一,社会宏观层面因素对知足充裕体验维度幸福感的影响。

社会公平、食品安全与知足充裕体验维度的幸福感均存在显著的正向关系,而社会冲突、环境污染、贫富差距、官僚腐败与知足充裕体验维度的幸福感均不具有显著的关系。

第二,社会宏观层面因素对心理健康体验维度幸福感的影响。

社会公平与心理健康体验维度的幸福感存在显著的正向关系,社会冲突与心理健康体验维度的幸福感存在显著的负向关系,而食品安全、环境污染、贫富差距、官僚腐败与心理健康体验维度的幸福感不存在显著的关系。

第三,社会宏观层面因素对成长进步体验维度幸福感的影响。

社会公平与成长进步体验维度的幸福感具有显著的正向关系,官僚腐败与成长进步体验维度的幸福感具有显著的负向关系,而食品安全、社会冲突、环境污染、贫富差距与成长进步体验维度的幸福感不存在显著的关系。

第四,社会宏观层面因素对社会信心体验维度幸福感的影响。

社会公平、食品安全与社会信心体验维度的幸福感具有显著的正向关系,而社会冲突、环境污染、贫富差距、官僚腐败与社会信心体验维度的幸福感均具有显著的负向关系。

第五,社会宏观层面因素对目标价值体验维度幸福感的影响。

食品安全与目标价值体验维度的幸福感具有显著的正向关系,贫富差距与目标价值体验维度的幸福感具有显著的负向关系,而社会公平、社会冲突、环境污染、官僚腐败与目标价值体验维度的幸福感不具有显著的关系。

第六,社会宏观层面因素对自我接受体验维度幸福感的影响。

官僚腐败与自我接受体验维度的幸福感具有显著的负向关系,而社会公平、食品安全、社会冲突、环境污染、贫富差距五个因素与自我接受体验维度的幸福感不具有显著的关系。

第七，社会宏观层面因素对人际适应体验维度幸福感的影响。

社会冲突与人际适应体验维度的幸福感具有显著的负向关系，而社会公平、食品安全、环境污染、贫富差距、官僚腐败与人际适应体验维度的幸福感均不具有显著的关系。

第八，社会宏观层面因素对身体健康体验维度幸福感的影响。

食品安全与身体健康体验维度的幸福感具有显著的正向关系，环境污染与身体健康体验维度的幸福感具有显著的负向关系，而社会公平、社会冲突、贫富差距、官僚腐败与身体健康体验维度的幸福感不存在显著的关系。

第九，社会宏观层面因素对心态平衡体验维度幸福感的影响。

社会公平与心态平衡体验维度的幸福感具有显著的正向关系，贫富差距与心态平衡体验维度的幸福感具有显著的负向关系，而食品安全、社会冲突、环境污染与心态平衡体验维度的幸福感不具有显著的关系。

第十，社会宏观层面因素对家庭氛围体验维度幸福感的影响。

社会公平、食品安全、社会冲突、环境污染、贫富差距、官僚腐败对家庭氛围体验维度的幸福感均不具有显著的影响。

三、社会微观层面因素对幸福感的影响

在第七章的第三节，本书分析了在排除个人的社会特征的影响之后，作为社会微观层面因素的关系网络、社团参与、社会信任、规范遵守、居民互助、价值取向对幸福感的独立影响。根据统计发现，相关的研究结论，可做如下表述。

（一）社会微观层面因素对总体幸福感的影响

人们拥有的关系网络越多，社会信任水平越高，遵守社会规范德意识越强，以及居民之间的互助行为越多，则总体幸福感越强，即关系网络、社会信任、规范遵守、居民互助与总体幸福感均存在显著的正向关系，而价值取向越显著，则总体幸福感越弱，即价值取向与总体幸福感存在显著的负向关系。另外，社团参与与总体幸福感不存在显著的关系。

（二）社会微观层面因素对 10 个维度幸福感的影响

第一，社会微观层面因素对知足充裕体验维度幸福感的影响。

社团参与对知足充裕体验维度的幸福感会产生较为显著的正向影响，规范遵守对知足充裕体验维度的幸福感会产生十分显著的正向影响，而关系网络、社会信任、居民互助、价值取向对知足充裕体验维度的幸福感均不具有显著的

影响。

第二，社会微观层面因素对心理健康体验维度幸福感的影响。

关系网络、居民互助与心理健康体验维度的幸福感具有显著的正向关系，价值取向与心理健康体验维度的幸福感存在显著的负向关系，而社团参与、社会信任、规范遵守与心理健康体验维度的幸福感不存在显著的关系。

第三，社会微观层面因素对成长进步体验维度幸福感的影响。

关系网络与成长进步体验维度的幸福感具有较为显著的负向关系，规范遵守、居民互助与成长进步体验维度的幸福感具有显著的正向关系，而社团参与、社会信任、价值取向与成长进步体验维度的幸福感不存在显著的关系。

第四，社会微观层面因素对社会信心体验维度幸福感的影响。

社会信任、规范遵守与居民互助对社会信心体验维度的幸福感产生显著的正向影响，价值取向对社会信心体验维度的幸福感会产生显著的负向影响，而关系网络、社团参与对社会信心体验维度的幸福感均不具有显著的影响。

第五，社会微观层面因素对目标价值体验维度幸福感的影响。

规范遵守、居民互助对目标价值体验维度的幸福感均会产生显著的正向影响，而关系网络、社团参与、社会信任、价值取向对目标价值体验维度的幸福感均不具有显著的影响。

第六，社会微观层面因素对自我接受体验维度幸福感的影响。

社会信任对自我接受体验维度的幸福感具有显著的正向影响，而关系网络、社团参与、规范遵守、居民互助、价值取向五个因素对自我接受体验维度的幸福感不具有显著的影响。

第七，社会微观层面因素对人际适应体验维度幸福感的影响。

关系网络、社会信任、居民互助对人际适应体验维度的幸福感均具有显著的正向影响，价值取向对人际适应体验维度的幸福感会产生显著的负向影响，而社团参与、规范遵守对人际适应体验维度的幸福感均不具有显著的影响。

第八，社会微观层面因素对身体健康体验维度幸福感的影响。

关系网络、规范遵守对身体健康体验维度的幸福感会产生显著的正向影响，而社团参与、社会信任、居民互助、价值取向对身体健康体验维度的幸福感均具有显著的影响。

第九，社会微观层面因素对心态平衡体验维度幸福感的影响。

关系网络、规范遵守、居民互助对心态平衡体验维度的幸福感均具有显著的正向影响，价值取向对心态平衡体验维度的幸福感具有显著的负向影响，而社团参与、社会信任对心态平衡体验维度的幸福感不具有显著的影响。

第十，社会微观层面因素对家庭氛围体验维度幸福感的影响。

关系网络、社团参与对家庭氛围体验维度的幸福感均会产生显著的正向影响，而社团参与、社会信任、规范遵守、价值取向与家庭氛围体验维度的幸福感均不存在显著的关系。

第十一章　对策建议

通过第六章、第七章、第八章、第九章对人们的幸福感现状、影响因素、获得机制的实证分析，有关现阶段我国居民的幸福感，本书基本明确了四个问题，分别是：(1)人们的幸福感较低，幸福感水平仅仅处于“有点幸福”的层次。(2)影响幸福感产生的因素复杂多样，既有个人的社会特征，又有社会宏观层面因素，还有社会微观层面因素，但与个人的社会特征相比，社会的宏观层面因素和微观层面因素是主要的影响因素。(3)不同职业阶层的幸福感水平存在显著差异，具体的幸福感水平依照基础阶层、中间阶层和优势阶层的顺序依次提高。在幸福感的获得路径方面，职业地位低的阶层的幸福感主要产生于收入增加，而职业地位高的阶层的幸福感主要产生于身心健康与社会关系。另外每一个职业阶层的幸福感获得路径不是固定不变的，而是随着职业地位的提升，幸福感获得的路径从收入增加逐渐向着身心健康及社会关系的方向演变。(4)尽管社会资本对不同维度幸福感的影响存在相当大的差异，但是在总体层面上，以关系网络、社团参与、人际信任为内容的社会资本对总体幸福感产生显著的正向影响。

那么，在工业化、城镇化的快速发展已经导致社会结构的宏观层面与微观层面发生显著分化的社会现实下，如何才能提升我国居民的幸福感水平呢？这是本书研究幸福感问题的最终目的所在。为此，作为本书的最后一个研究环节，本章将根据本书的研究发现，并结合我国的社会现实，提出提升我国居民幸福感的对策建议。

第一节　提高居民收入与确保职业流动畅通

一、提高居民的实际收入，适当降低物价

在个人的社会特征与幸福感的关系方面，本书的研究结论之一，就是在我国

现阶段，收入与总体幸福感存在显著的正向关系，收入越高的人，幸福感越强。但是如第一章第一节第二部分（问题丛生的社会现实）中所述，自 2003 年以来，反映居民收入差距的基尼系数均在 0.47 以上，说明当前不同职业阶层的贫富差距较大，已接近 0.5 的国际警戒线。另外，自 2000 年以来，反映居民购买生活品与价格水平的消费物价指数（CPI）居高不下。比如，2007 年、2008 年的消费物价指数分别比上一年度增加 4.8%和 5.9%，而 2011 年的消费物价指数比上一年度增加 5.4%。[①] 消费物价指数的提升，即意味着生活品价格的提高，居民实际收入的下降。但是，这种影响对职业地位低的职业阶层较大，而对职业地位高的职业阶层较小。因为前者主要是固定的工资性收入，而后者不仅拥有固定的工资性收入，而且还往往持有各种资产，消费物价指数的提升甚至会使得这些资产获得升值。因此，消费物价指数的提升，将会进一步导致穷者更穷、富者更富的两极分化。

收入差距的扩大，会使得社会不稳定因素急剧增加，具体说来，就是低收入群体与高收入群体的对立情绪逐渐增强，以低收入群体为主的各种犯罪（盗窃、诈骗等）也就在所难免。因此，如何提高居民（特别是工薪阶层）的实际收入，缩小贫富差距，降低消费物价指数，是现阶段提升人们幸福感的重要对策之一。

二、确保职业流动畅通，实现优胜劣汰的流动秩序

在个人的社会特征与幸福感的关系方面，本书的另一个研究结论是，职业地位与总体幸福感存在显著的正向关系，即在无业・失业・半失业者、农业劳动者、产业工人、商业服务业员工、个体工商户、办事人员、专业技术人员、私营企业主、经理人员、国家与社会管理者十个职业阶层中[②]，阶层地位越高的居民，幸福感越强一些。

如第九章第一节第二部分的现实背景中所述，目前我国的人口流动数量极为庞大，2000 年我国流动人口为 1.21 亿人，而 2012 年已达 2.36 亿人[③]，12 年间将近翻了一倍。这说明，在地区间的流动方面，流动者已不存在任何制度性障碍，他们可以根据自己的意愿实现自由流动。另外，早在 2004 年就有学者研究发现，流动人口中，初职与现职没有发生变化的比率为 61.8%，发生变化的比率

---

① 国家统计局：《中国统计年鉴》（2013），中国统计出版社 2013 年版，第 347 页。

② 陆学艺主编：《当代中国社会阶层研究报告》，社会科学文献出版社 2002 年版，第 9 页。

③ 同①，第 96 页。

为 38.2%，其中向上流动的比率为 22.6%，而下降流动的比率为 15.6%。[①] 另外，杨建华于 2011 年分析了浙江省的人口流动状况，发现人口的总流动率为 65.07%，其中向上流动率为 57.55%，虽然一半以上的流动人口实现了职业地位的向上流动，但是对于“个人提升自己社会阶层的机会有多高”的问题，近半数被调查者的回答并不乐观，其中认为没有机会和机会低以及不知道或很难讲的占 45.03%，而认为较高的为 17.96%，认为很高的仅占 3.06%。[②] 这说明，随着年代的推移，流动人口在职业地位的变迁方面，实现向上流动的比例有了大幅度的提高，但仍有近 50%的流动人口的职业地位没有发生变化，甚至出现了职业地位的向下流动。另外，近半数的流动人口对自己能否实现职业地位的向上流动，持悲观态度。

职业地位的畅通流动是提升人们幸福感的重要因素。在职业流动过程中，能力高者与能力低者如果能够顺利地流入适合自己的职业位置，获得自己应得的收入，幸福感便会油然而生。但是在我国现阶段，制约人们职业流动的因素仍然很多，比如：在体制内与体制外、城市户口与农村户口、低学历与高学历两者之间，体制内人员、拥有城市户口的人员、高学历者容易实现职业地位的向上流动，而在某些情况下，体制内人员、拥有城市户口的人员、高学历者的实际工作能力，未必就高于体制外人员、拥有农村户口的人员及低学历者。因此，破除制度障碍，确保职业流动的畅通，实现优胜劣汰的流动秩序，便成为现阶段提高人们幸福感，尤其是职业地位较低者的幸福感的另一个对策。

第二节　改善社会宏观层面因素对幸福感提升的制约

如第十章所述，在社会宏观层面因素与幸福感的关系方面，本书的研究结论是：社会公平、食品安全与总体幸福感存在显著的正向关系，而社会冲突、环境污染、贫富差距、官僚腐败与总体幸福感存在显著的负向关系。因此，提高社会各个领域的公平程度，确保食品安全，减少社会冲突、环境污染及官僚腐败，缩小贫富差距，是现阶段提升人们幸福感的重要保证。

① 陆学艺主编：《当代中国社会流动》，社会科学文献出版社 2004 年版，第 176 页。

② 罗凰凤：《省社科院发布首份社会流动报告》，《钱江晚报》2011 年 12 月 7 日，第 B11 版。

一、提高社会各领域的公平性

对于个人来说，社会公平是一种心理感知，是人们针对各种社会现象所体会到的主观感受。在现实生活中，社会公平主要体现于社会资源的分配过程中，一般包括分配公平、程序公平、人际公平与信息公平。[①] 其中，分配公平是人们在获得劳动报酬过程中感觉到的公平，它将强化人们对所属社会组织的关爱，增强人们与组织间之间的凝集力。程序公平体现在资源分配过程中，分配的绝对公平是不存在的，但只要人们认可资源分配过程的公正性，也就能感受到公平。要做到这一点，增强资源分配过程的透明度，并在资源分配过程中，使得社会成员拥有一定的发言权和参与权，是不可缺少的。人际公平是指个人所感受到的不同社会阶层在社会交往中的相互尊重，它将缩短不同阶层间的距离，进而为不同阶层间的信任奠定基础。信息公平是指政府组织或者企业组织对某一社会现象的出现，要向广大公民及时地传达必要信息，即要给公民提供一些解释，这将有利于增强人们对组织的信任。当然，要实现分配公平、程序公平、人际公平与信息公平，经济的稳定发展及权威性的制度建设是首要前提。

第一，要实现"四个公平"，经济的稳定发展为首要前提。经济发展是解决所有问题的关键。没有了经济的稳定发展，社会公平便成为水中月、镜中花，失去了实现社会公平的前提基础。

第二，要实现"四个公平"，必须加强法律制度的建设，强化法律制度的权威性，大力实施依法治国方略。法律制度是民意的体现，因此严格依法办事，人民群众的权利才有可能得到充分保障。要把权力关进制度的笼子里，任何超越宪法和法律的特权，任何以言代法、以权压法、徇私枉法行为都应当受到法律制裁。

第三，要实现"四个公平"，必须让权力在阳光下运行。没有约束的权力必然产生腐败，损害社会公平。充分保障人民知情权、参与权、表达权、监督权，权力所到之处都向人民公开、让人民监督，才能有效减少权力滥用。

二、确保食品安全

食品安全不仅关乎着国民的身体健康，更关乎着人们与相关的企业组织和政府组织的关系。另外，对食品安全的高度重视更有利于促进社会和谐和社会经济的稳定发展。但是，当前，食品安全问题仍然是一个十分突出的社会问题。那么，在现阶段如何才能减少食品安全问题的产生呢？

---

① 刘亚、尤立荣等：《组织公平感对组织效果的影响》，《管理世界》2003 年第 3 期。

（一）提高人们对食品安全问题认识的重要性

大力提高全社会对食品安全重要性和食品安全问题给人民的生活造成严重危害的认识，对食品行业的企业管理者、经营者和从业人员进行食品安全教育和培训。同时重视全民食品安全知识的普及，加强宣传教育工作，使消费者成为食品安全问题解决的主要参与者。政府相关部门要把食品安全问题作为保障人民健康、增强人民体质、提高人民生活水平和保证社会稳定的大事来做。

（二）健全和完善食品安全法规、条例和标准

参考国外的食品安全法规，进一步修订、补充和完善涉及食品安全的国家和地方法规、条例。参考欧盟、美国等发达国家的食品标准，制定出具有中国特色的切实有效的法律法规。同时食品安全监督管理部门要严格执法，加大实施力度。

（三）加快推行并完善 QS 认证管理体系

QS 认证[①]是我国解决食品安全问题的一项重要的举措，QS 认证制度的有效性必须以强制执行和全面推行完善管理为前提。只有完善系统的管理理念和加强综合治理措施，才能充分保证在食品的生产源头和市场通路的质量方面不出问题，也才能够保证消费者吃上安全放心的食品。

（四）建立从农田到餐桌的全程食品安全管理控制体系

食品安全涉及食品生产、食品加工、食品流通、食品销售四个阶段，在这四个阶段，积极吸纳国际先进的食品安全管理经验，将监督管理的重点从最终产品的检测过渡到生产经营的全程控制。种植与养殖阶段应推动实施良好农业操作规范；生产加工阶段实施良好卫生操作规范；流通阶段要进一步严格食品市场准入制度和加强食品市场的监督管理，加强食品追踪监测和对食源性疾病的控制；消费阶段应加强对消费者的宣传教育和全社会参与意识。

三、及时地化解各种社会冲突

当前我国的社会冲突频频产生，其根本原因无外乎为了争取自身的利益。利益问题是一个关系到人的生存发展、社会地位、人格尊严与价值体现的根本问

---

① QS 是食品“生产许可”（Qiyeshipin Shengchanxuke）的拼音缩写，带有 QS 标志的产品就代表着经过了国家的批准。所有的食品生产企业必须经过强制性的检验，合格且在最小销售单元的食品包装上标注食品生产许可证编号并加印食品质量安全市场准入标志（“QS”标志）后才能出厂销售。没有食品质量安全市场准入标志的，不得出厂销售。

题。从已经发生的冲突、矛盾和上访案件看,抗争者们往往都是弱势群体,而加害者们往往都属于强势的利益群体。因此,要解决社会冲突,在实践上要注重社会利益的调整。

(一)强化社会制度,保证不同群体的合法权益

要减少或者避免不同群体之间的社会冲突,首先,要为社会底层人员及其子女创造更多向上流动的机会和渠道;其次,处理好初次分配和再分配中公平和效率的关系;最后,创造平等的教育机会、稳定的就业岗位、完善的保障体系和安定的社会环境。唯其如此,才能将社会冲突控制在合理范围内。

(二)健全社会预警机制

从最近几年发生的社会冲突事件看,社会冲突事件多为突发性事件,因此,对社会冲突事件的管理应纳入危机管理的范畴,而危机管理的首要任务就是预防或预警。

健全的社会预警体系是现代社会的一个重要标志,对于我国来说,它是实现和谐社会的重要保证。建立社会预警机制的主要目的,就是通过对可能出现的危机事件的预测来防范社会危机的产生。一般来说,任何形式的社会冲突都会孕育着或大或小的社会危机,而大多数的社会冲突事件在爆发之前,并不是没有感知、没有前兆的,而是经过了较长时间的演化与积累。因此,对社会冲突事件预警的关键就在于通过完善的社会预警机制,在冲突事态扩大之前的萌芽状态中予以妥善解决,真正起到预防的作用,做到防患于未然,将冲突事件可能导致的社会危害降到最低。

四、尽最大努力减少环境污染

在我国的工业化、城镇化进程中,已经产生了严重的环境污染,它直接影响着人们的身心健康,对人们的生活质量产生负向影响。然而,虽然我国政府在环境治理方面付出了巨大的人力与财力,但是我国的环境污染问题却久而未决,其仍然是一个影响人们生活质量的重要因素。

(一)加强环境治理的执法力度

我国在环境保护方面已经制定了许多的法律法规,但是环境污染问题却一直得不到很好的解决。关键问题在于政府相关部门的执法力度弱化,以及地方保护主义的阻隔。因此,执法部门在进行环境污染的执法工作时,务必依法行政,坚持有法必依、违法必究、执法必严的执法理念。

（二）强化环境监督与管理

各级环保部门应建立内部与外部相结合，多种监督手段相结合、相互运用的监督机制，鼓励和支持社会力量参与环保事业的维护与监督，充分发挥新闻媒体与公众舆论的监督作用，建立环境突发事件的应急机制和管理措施。

（三）增强国民的环保意识

为了做好环境污染的防治工作，我们每一个公民必须努力增强环境意识：一方面要清醒地认识到人类在开发和利用自然资源的过程中，往往会对生态环境造成污染和破坏；另一方面要把这种认识转变为自己的实际行动，以“保护环境，人人有责”的态度积极参加各项环境保护活动，自觉培养保护环境的道德风尚。

五、采取有效对策，缩小贫富差距

如前所述，当前我国的贫富差距已经接近 0.5 的国际警戒线。贫富差距的扩大将产生一系列社会问题。社会冲突、社会犯罪、贫困群体对政府的不满等，在一定程度上皆因贫富差距的扩大而生。因此，在现阶段，采取何种对策，才能缩小贫富差距，应成为政府相关部门的一项重要工作。根据我国的社会现实，本书认为，以下几点可以成为现阶段缩小贫富差距的对策。

第一，采取措施，创造公平竞争的条件，尽可能打破行业垄断。

第二，加强法制建设，强化管理监督，坚决取缔非法收入。

第三，要健全税收机制，调节过高收入，让个人所得税成为贫富调节器。

第四，要建立合理的社会保障制度，加强对低收入阶层的社会扶持。

六、强化制度的约束力，减少官僚腐败

对于官僚腐败，我国政府始终在不遗余力地治理着，但效果不容乐观，官僚腐败仍然是一个制约社会健康发展的严重的社会问题，影响着官民之间的关系。在政府反腐败的高压态势下，当前腐败的方式有了新的变化，呈现集团化、家族化、官商一体化、黑白融合化的特点；而腐败的手法更加私密，呈现期权化、双面化、裸体化、漂白化等特点。基于这样的现实，本书提出如下建议。

（一）改变思想，强化决心

获取个人利益，是人的本能。因此，在反腐指导思想上，要确立人性本恶的根本认识。要承认包括人的贪欲在内的人性之恶是生而有之，而人性之善乃是后天家庭或者社会中的一系列道德情操教育培育的结果。因此，基于腐败现象普遍存在的事实，在反腐问题上要有刮骨疗毒、壮士断腕的决心。反腐败最终成

效如何，终归取决于党和政府惩治腐败的决心，要在打苍蝇的同时，打几只有影响的老虎，以显示铲除腐败的决心、信心。

（二）加强监督，依法严惩

腐败现象屡禁不绝，原因之一就是权力缺乏监督，或者虽然有监督机制，但没有产生应有的效果，致使当权者为所欲为。因此，必须强化监督约束机制，一是要完善法律法规机制，并且对腐败分子产生威慑力；二是严格实行党风廉政责任追究制，对腐败行为实行零容忍；三是要充分发挥网络监督作用，对群众反映的每一个问题都认真对待，一查到底；四是进一步加强党的巡视制度，对腐败分子形成强大的震慑力。这样多种机制共同发挥作用，使得各个官僚不想贪，更不敢贪。另外，在腐败惩治上要强化法制刚性，确保依法严惩，真正做到不管是谁，只要存在腐败行为，一律依法严惩，绝不手软。

第三节 改善社会微观层面因素对幸福感提升的制约

在社会的微观层面因素与人们的幸福感的关系方面，本书的研究发现是：拥有的关系网络越多，社会信任水平越高，遵守社会规范的意识越强，居民之间的互助行为越多，则总体幸福感越强，即关系网络、社会信任、规范遵守、居民互助与总体幸福感均存在显著的正向关系，而价值取向越显著，则总体幸福感越弱，即价值取向与总体幸福感存在显著的负向关系。另外，社团参与对总体幸福感虽然具有一定程度的正向影响，但这种关系并不十分显著。根据上述结论，在提升人们的幸福感方面，本书提出如下对策建议。

一、避免工具性交往，强化情感性交往

本书分析的社会关系网络，是指日常生活中邻居、同事、同学、朋友或者同乡之间通过亲密交往结成的关系网络，因而具有持续性强、情感性强的特点，而这样的关系网络的建立有助于提升人们的幸福感。这无疑提示我们，在人际交往中弱化功利意识，遵守交往规则，困难时相互支持，是不可或缺的，切不可把与人交往仅仅当成实现个人利益的手段，一旦利益实现，便中止交往，这种“过河拆桥”式的工具性交往是不能够形成持续性强、感情性强的关系网络的。

二、建立广泛社团，引导人们积极参与

建立持续性强、情感性强的人际关系固然重要，但是建立广泛的社会团体并

引导人们积极地参与,更有助于增强人们的幸福感。社会团体介于家庭与政府之间,它的存在不是以各种私人关系为基础,也不依靠国家的强制力维持,而是依靠社团成员之间共同的兴趣爱好或者价值取向。社团成员拥有共同的兴趣爱好或者价值观,能够遵守共同的道德规范,并产生相同的行为方式,在强化彼此之间相互信任的同时,也为幸福感的产生奠定了基础。

三、采取切实措施,提升社会信任水平

社会信任对人们的幸福感具有一定的正向影响,但当前人们对他人的社会信任水平过低,具体信任水平仅处于"一般信任"和"比较信任"之间。迄今,国外学者均指出:中国人的信任以血亲关系为本位,而对这种关系以外的其他人,则很难产生信任。[①] 虽然国内学者并不认同这一观点,但是我们的经验观察确实发现,在人们的日常交往中,在单位同事、单位领导、邻居、一般朋友、亲密朋友、家庭成员、直系亲属、其他亲属、社会上多数人、一般熟人、生产商、网友、销售商13种社会成员中,人们最为信任家庭成员、直系亲属、亲密朋友这样的血亲关系,而对血亲关系以外的社会成员确实缺乏信任。那么,如何才能提升人们的社会信任水平呢?首要的工作是:打破血缘共同体,建立信仰共同体。在建立信仰共同体方面,前面所述的社团建设及激励人们积极地参与社团是一个有效途径。社团成员之间横向的社会互动往往浸透着信任,社会互动越是密集,则相互之间的信任越得以加深,因此社团参与为普遍信任的产生提供了良好的、茂盛生长的场地。[②]

四、教育与处罚兼备,强化国民的规范意识

社会规范是人们在社会交往和公共生活中应该遵守的行为准则,是维护社会秩序,保证社会和谐稳定的最基本的道德要求。如第五章图5-10所示,以及我们的经验观察,当前人们的规范意识相当淡薄,已经到了不治理不行的地步。

(一)加强公德教育

迄今,相关部门在公民公德行为、公德意识的宣传教育方面,已经做了很多工作,但仍需加强。可以组织更多的志愿者队伍,在公共场合进行宣传,提醒人们在公共场合时时刻刻注意自己的行为,心里要有公德意识,尽量做到自己的一

---

① 马克斯·韦伯著,王容芬译:《儒教与道教》,商务印书馆1995年版,第261—266页。 弗兰西斯·福山著,李宛蓉译:《信任:社会道德与繁荣的创造》,远方出版社1998年版,第71—76页。

② Robert, D. Putnam: The Prosperous Community: Social Capital and Public Life, *American Prospect*, 1993(13), pp. 35—42.

切行为以不给社会或者其他人带来麻烦为准则。

(二)依法依规，加强处罚力度

从目前的状况看，单纯依靠宣传教育这样的“软形式”，是不能够切实提高人们的公德意识的，还必须辅以“硬约束”，即对影响恶劣的不文明行为加以处罚。以法促德，才能标本兼治。

五、通过多种渠道，促使居民互帮互助

居民互帮互助，有助于提升居民之间的凝聚力，进而提升居民个体的幸福感。在当前社区流动人口增多、居民之间缺少交往的现实下，可以采取以下措施，进一步促使居民之间的互帮互助。

(一)加强社区中介组织建设

社区中介组织是联系社区居委会与居民，以及居民与居民的桥梁，一方面为社区居民提供一个了解信息的平台，另一方面又能承接从政府部门中剥离出来的部分社会职能，如困难救助、物业管理、就业指导等，另外还能为社区居民提供交流的机会。

(二)开展多种活动，让社区居民相识相知

完善社区各种文化娱乐设施，定期开展丰富多彩的社区活动，并调动社区居民积极参加。社区活动能够让社区居民尽可能地多接触、多了解，给社区居民提供相识相知的机会。

(三)关注弱势群体

通过邻里服务、组织志愿者等形式，在居委会的指导下，有针对性地对弱势群体提供帮助，解决他们的衣食住行等基本生活需求，这样既可以在一定程度上解决他们的生活困难，又能够增加邻里情感，从而增强社区凝聚力。

六、大力培育集体主义价值观

1978 年以来，工业化、城镇化、市场化的快速发展导致人们的价值取向从集体主义逐渐演变为个人主义，迄今已有几位国内学者的研究均获得了这一发现[①]，本书的研究发现自然也不例外。事实证明，以个人利益为最大追求的个人

① 周东华：《社会转型与价值观念变革》，《学术月刊》1995 年第 2 期，第 5 页。 李皓：《当代中国社会价值观念的嬗变》，《东岳论丛》1997 年第 4 期，第 67—70 页。 邵道生：《现代化的精神陷阱——嬗变中的国民心态》，知识产权出版社 2001 年版，第 32—50 页。 廖小平：《改革开放以来价值观的变迁及其双重后果》，《科学社会主义》2013 年第 1 期，第 87—91 页。

主义价值观念的兴盛，对构建和谐稳定的社会秩序具有极大的破坏作用。在当前，诸如官僚的贪污受贿、企业的造假贩假、街头的行骗、网络媒体的诈骗等公然违背国家法律制度的各种行为，以及诸如富人的为富不仁、看见老人跌倒不扶、乘公交车不给需要帮助的人让座、看见坏人坏事时袖手旁观等置社会道德、个人良知于不顾的各种行为，归根到底是在个人主义价值取向的支配下产生的利己行为。因此，个人主义价值观的盛行，将会导致人们的社会行为背离正常轨道，并最终导致整个社会的失序，甚至在某些领域出现社会的失控。在个人主义价值观盛行的社会，为了获得个人利益而采取极端行为的人会越来越多，并且极端行为的偶然性、突发性会越来越强，从而导致社会中的每一个成员缺乏安全感，正所谓当今社会中“当官”的人没有安全感，“致富”的人没有安全感，就连普通的老百姓也觉得没有安全感。在这样的社会现实下，人们的幸福感的产生，当然也就无从谈起。

因此，弱化个人主义价值观，大力培育集体主义价值观，无疑是增强人们幸福感的有效途径之一。那么，在群体分化、个人主义价值观念浓厚的社会现实下，如何才能培育人们的集体主义价值观念呢？

(一)准确把握集体主义的当代内涵

迄今，作为培育人们集体主义价值观的主要方式，诸如以个人利益服从集体利益、局部利益服从整体利益，以及热爱集体、奉献社会为主要内容的说教宣讲，在人们的社会行为愈发理性，愈发以个人利益为重的当今社会，已显得过于简单而空洞，产生不了太大的实际作用。因此，必须重新认识和准确把握集体主义的当代内涵，在培育方式上，改变已有的灌输式的说教宣讲，积极探索既符合时代特征，又更符合人们心理需求的培育方式。既要倡导和弘扬公而无私的集体主义，更要承认和尊重拥有个人利益基础之上的集体主义，在集体主义的原则下实现个人与集体关系的和谐，实现集体利益与个人利益的共同发展。

(二)集体利益与个人利益的获得有机结合

在明确集体主义的当代内涵之后，如何创新社会管理，在具体的社会实践中使得个人利益与集体利益有机地结合起来，并建立有效的转化机制，便显得十分重要。

首先，要使人们在集体生活中的个人正当利益得到保护，个人的价值、尊严和荣誉得到合理的实现，个人的物质财富和精神生活不断得到提高，使得人们产生集体归属感。

其次，要采取切实措施，使得人们从集体中获得切实的利益，让人们相信依靠集体能够改善自己的生活，彻底改变人们依赖于集体、奉献于集体，不能够给自己带来物质利益，以及在当今社会，集体对自己的生活已不再重要的想法。

最后，集体利益必须最大限度地覆盖个人利益，而且要把集体的根本利益尽可能最大限度地转化为个人的具体利益，使得集体利益目标实现的同时，个人的利益目标也同时获得实现。

问卷编号________　　　　　　调查地点：________市__________区

当代居民幸福感的问卷调查

尊敬的先生/女士：

您好！本次调查采取匿名形式，您只需要根据自己的实际情况作答即可，所有回答只用于统计分析，您的有关信息绝对不会对外泄露。衷心感谢您的支持和协助！

一、个人基本情况

1. 您的性别：

1. 男　　2. 女

2. 您的年龄：

________周岁。

3. 您的学历：

①小学及以下学历者　　②初中学历者　　③高中或技校学历者

④大学专科及本科学历者　　⑤研究生学历者

4. 您现在的职业(退休人员按退休前的职业填写)：

①无业、失业、半失业者

②农业劳动者(专业农户、兼业农户、普通农户)

③产业工人(第二产业技术、非技术工人和基层监督人员)

④商业服务人员(商服业基层监督人员、准白领员工、蓝领员工)

⑤个体工商户(工商小雇主、自雇工商户)

⑥办事人员(党政机关办事人员、企业办事人员)

⑦专业技术人员(拥有专业技术职称的人员)

⑧私营企业主(大企业主、中企业主、小企业主)

⑨经理人员(企业的高层、中层、低层经理人员)

⑩国家与社会管理者(政府机构、社会团体的主要负责人)

5. 包括各种所得，您目前的月收入大约为：

①无收入　②1—2000 元

③2001—3000 元　④3001—4000 元

⑤4001—5000 元　⑥5001—6000 元

⑦6001—7000 元　⑧7001 元以上

6. 您的婚姻状况：

①未婚　②已婚(有配偶)　③离婚(或丧偶)

二、幸福感调查

这是一份描述您各方面情况或看法的问卷，请您仔细阅读每道题目，根据自己的第一感觉做出回答，在最符合您的情况的选项上画“√”。

1. 社会给人们提供的出路越来越多。

①很不同意　②不同意　③有点不同意

④有点同意　⑤同意　⑥非常同意

2. 随着年龄增长，我从生活中悟出了许多道理，这使我变得更坚强、更有能力。

①很不同意　②不同意　③有点不同意

④有点同意　⑤同意　⑥非常同意

3. 我设立的生活目标多数能够给我鼓劲，而不是泄气。

①很不同意　②不同意　③有点不同意

④有点同意　⑤同意　⑥非常同意

4. 我经常感觉到自己只是在混日子。

①很不同意　②不同意　③有点不同意

④有点同意　⑤同意　⑥非常同意

5. 我不清楚自己一生所做的事情有什么意义。

①很不同意　②不同意　③有点不同意

④有点同意　⑤同意　⑥非常同意

6. 我经常感到自己身体某些部位特别不舒服。

①很不同意　②不同意　③有点不同意

④有点同意　⑤同意　⑥非常同意

7. 与周围的人相比，我很知足。

①很不同意　②不同意　③有点不同意

④有点同意　⑤同意　⑥非常同意

8. 我对家里的收入感到满意。

①很不同意　②不同意　③有点不同意
④有点同意　⑤同意　⑥非常同意

9. 我常因一些小事而烦恼。

①很不同意　②不同意　③有点不同意
④有点同意　⑤同意　⑥非常同意

10. 我很为自己的健康状况感到苦恼。

①很不同意　②不同意　③有点不同意
④有点同意　⑤同意　⑥非常同意

11. 我常常感到自己很难与他人建立友谊。

①很不同意　②不同意　③有点不同意
④有点同意　⑤同意　⑥非常同意

12. 我比较喜欢自己的个性。

①很不同意　②不同意　③有点不同意
④有点同意　⑤同意　⑥非常同意

13. 我感到似乎大多数人都比我朋友多。

①很不同意　②不同意　③有点不同意
④有点同意　⑤同意　⑥非常同意

14. 和家人在一起，我感到特别愉快。

①很不同意　②不同意　③有点不同意
④有点同意　⑤同意　⑥非常同意

15. 我的运气比别人差。

①很不同意　②不同意　③有点不同意
④有点同意　⑤同意　⑥非常同意

16. 我对社会的发展感到很有信心。

①很不同意　②不同意　③有点不同意
④有点同意　⑤同意　⑥非常同意

17. 与周围人相比，我感到自己挺吃亏的。

①很不同意　②不同意　③有点不同意
④有点同意　⑤同意　⑥非常同意

18. 碰到不开心的事情时，很长时间我都打不起精神来。

①很不同意　②不同意　③有点不同意

④有点同意　⑤同意　⑥非常同意

19. 我感到高兴的是,这些年自己的看法越来越成熟。

①很不同意　②不同意　③有点不同意

④有点同意　⑤同意　⑥非常同意

20. 我有时感到很难与家人(包括父母、爱人、孩子等)沟通。

①很不同意　②不同意　③有点不同意

④有点同意　⑤同意　⑥非常同意

三、社会宏观层面

1. 根据您的体验或者社会观察,您认为下面五个方面的社会公平程度如何?

	5. 非常公平	4. 比较公平	3. 一般	2. 不太公平	1. 不公平
(1)就业机会的获得					
(2)就医看病					
(3)子女入学					
(4)养老保障					
(5)收入分配					

2. 您对下列各类商店销售食品的放心程度如何?

	5. 非常放心	4. 比较放心	3. 一般	2. 不太放心	1. 很不放心
(1)国有大商店销售的食品					
(2)外资性质商店销售的食品					
(3)个体小商店销售的食品					
(4)个体流动摊贩销售的食品					

3. 在日常生活中,您是否经历过下列纠纷?

	5. 非常多	4. 比较多	3. 一般	2. 比较少	1. 非常少
(1)邻里纠纷					
(2)婚姻家庭纠纷					

续 表

	5. 非常放心	4. 比较放心	3. 一般	2. 不太放心	1. 很不放心
(3)房屋宅基地纠纷					
(4)与房屋中介的纠纷					
(5)与租房户的纠纷					
(6)合同纠纷					
(7)生产经营纠纷					
(8)损害赔偿纠纷					
(9)环境问题纠纷					
(10)道路交通事故纠纷					
(11)医疗纠纷					
(12)计划生育纠纷					
(13)劳动争议(劳资纠纷)					
(14)政务管理纠纷					
(15)与城管的纠纷					
(16)征地拆迁的纠纷					
(17)与物业管理的纠纷					
(18)与辖区内企业、店铺的纠纷					
(19)与外来人口的纠纷					

4. 您对最近半年内当地的空气质量的总体评价如何?

(5)非常好　(4)比较好　(3)一般　(2)比较差　(1)非常差

5. 您对最近半年内当地的饮用水质量的总体评价如何?

(5)非常好　(4)比较好　(3)一般　(2)比较差　(1)非常差

6. 总体来讲,您认为当前您生活地区的贫富差距的程度有多大?

(5)非常大　(4)比较大　(3)一般　(2)比较小　(1)非常小

7. 根据自己的经历或者社会观察，您对下列四种情况的赞同程度如何？

	5. 非常同意	4. 比较同意	3. 一般	2. 不太同意	1. 完全不同意
(1)现在，当官的，都存在贪污行为。					
(2)当官家的子女，都有一个好工作。					
(3)现在，不给领导上供送钱，是当不上官的。					
(4)现在，当官的，都只顾自己捞好处。					

四、社会微观层面

1. 包括邻居、同学、同事、朋友等各种关系在内，平时与您保持亲密交往的人，大约有多少？

2. 包括各种趣味小组、俱乐部、协会、党派、宗教团体、学术团体在内，目前您参加的社会团体一共有几个？

3. 你对下列成员的信任程度怎样？

	5. 非常信任	4. 比较信任	3. 一般	2. 不太信任	1. 完全不信任
(1)单位同事					
(2)单位领导					
(3)邻居					
(4)一般朋友					
(5)亲密朋友					
(6)家庭成员					
(7)直系亲属					
(8)其他亲属					
(9)社会上大多数人					
(10)一般熟人					
(11)生产商					
(12)网友					
(13)销售商					

4. 根据自己的经历或者社会观察，您认为下列五种情况多吗？

	5. 非常多	4. 比较多	3. 一般	2. 比较少	1. 非常少
(1)向他人借过的东西，会按时归还。					
(2)公交车上给孕妇、老人等需要帮助的人让座。					
(3)看到有人破坏公物，主动上前制止。					
(4)乘坐公交车或者火车时，主动排队。					
(5)过马路时，行人随意闯红灯。					

5. 根据自己的经历或者社会观察，您认为下列三种情况多吗？

	5. 非常多	4. 比较多	3. 一般	2. 比较少	1. 非常少
(1)在过去的一年中，您帮助过他人的次数。					
(2)在过去的一年中，他人帮助过您的次数。					
(3)在本地区，社区居民之间相互帮助的情况。					

6. 根据自己的经历或者社会观察，您对下列四种情况的赞同程度如何？

	5. 非常赞同	4. 比较赞同	3. 一般	2. 不太赞同	1. 完全不赞同
(1)与单位或者社区的事情相比，个人或者家庭的事情更重要。					
(2)居委会或者村组的活动，没有必要每一次都参加。					
(3)对于本地区的发展，老百姓没有必要关心，那是政府部门应该关心的事情。					
(4)看见老人摔倒，不扶是正确的，因为往往会被讹诈。					

参考文献

[1] 斐迪南·滕尼斯.共同体与社会[M].林荣远,译.北京:商务印书馆,1999.

[2] G·齐美尔.大城市与精神生活[M]//桥与门——齐美尔随笔集,涯鸣,宇声,等,译.上海:生活·读书·新知三联书店上海分店,1991.

[3] 西美尔.货币哲学[M].陈戎女,耿开君,文聘元,译.北京:华夏出版社,2002.

[4] 盖奥尔格·西美尔.社会学——关于社会化形式的研究[M].林荣远,译.北京:华夏出版社,2002.

[5] 康德.实践理性批判[M].邓晓芒,译.北京:人民出版社,2003.

[6] 马克斯·韦伯.经济与社会:上卷[M].林荣远,译.北京:商务印书馆,1997.

[7] 马克斯·韦伯.儒教与道教[M].王容芬,译.北京:商务印书馆,1995.

[8] 埃米尔·迪尔凯姆.自杀论[M].钟旭辉,等,译.杭州:浙江人民出版社,1989.

[9] 埃米尔·涂尔干.社会分工论[M].渠东,译.北京:生活·读书·新知三联书店,2000.

[10] 托克维尔.论美国的民主[M].董果良,译.北京:商务印书馆,1991.

[11] 弗兰西斯·福山.信任:社会道德与繁荣的创造[M].李宛蓉,译.呼和浩特:远方出版社,1998.

[12] 罗伯特·帕特南.使民主运转起来——现代意大利的公民传统[M].王列,赖海榕,译.南昌:江西人民出版社,2006.

[13] 罗伯特·帕特南.独自打保龄:美国社区的衰落与复兴[M].燕继荣,等,译.北京:北京大学出版社,2011.

[14] 亚里斯士德.尼各马可伦理学[M].廖申白,译注.北京:商务印书馆,2003.

[15] 边沁.道德与立法原理导论[M].时殷弘,译.北京:商务印书馆,2000.

[16] 维尔弗雷多·帕累托.精英的兴衰[M].刘北成,译.上海:上海人民出版

社,2003.
[17] 北京医学会心理委员会.中国抑郁症患者超 2600 万,心病祸起“六大缺失”[N].北京日报,2009—12—10.
[18] 边燕杰,丘海雄.企业的社会资本及其功效[J].中国社会科学,2000(2).
[19] 边燕杰,张文宏.经济体制、社会网络与职业流动[J].中国社会科学,2001(2).
[20] 卜长莉.社会资本与社会和谐[M].北京:社会科学文献出版社,2005.
[21] 蔡毅.当代中国社会价值观的变迁[J].云南社会科学,2011(2).
[22] 曹大宁.阶层分化、社会地位与主观幸福感的实证考量[J].统计与决策,2009(10).
[23] 曹大宁.经济发展水平与居民生活满意度关系的考察及其政策启示[J].改革与战略,2009(4).
[24] 陈刚,李树.管制、腐败与幸福——来自 CGSS(2006)的经验证据[J].世界经济文汇,2013(4).
[25] 陈丽娜,张建新.大学生一般生活满意度及其与自尊的关系[J].中国心理卫生杂志,2004(4).
[26] 甘雄,李承宗.大学生人际关系与主观幸福感的关系[J].医学研究与教育,2010(4).
[27] 官皓.收入对幸福感的影响研究:绝对水平和相对地位[J].南开经济研究,2010(5).
[28] 国家统计局.中国统计年鉴(1990)[M].北京:中国统计出版社,1990.
[29] 国家统计局.中国统计年鉴(1999)[M].北京:中国统计出版社,1999.
[30] 国家统计局.中国统计年鉴(2000)[M].北京:中国统计出版社,2000.
[31] 国家统计局.中国统计年鉴(2013)[M].北京:中国统计出版社,2013.
[32] 国家统计局.中国统计年鉴(2014)[M].北京:中国统计出版社,2014.
[33] 杭州市统计局.杭州统计年鉴(2013)[M].北京:中国统计出版社,2013.
[34] 何雪松,黄福强,曾守锤.城乡迁移与精神健康:基于上海的实证研究[J].社会学研究,2010(1).
[35] 贺寨平.社会经济地位、社会支持网与农村老年人身心状况[J].中国社会科学,2002(3).
[36] 胡荣,李静雅.城市居民的信任构成及影响因素[J].社会,2006(6).
[37] 黄永明,何凌云.城市化、环境污染与居民主观幸福感——来自中国的经验

证据[J]. 中国软科学,2013(12).

[38] 金华市统计局. 金华统计年鉴(2013)[EB/OL]. http://www.jhstats.gov.cn.

[39] 赖晓飞. 影响城乡居民主观幸福感的路径分析——对农村人口流动的文化解释[J]. 贵州大学学报(社会科学版),2012(5).

[40] 郎咸平. 序言:我们的幸福与无奈[M]//郎咸平说:我们的生活为什么这么无奈. 北京:东方出版社,2011.

[41] 李春玲. 当前中国的社会分层与生活方式的新趋势[J]. 科学社会主义,2004(1).

[42] 李春玲. 断裂与碎片:当代中国社会分层分化实证分析[M]. 北京:社会科学文献出版社,2005.

[43] 李丹丹. 2013 年我国城镇登记失业人数近千万[N/OL]. 新京报,2014—5—28[2015—12—31]. http://www.bjnews.com.cn/news/2014/05/25/318594.html.

[44] 李皓. 当代中国社会价值观念的嬗变[J]. 东岳论丛,1997(4).

[45] 李后建. 不确定性防范与城市务工人员主观幸福感——基于反事实框架的研究[J]. 社会,2014(2).

[46] 李平,朱国军. 社会资本、身份特征与居民幸福感——基于中国居民社会网络变迁的视角[J]. 经济评论,2014(6).

[47] 李强. 社会分层与制度变迁[M]. 李培林,主编. 中国社会. 北京:社会科学文献出版社,2011.

[48] 李松. 调查称城市居民幸福指数下降,物价问题最受关注[EB/OL]. http://www.sina.com.cn,2010—12—18.

[49] 李伟民,梁玉成. 特殊信任与普遍信任:中国人信任的结构与特征[J]. 社会学研究,2002(3).

[50] 李友梅. 上海调查:2010 年上海居民的经济与社会生活[M]. 北京:社会科学文献出版社,2011.

[51] 李志宏. 人际关系功利化现象探析[J]. 河南社会科学,2008(6).

[52] 李中权,王力,张厚粲,等. 人格特质与主观幸福感:情绪调节的中介作用[J]. 心理科学,2010(1).

[53] 联合国计划开发署. 中国人类发展报告:经济转轨与政府的作用[M]. 北京:中国财政经济出版社,1999.

[54] 梁小春.大学生自杀之特点,原因与对策探讨[J].湛江师范学院学报,2009(4).

[55] 廖小平.改革开放以来价值观的变迁及其双重后果[J].科学社会主义,2013(1).

[56] 林聚任,等.社会信任和社会资本重建——当前乡村社会关系研究[M].济南:山东人民出版社,2007.

[57] 刘军强,熊谋林,苏阳.经济增长期的国民幸福感——基于 CGSS 数据的追踪研究[J].中国社会科学,2012(12).

[58] 刘林平,郑广怀,孙中伟.劳动权益与精神健康——基于对长三角与珠三角的问卷调查[J].社会学研究,2011(4).

[59] 刘明前,胡三嫚.大学生社团参与状况对其主观幸福感的影响[J].重庆文理学院学报(社会科学版),2012(4).

[60] 刘少杰.建构中国社会学理论的新形态[J].甘肃社会科学,2006(3).

[61] 刘少杰.中国社会调查的理论前提[J].社会学研究,2000(2).

[62] 刘亚,尤立荣,等.组织公平感对组织效果的影响[J].管理世界,2003(3).

[63] 陆学艺.当代中国社会流动[M].北京:社会科学文献出版社,2004.

[64] 陆学艺.重新认识农民问题——十年来中国农民的变化[J].社会学研究,1989(6).

[65] 陆学艺,李培林,陈光金.2013 年中国社会形势分析与预测[M].北京:社会科学文献出版社,2012.

[66] 陆学艺.当代中国社会建设[M].北京:社会科学文献出版社,2013.

[67] 陆学艺.当代中国社会阶层研究报告[M].北京:社会科学文献出版社,2002.

[68] 罗楚亮.绝对收入、相对收入与主观幸福感——来自中国城乡住户调查数据的经验分析[J].财经研究,2009(11).

[69] 罗亚萍.当代青年人生价值观中的个人主义意识分析[J].现代交际,2011(9).

[70] 马建堂.基尼系数高 收入差距较大[N].新京报,2013—01—19(A09).

[71] 马克思,恩格斯.马克思恩格斯全集:第 30 卷[M].北京:人民出版社,1998.

[72] 萌妹.中国有多少官员自杀,最近自杀官员[EB/OL].(2014—08—16)[2016—04—21].http://www.pifamm.com/news/201408/16/news_info

_13545. html.

[73] 孟祥斐. 社会凝聚与居民幸福感研究——基于深圳与厦门的数据考察[J]. 天府新论,2014(1).

[74] 欧阳丹. 社会支持对大学生心理健康的影响[J]. 青年研究,2003(3).

[75] 潘玉进. 温州城市居民主观幸福感调查研究[J]. 应用心理学,2008(2).

[76] 裴志军. 家庭社会资本、相对收入与主观幸福感——一个浙西农村的实证研究[J]. 农业经济问题,2010(7).

[77] 人民论坛"千人问卷"调查组. 功利主义侵蚀"五四"遗产——纪念"五四"90周年特别调查[J]. 人民论坛,2009(9).

[78] 邵道生. 现代化的精神陷阱——嬗变中的国民心态[M]. 北京:知识产权出版社,2001.

[79] 孙立平. 断裂:20世纪90年代以来的中国社会[M]. 北京:社会科学文献出版社,2003.

[80] 孙庆洲,王军. 身体健康状况、幸福感和生活质量的关系研究[J]. 文教资料,2012(3).

[81] 唐丹,邹君,申继亮,等. 老年人主观幸福感的影响因素[J]. 中国心理卫生杂志,2006(3).

[82] 田丰. 消费、生活方式和社会分层[J]. 黑龙江社会科学,2011(1).

[83] 王甫勤. 社会流动有助于降低健康不平等吗[J]. 社会学研究,2011(2).

[84] 王俊秀. 关注社会情绪,促进社会认同,凝聚社会共识——2012—2013年中国社会心态研究报告[R]//王俊秀,杨宜音. 中国社会心态研究报告(2012-2013). 北京:社会科学文献出版社,2013.

[85] 王绍光. 多元与统一:第三部门的国际比较研究[M]. 杭州:浙江人民出版社,1999.

[86] 王绍光,刘欣. 信任的基础:一种理性的解释[J]. 社会学研究,2002(3).

[87] 温晓亮,米健,朱立志 1990—2007年中国居民主观幸福感的影响因素研究[J]. 财贸研究 ,2011(3).

[88] 笑笑生. 社科院生活质量调查:30个省会城市居民不幸福[EB/OL]. (2011—06—14)[2016—04—21]. http://news. dayoo. com/china/201106/14/53868_17332637. htm.

[89] 谢舜,魏万青,周少君. 宏观税负、公共支出结构与个人主观幸福感——兼论"政府转型"[J]. 社会,2012(6).

[90] 邢占军.我国居民收入与幸福感关系的研究[J].社会学研究,2011(1).

[91] 邢占军.测量幸福——主观幸福感测量研究[M].北京:人民出版社,2005.

[92] 邢占军,金瑜.城市居民婚姻状况与主观幸福感关系的初步研究[J].心理科学,2003(6).

[93] 邢占军,刘相,等.城市幸福感[M].北京:社会科学文献出版社,2008.

[94] 徐维东,吴明证,邱扶东.自尊与主观幸福感关系研究[J].心理科学,2005(3).

[95] 严标宾,郑雪,邱林.大学生主观幸福感的影响因素研究[J].华南师范大学学报(自然科学版),2003(2).

[96] 罗凰凤.省社科院发布首份社会流动报告 [N].钱江晚报,2011—12—7(B11).

[97] 袁浩,马丹.社会质量视野下的主观幸福感——基于上海的经验研究[J].吉林大学社会科学学报,2011(4).

[98] 张鸿雁.论当代中国城乡多梯度社会文化类型与社会结构变迁——依据"社会事实"对"二元结构"的重新认识[J].南京社会科学,2007(11).

[99] 张文宏,阮丹青.城乡居民的社会支持网[J].社会学研究,1999(3).

[100] 张颖.中国每年20万人抑郁自杀,公务员白领为高发人群[EB/OL].(2014—05—07)[2016—04—21].http://news.sohu.com/20140507/n399258014.shtml.

[101] 张云武.当代城乡居民的生活结构[J].厦门大学学报(哲学社会科学版),2007(2).

[102] 张云武.中国的城市化与社会关系网络——以大庆市和上海浦东新区为例[M].北京:社会科学文献出版社,2008.

[103] 赵杨,等.对话社会学专家孙立平:"中国需要一场社会进步运动"[N].南方日报,2011—04—18(A04).

[104] 浙江省统计局.浙江统计年鉴(2013)[M].北京:中国统计出版社,2013.

[105] 郑杭生.中国社会学不应在西方的笼子里跳舞[EB/OL].(2011—08—29)[2016—04—21].http://www.cssn.cn/news/403770.htm.

[106] 周东华.社会转型与价值观念变革[J].学术月刊,1995(2).

[107] 周艳红.从"郭美美炫富"看多元社会思潮对90后青年的影响[J].当代青年研究,2012(2).

[108] 朱建芳,杨晓兰.中国转型期收入与幸福的实证研究[J].统计研究,2009

(4).

[109] 朱亚芬,洪光豫.杭州老龄化进程加快,老人抚养系数增大[N].杭州日报,2008—03—05(07).

[110] M. Argyle. The psychology of Happiness[M]. NY: Routedge,1987.

[111] W. A. Arrindell, J. Heesink, J. A. Feij. The satisfaction with life scale(SWLS):appraisal with 1700 healthy young adults in Newtherlands [J]. Personality and Individual Differences,1999,26(5):815—826.

[112] A. Axelrod. Urban Structure and Social Participation[J]. American Sociological Review,1956,21(1):13-18.

[113] S. Bartolini, E. Bilancini, M. Pugno. Did the Decline in Social Capital Depress Americans'Happiness? [D]. Siena :University of Siena,2008.

[114] Yanjie Bian. Bringing Strong Ties Back In: Indirect Ties, Network Bridges and Job Searches in China [J]. American Sociological Review, 1997,62: 366-385.

[115] Douglas Black, J. N. Morris, Cyril Smith, et al. Inequalities in Health: Report of a Research Working Group[M]. London: Department of Health and Social Security,1980.

[116] D. G. Blanchflower, Andrew J. Oswald. Well-Being Over Time in Britain and the USA[J]. Journal of Public Economics,2004,88: 1359-1386.

[117] D. G. Blanchflower, Andrew J. Oswald. Well-Being Over Time in Britain and the USA[J]. Journal of Public Economics, 2004, 88: 1309-1386.

[118] A. Bowling,P. D. Browne. Social Networks,Health,and Emotional Well Being among the Oldest Old in London [J]. Journal of Gerontology, 1991, 46(1): 22-32.

[119] P. Bourdieu. Handbook of Theory and Research for the Sociology of Education[M]. New York: Greenwood, 1986.

[120] N. M. Bradburn. The Structure of Psychological Well-Being[M]. Chicago: Aldine,1969.

[121] A. Campbell, P. E. Converse, W. L. Rodgers. The Quality of American Life: Perceptions, Evaluations and Satisfactions[M]. New York: Ussell Sage Foundation,1976.

[122] Catherine Ross. Marieke willigen. Education and SubjectiveQuality of Life[J]. Journal of Health and Social Behavior,1997 (9):275-297.

[123] R. W. Coan. Hero, artist, sage, or saint? A survey of what is variously called mental health, normality, maturity, self-actualization and human fulfillment[G]// Challenges in Contemporary Theology . New York: Columbia University Press,1977.

[124] Coleman, James. Social Capital in the Creation of Human Capital [J]. American Journal of Sociology, 1988 (94):95-121.

[125] James S. Coleman. The Foundations of Social Theory [M]. Cambridge , MA: Belknap Press of Harvard University Press,1990: 302-305.

[126] A. Crossley, D. Langdridge. Perceived Sources of Happiness: A Network Analysis [J]. Journal of Happiness Studies, 2005, 6 (2): 107-135.

[127] E. Dahl. Social Mobility and Health: Cause or Effect? [J]. British Medical Journal,1996 (313):435-436.

[128] L. Derogatis, N. Melisaratos . The Brief Symptom Inventory: An Introductory Report [J]. Psychological Medicine,1983,13(3):595-605.

[129] N. Symposium, R. A. Dienstbier. Nebraska Symposium on Motivation 1990: Volume 38: Perspectives on Motivation [M]. Lin-coln: University of Nebraska Press, 1991.

[130] K. M. DeNeve, H. Cooper. The happy personality: A meta-analysis of 137 personality traits and subjective well-being [J]. Psycho-logy Bulletin, 1998 (2): 197-229.

[131] E. Diener, E. Sandvik, L. Seidlitz, et al. The Relationship Between Income and Subjective Well-being: Relative or Absolute? [J]. Social Indictors Research ,1993(28):195-223.

[132] E. Diener, S. Oishi. Culture and subjective well-being[M]. Cambridge: MIT Press,2000.

[133] E. Diener, E. M. Suh, R. E. Lucas, et al. Subjective Well-being: Three Decades of Progress [J]. Psychology Bulletin, 1999, 125 (2): 276-302.

[134] R. Diener, R. A. Emmons, R. J. Larsen. The satisfaction with life

scale[J]. Journal of Personality Assessment, 1985,49(1):71-75.

[135] S. Durlauf, M. Fafchamps. Empirical Studies of Social Capital: A Critical Survey[M]. Wisconsin: University of Wisconsin,2003.

[136] L. Derogatis, N. Melisaratos. Thc Brief Symptom Inventory: An Introductory Report[J]. Psychological Medicine,1983,(13):695-605.

[137] A. Paul, David, W. Melvin. Nations and Households in Economic Growth: Essays in Honor of Moses Abramowitz [M]. New York: Academic Press,1974.

[138] R. A. Easterlin. Will raising the incomes of all increase the happiness of all? [J]. Journal of Economic Behavion and Organization,1995,27(1): 35-47.

[139] Eagly, H. Alice, Wendy Wood, et al. Sex Differences in Conformity: Surveillance by the Group as a Determinant of Male Nonconformity [J]. Journal of Personality and Social Psychology , 1981,40(2): 384-394.

[140] Fukuyama, Francis. The Great Disruption: Human Nature and the Reconstitution of Social Order[M]. New York: Free Press,1999.

[141] A. Furnham, H. Cheng. Personality and happiness[J]. Psychological Reports,1997,80: 761-762.

[142] Granovetter, S. Mark . The Strength of Weak Ties [J]. American Journal of Sociology,1973,78(6):1360-1380.

[143] Granovetter, S. Mark. Getting a Job: A study of Contacts and Careers [M]. Cambridge: Harvard University Press,1974.

[144] M. J. Haring, W. A. Stock, M. A. Okum. A Research Synthesis of Gender and Social Class as Correlates of Subjective Well-being [J]. Human Relations ,1984,37(8):645-657.

[145] B. Headey, A. Wearing. Understanding Happiness: A Theory of Subjective Well-Being. Mel-bourne: Longman Cheshire. Oswald. Happiness and economic performance[J]. The Economic Journal,1992, 107: 1815-1831.

[146] J. F. Helliwell, R. D. Putnam. The social context of well-being[J]. Philosophical Transactions,2004,359(1449): 1435-1446.

[147] E. O. Laumann. Subjective Social Distance and Urban Occupational

Stratification [J]. American Journal of Sociology,1965: 71(1).

[148] R. Larson. Thirty Years of Research on the Subjective Well-Being of Older Americans [J]. Journal of Gerontology, 1978,33: 109-125.

[149] J. S. Levin,L. M. Chatters. Religion,Health,and Psychological Well-Being in Older Adults[J]. Aging Health,1998,10(4):504-531.

[150] N. Lin. Social Capital [M]. Cambridge: Cambridge University Press,2001.

[151] Luhmann. Trust and Power[M]. New York: John Wiley,1979.

[152] L. Luo. The meaning, measure, and correlates of happiness among Chinese people[J]. Proceeding of the national science council part C: humanities and social sciences, 1998,8: 115-137.

[153] J. Milyo, J. M. Mellor. On the importance of age-adjustment methods in ecological studies of social determinants of mortality[J]. Health Serv Res,2003,38(6):1781-1790.

[154] A. J. Oswald. Happiness and economic performance[J]. The Economic Journal,1997,107(445) :1815-1831.

[155] D. C. Shin, D. M. Johnson. Avowed Happiness as an Overall Assessment of the Quality of Life [J]. Social Indicator Research,1978 (5):475-492.

[156] Putnam, D. Robert. Making Democracy Work: Civic Traditions in Modern Italy[M]. Princeton: Princeton University Press,1993.

[157] Putnam, D. Robert. The Prosperous Community: Social Capital and Public Life [J]. American Prospect ,1993,13: 35-42.

[158] E. Richard, E. d. Lucas, Diener and Eunkook Suh, Discriminant Validity of Well-Being Measures [J]. Journal of Personality and Social Psychology,1996,71(3): 616-628.

[159] C. D. Ryff, C. L. M. Keyes. The Structure of Psychological Well-Being Revisited [J]. Journal of Personality and Social Psychology,1995, 69: 719-727.

[160] Salamon, M. Laster. Global Civil Society: Dimensions of the Nonprofit Sector [M]. Maryland: The Johns Hopkins University,1999.

[161] Seligman. The Problem of Trust[M]. Princeton: Princeton University

Press，1997.

［162］D. Shmotkin. Subjective well-being as a function of age and gender：A multivariate look for differentiated trends［J］. Social Indicators Research，1990，23：201-230.

［163］Simon Appleton，Lina Song. Life Satisfactionin Urban China：Components and Determinants［J］. World Development，2008，36（11）：2325-2340.

［164］D. C. Shin，D. M. Johnson . Avowed Happiness as an Overall Assessment of the Quality of Life［J］. Social Indicator Research，1978，5：474-492.

［165］F. Sarracino. Social Capital and Subjective Well-Being trends：Evidence from 11 European Countries［J］. Department of Economics University of Siena，2009，39（4）：482-517.

［166］Tokuda，Yasuharu，Seiji Fujii，et al. Individual and Country-Level Effects of Social Trust on Happiness：The Asia Barometer Survey［J］. Journal of Applied Social Psychology，2010，40（10）：2574-2593.

［167］R. Veenhoven. Is Happiness Relative?［J］. Social Indicators Research，1991，24（1）：1-34.

［168］W. Wendy，N. Rhodes. Sex Differences in Interaction Style in Task Groups［J］. Springer New York，1992：97-121.

［169］B. Wellman. The Community Question［J］. American Journal of Sociology，1979（84）：1201-1231.

［170］L. Wirth. Urbanism as a Way of Life［J］. American Journal of Sociology，1938，44（1）：1-24.

［171］W. Yip，S. V. Subramanian，A. D. Mitchell，et al. Does social capital enhance health and well-being? Evidence from rural China［J］. Social Science and Medicine，2007，64（1）：35-49.

［172］白石賢，白石小百合. 幸福度研究の現状と課題——少子化との関連において［J］. 内閣府経済社会総合研究所 Discussion Paper Series，2006（165）.

［173］大竹文雄. 失業と幸福度［J］. 日本労働研究雑誌，2004（528）.

［174］辻隆司. 個人所得と幸福感の地域分析——所得と幸福感の関係に地域

差はあるのか—[C]//日本経済政策学会第 68 回全国大会,2011.

[175] 佐野晋平,大竹文雄. 労働と幸福度特集・仕事の中の幸福[J]. 日本労働研究雑誌,2007(558).

[176] 森川正之. 雇用保障とワーク・ライフ・バランス—補償賃金格差の視点から—[J]. 経済産業研究所 Discussion Paper Series,2010(10-J-042).

[177] 渡辺深. 転職結果に及ぼすネットワークの効果[J]. 社会学評論,1991(42):2-16.

后　记

2013年我国的工业化水平和城镇化水平分别已达39.9%和53.73%，已进入工业化和城镇化进程的中期阶段。本书的研究发现，与个人的社会特征相比，作为社会因素的社会结构的宏观层面和微观层面更能够对人们的幸福感产生影响，其中作为社会结构微观层面的社会资本——关系网络、社团参与、人际信任对人们的幸福感均产生了显著的正向影响。那么，随着我国工业化、城镇化水平的进一步提升，影响人们幸福感的因素将如何演变？我们有必要对其进行进一步的跟踪调查。

另外，在本书完成之际，我们深深感受到：在中央政府日益重视国民生活质量的社会现实下，分析社会转型时期我国居民的幸福感，具有很强的现实意义。迄今，我国重点进行了经济建设，着重追求GDP的增长，认为经济的发展自然会带来人们物质生活水平的提升并使得人们生活幸福，但是现实并非如此。最近有调查显示，近些年来，我国每年有28.7万人死于自杀，至少有200万人自杀未遂，全国抑郁症患者已经超过2600万人，另外在职业群体中，61%的人感到压力较大，近2/3的人产生职业怠倦，尤其是在警务、医护人员、高层管理者等职业群体中，70%—80%的人感到压力大，具体表现为失眠、记忆力衰退、焦虑和抑郁等。① 这充分说明，单纯的经济发展并不能够使得人们生活幸福，而经济发展的最根本目的正是使得人们生活幸福。

另外，我们还深深感受到：由于社会正处于转型期，产生的社会问题繁多且

① 北京医学会心理学委员会：《中国抑郁症患者超2600万，心病祸起"六大缺失"》，《北京日报》2009年12月10日。

复杂，因此提升人们的幸福感是一个庞大的系统工程，不仅需要个人的努力，更需要政府、企业等其他社会成员的共同努力。其中在个人层面，要积极地构建感情性关系网络，积极地参与各种社会团体，增强人际信任与遵守社会规范的意识，培育集体主义价值观；在政府层面，要尽最大努力缩小贫富差距，保证职业流动的畅通性，除此之外，还要保证社会各个领域的公平公正，减少社会冲突与官僚腐败，提升环境质量；在企业层面，要保证食品安全。

最后，本书从不同角度围绕幸福感做了实证分析，力图呈现我国社会转型背景下人们幸福感的状况及影响因素。由于是首次从社会学角度研究这一问题，本书的写作还存在许多不尽如人意的地方，尤其体现在影响因素的变量选择方面。但我们希望通过本书的写作，引起学术界对幸福感这一学术问题的关注和深入研究，为正处于社会转型期的我国居民过上更美满、更幸福的生活提供更多的智慧。